내 코드가 불안한 개발자를 위한 좋은 코드의 기준

AI 시대에도 변치 않는 코드 선별과 유지보수 원칙

내 코드가 불안한 개발자를 위한 좋은 코드의 기준

AI 시대에도 변치 않는 코드 선별과 유지보수 원칙

초판 1쇄 2026년 2월 24일

지은이 모리 아츠시
옮긴이 안동현
발행인 최홍석

발행처 (주)프리렉
출판신고 2000년 3월 7일 제 13-634호
주소 경기도 부천시 길주로 77번길 19 세진프라자 201호
전화 032-326-7282(代) **팩스** 032-326-5866
URL www.freelec.co.kr

편 집 강신원
표지디자인 황인옥
본문디자인 김미선

ISBN 978-89-6540-432-3

내 코드가 불안한 개발자를 위한

좋은 코드의 기준

모리 아츠시 지음 | **안동현** 옮김

프리렉

들어가며

10년도 더 지난 이야기지만 제가 처음 프로그래밍을 배우기 시작했을 때, 그 강력함과 가능성에 감동했던 기억이 지금도 선명합니다. 내가 작성한 코드로 화면을 멋지게 꾸미고 멀리 있는 사람과 대화를 나누며 여러 장치가 서로 연결되어 움직이는 모습을 직접 확인할 수 있었으니까요. '생각만 하면 무엇이든 만들 수 있겠다'는 확신에 가까운 설렘, 심지어 세상을 바꿀 수 있을 것만 같은 감정이 들 정도였습니다.

그 무렵부터 프로그래밍에 깊이 빠져들었지만, 어느 순간부터는 마음먹은 대로 흘러가지 않는 때가 점점 늘기 시작했습니다. 만들고 싶은 것이 떠오르면 한동안은 즐겁게 개발했지만, 몇 달도 지나지 않아 금세 귀찮아졌습니다. 생각보다 기능을 구현하는 데 시간이 오래 걸렸고, 이유를 알 수 없는 오류도 끊임없이 발생했습니다. 화가 나 모든 코드를 지우고 처음부터 다시 만들기도 했지만 결과는 늘 비슷했습니다. 시작은 순조로운데 어느 순간 나도 모르게 흥미를 잃는 자신을 발견하곤 했습니다. 그 이유를 아무리 생각해도 알 수 없다는 점이 더 답답했습니다.

그러던 중 운 좋게도 좋은 친구들을 만나게 되었습니다. 이들에게서 아키텍처와 디자인 패턴, 테스트 자동화처럼 안정적인 소프트웨어를 개발하는 데 꼭 필요한 개념들을 배웠습니다. 그 과정에서 그동안 코드의 가독성과 유지보수성을 얼마나 소홀히 다뤄왔는지도 분명히 깨닫게 되었습니다. 동시에 유지보수성이야말로 시간이 지날수록 더 큰 가치를 만들어 낸다는 사실도 알게 되었습니다. 기능을 추가할 수도, 개선할 수도 없는 소프트웨어에는 결국 미래가 없었던 겁니다.

이후에는 코드를 안정적으로 개발하려면 무엇이 필요한지 스스로 질문하며 다양한 자료를 찾아보기 시작했습니다. 배운 내용을 실제 개발에 적극 적용하며 경험을 쌓을 기회도 얻었습니다. 그렇게 지식과 경험이라는 무기를 차근차근 손에 넣었고,

어느새 10년이 넘는 시간 동안 소프트웨어 개발을 이어오고 있습니다.

이 책은 미숙했던 과거의 나 자신에게, 그리고 그때의 저처럼 개발에 싫증을 느끼고 있는 모든 분에게 바치고자 합니다. 다만 본론에 들어가기 전에 결론부터 말하자면, 아쉽게도 오랫동안 즐겁게 개발을 이어갈 수 있는 정해진 비법은 없습니다. 그럼에도 불구하고 분명 도움이 되는 방법들은 존재합니다. 이 책에서는 안정적인 개발에 도움이 되는 여러 접근법을 구체적인 예제와 함께 차근차근 살펴봅니다.

만약 이제 막 프로그래밍을 시작했고 개발이 무척 즐거운 단계라면, 이 책은 잠시 덮어 두어도 괜찮습니다. 지금은 무엇보다 만들고 싶은 것에 집중하는 편이 좋습니다. 하고 싶은 일을 마음껏 해볼 수 있을 때가 가장 많은 것을 배우는 시기이기 때문입니다. 물론 그런 즐거운 시간이 오래 이어진다면 더할 나위 없겠지만, 뜻대로 되지 않는 순간이 찾아진다면 이 책을 떠올리세요. 그때 읽어도 전혀 늦지 않습니다. 직접 손으로 코드를 작성하며 부딪혀 보는 경험이, 책을 통해 간접적으로 배우는 것보다 훨씬 값질 때도 많습니다.

임베디드부터 웹, 스마트폰, AI에 이르기까지 소프트웨어가 사용되는 영역은 점점 더 넓어지고 있으며 그 가능성 역시 앞으로도 계속 확장될 것입니다. 빠르게 변화하는 시대의 흐름 속에서 오랫동안 안정적으로 소프트웨어를 개발하는 일은 점점 더 중요한 과제가 되고 있습니다. 이 책이 그런 개발을 이어가는 데 도움이 되고 결국 소프트웨어를 사용하는 사람들이 누릴 가치로 이어진다면 더 바랄 것이 없겠습니다.

이 책의 목적과 대상 독자

이 책은 코드의 유지보수성을 높이는 여러 방법을 소개하지만 완전히 새로운 기법을 제시하지는 않습니다. 대신 소프트웨어 개발에서 늘 '기본'으로 여겨져 왔고, 시간이 흐를수록 오히려 더 중요해진 원칙과 방법에 집중합니다. 오해의 소지가 크거나 원리나 구현이 까다로운 내용은 과감히 덜어냈습니다. 그렇게 엄선한 핵심 원칙은 구체적인 예제와 함께 곧바로 실천할 수 있을 만큼 자세히 설명합니다.

이 책의 주요 독자는 코드를 작성하기 시작한 지 얼마 되지 않은 초보 엔지니어입니다. 단순히 더 나은 코드를 작성하는 데 필요한 실용적인 기술을 나열하는 데 그치지 않고, 왜 좋은 코드를 작성해야 하는지, 왜 이러한 원칙들이 실제로 도움이 되는지까지 함께 이해할 수 있도록 돕습니다.

물론 경험이 풍부한 엔지니어라면 이 책에 담긴 내용 대부분이 이미 익숙하게 느껴질지도 모릅니다. 하지만 기본 원칙은 시간이 지나도 그 가치를 잃지 않습니다. 이 책을 통해 한 번쯤 기본을 다시 돌아보는 기회로 삼아보는 것은 어떨까요? 더불어 팀원들과 생각과 기준을 공유하는 하나의 계기로도 이 책이 작은 도움이 되기를 바랍니다.

예제 파일 활용법

이 책은 예제 파일 없이도 본문만으로 충분히 읽고 이해할 수 있도록 구성되어 있습니다. 책에 수록된 코드를 눈으로 따라가는 것만으로도 저자가 전하고자 하는 '좋은 코드의 원칙'을 이해하는 데 무리가 없습니다.

이 책의 목적은 특정 프로그래밍 언어를 배우는 것이 아니라 어떤 언어에서든 통용되는 '읽기 좋고 유지보수하기 편한 코드를 작성하는 원칙'을 익히는 데 있습니다. 이 책에서는 나쁜 예와 좋은 예를 대비해 설명하기 위해 코틀린(Kotlin)을 사용하지만, 코틀린에 익숙하지 않더라도 학습하는 데 지장은 없습니다. 예제를 이해하는 데 도움되는 코틀린 문법이나 개념은 본문 중 [코틀린 한 조각] 코너에서 설명합니다.

다만 코드를 직접 다루며 깊이 있게 학습하고 싶은 독자분들을 위해 책에 수록된 예제 코드를 한곳에 모아 노트북 파일(good_codes.ipynb)로 제공합니다.

www.freelec.co.kr → **자료실**

이 예제 파일에 포함된 코드는 실제 실행을 목적으로 한 완성 코드가 아닙니다. 대부분 좋은 코드의 원칙을 설명하기 위해 핵심 로직만 간추린 코드 조각(snippet)이므로 바로 실행되지 않을 수 있습니다. 따라서 코드 실행보다는 학습 용도로 활용하는 것이 바람직합니다.

제공하는 파일과 생성형 AI를 함께 활용하면 이 책의 내용에 더해 더욱 폭넓은 시각을 기르고 좋은 코드 작성 원칙을 체득하는 데 도움이 됩니다. 구글 코랩(Google Colab)에서 예제 파일을 열고 제미나이(Gemini)와 같은 생성형 AI를 활용해 코드에 대해 질문해 보세요.

- 이 코드는 왜 읽기 어려운가?
- 무엇이 달라졌기에 더 이해하기 쉬워졌는가?
- 같은 기능을 하더라도 더 나은 구조는 무엇일까?

또한 코틀린 문법이 낯설다면, 언어 자체보다는 코드의 의도와 구조에 집중하기 위해 다음과 같은 질문을 활용해 볼 수도 있습니다.

- 이 코드를 내가 익숙한 자바Java나 파이썬Python으로 바꾸면 어떻게 될까?

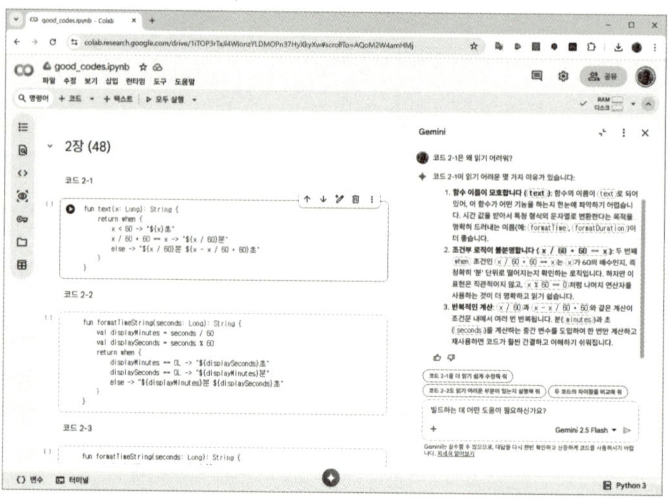

생성형 AI의 답변을 참고 삼아 책의 설명과 비교해 보며 스스로 얼마나 이해했는지 점검해 봅시다. 이 과정은 단순히 정답을 확인하는 학습이 아니라 코드를 해석하고 판단하는 힘을 기르는 데 도움이 됩니다.

이 책의 예제는 '따라 실행하는 코드'가 아니라 '비교하고 판단하는 코드'입니다. 예제를 살펴보는 데서 그치지 말고, 그 차이를 자신의 코드에 어떻게 적용할 수 있을지 고민해 보세요. 그것이 이 책의 예제 파일을 가장 바람직하게 활용하는 방법입니다.

고마움을 전하며

이 책을 쓰는 동안 많은 분의 도움을 받았습니다. 먼저 바쁜 일정 속에서도 원고를 꼼꼼히 검토해 주신 이시카와 무네토시石川宗寿 님, 치기타 카즈키千北一期 님, 신타니 텟페이新谷哲平 님, 후지이 타카히로藤井貴大 님, 오타오 카즈키大峠和基 님, 오오니시 료大西諒 님에게 깊은 감사를 드립니다. 멋진 일러스트를 그려 주신 쿠노 아야나久野文菜 님에게도 진심으로 고마운 마음을 전합니다. 아울러 2년이 훌쩍 넘는 집필 기간 동안 묵묵히 지켜봐 주며 지원과 협력을 아끼지 않은 출판사 직원 여러분 모두 고맙습니다. 변함없이 지켜보며 응원해 준 아내에게도 고맙다는 말을 건넵니다. 마지막으로, 이분들의 도움이 없었다면 이 책은 세상의 빛을 보지 못했을 거라는 사실을 다시 한번 마음에 새깁니다.

목차

1장

왜 좋은 코드를 작성해야 할까?

• • •

도대체 '좋은 코드'란 무엇일까요? 왜 좋은 코드를 써야 할까요?

소프트웨어의 가치를 중심으로 살펴봅니다.

1.1 소프트웨어의 가치

대학에 다니던 한 개발자가 스마트폰용 메모장 앱을 만들었습니다. 이 앱은 텍스트뿐 아니라 이미지도 함께 정리해 저장할 수 있었고, 칠판을 자주 촬영해야 하는 대학생들 사이에서 빠르게 입소문을 탔습니다.

앱을 배포한 지 몇 달쯤 지났을 무렵 한 사용자가 이렇게 요청했습니다. "칠판 사진뿐만 아니라 수업 자체를 녹음하거나 녹화해서 저장할 수 있으면 좋겠어요." 개발자는 이 요청을 반갑게 받아들이고 곧바로 음성 파일과 동영상 파일을 저장하는 기능을 추가하려 했습니다. 그러나 몇 달 전에 작성했던 코드를 다시 들여다보는 순간 문제에 부딪혔습니다. 코드의 구조를 이해하기가 쉽지 않았고 한 부분을 수정하자 전혀 관련 없어 보이던 다른 기능까지 오작동하기 시작했습니다. 결국 개발은 진척되지 못한 채 시간을 허비하게 되었습니다.

그 사이 요청을 보냈던 사용자는 음성이나 동영상을 저장할 수 있는 다른 메모장 앱을 찾아 떠나버렸습니다.

물론 꾸며낸 이야기입니다. 하지만 실제로도 이와 비슷한 일은 흔히 일어납니다. 어떻게 하면 이런 결과를 피할 수 있을까요?

소프트웨어를 개발하다 보면 개발자조차 예상하지 못했던 요구 사항이 갑작스럽게 등장하곤 합니다. 사용자가 새로운 기능을 요청하기도 하고 납품처에서 기존 기능의 개선을 요구하기도 하며 관련 법률이나 환경이 바뀌어 이에 대응해야 하는 등 이유는 다양합니다. 이번 메모장 앱의 사례처럼, 동영상이나 음성을 저장하는 기능은 초기 개발 단계에서는 충분히 떠올리지 못했을 수도 있습니다. 몇 가지 기능을 미리 예측해 구현할 수는 있겠지만 모든 요구 사항을 사전에 파악하는 것은 사실상 불가능합니다. 더구나 처음부터 많은 기능을 담으려 하면 개발 비용이 크게 늘어날 뿐 아니라 복잡하고 사용하기 어려운 서비스가 되기 쉽습니다. 따라서 배포 이후에도 변경 요청을 반영할 수 있는 유연한 소프트웨어를 만들어야 합니다.

인기 있는 소프트웨어나 편리한 기능을 제공하는 소프트웨어에는 분명 큰 가치가 있습니다. 또한 앞서 이야기한 것처럼 '**간단하게 변경할 수 있는 소프트웨어**' 역시 그에 못지않은 가치를 지닙니다.

세상은 쉬지 않고 변하고 그 변화에 대응할 수 있는 기업이나 서비스만이 살아남습니다. 그리고 변화의 속도는 시간이 갈수록 더 빨라지고 있습니다. 소프트웨어 분야에서는 이러한 속도 경쟁이 특히 치열합니다. 소프트웨어는 하드웨어와 달리 비교적 변경하기 쉽고 사용자에게 배포된 이후에도 얼마든지 업데이트할 수 있기 때문입니다. 실제로 매주, 심지어는 매일 새로운 버전을 배포하는 소프트웨어도 드물지 않습니다.

또 하나의 소프트웨어 특징은 따라 하기가 쉽다는 점입니다. 그리 반가운 일은 아니지만 새롭고 혁신적인 아이디어나 기능이 등장하면 다른 서비스가 이를 빠르게 모방하는 일이 흔합니다. 특허와 같은 법적 장치로 아이디어를 보호하는 것도 중요하지만, 동시에 모방이 일어난다는 사실을 전제로 더 빠르게, 더 좋은 제품을 지속적으로 만들어 가는 전략 역시 하나의 현실적인 선택일 수 있습니다.

사용자의 요구 변화에 발맞추고 경쟁 기업을 앞서가며 시장에서 살아남으려면 지금까지 겪지 못했던 속도가 필요합니다. 소프트웨어를 개발하여 배포하는 일 자체도 물론 가치가 있지만 여기서 끝나서는 안 됩니다. 지속적으로 제품을 개선할 수 있어야 하며, 무엇보다 그러한 개선이 가능한 상태를 유지해야 합니다.

소프트웨어는 비교적 변경하기 쉬운 편이라고 하지만, 모든 소프트웨어를 언제나 간단하게 변경할 수 있는 것은 아닙니다. 소프트웨어를 얼마나 쉽게 변경할 수 있는지를 가리켜 '**유지보수성**'이라 하며 변경하기 쉬운 소프트웨어를 '**유지보수성이 좋은 소프트웨어**'라 부릅니다. 유지보수성은 소프트웨어 품질을 나타내는 중요한 요소의 하나이며, 기능을 문제없이 수정할 수 있는지, 문제가 발생했을 때 원인을 얼마나 쉽게 찾을 수 있는지와도 밀접하게 관련되어 있습니다.

유지보수성이 좋다면 끊임없이 개선을 이어가며 사용자에게 더 좋은 경험을 제공할 수 있습니다. 그 결과 치열한 경쟁 속에서도 살아남을 수 있고, 이는 곧 소프트웨어의 미래 가치가 높다는 의미로 이어집니다(그림 1-1).

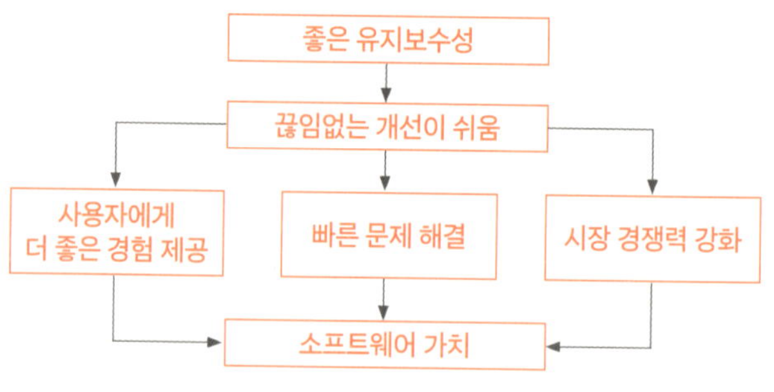

그림 1-1 유지보수성과 소프트웨어 가치

이 책에서는 유지보수성이 뛰어난 코드를 '**좋은 코드**'라 정의하고 이러한 코드를 작성하는 방법을 소개합니다.

1.2 유지보수성과 속도

하나의 소프트웨어에 전념하여 개발하다 보면 어느 순간부터 개발 속도가 눈에 띄게 떨어지는 경험을 하게 됩니다. 예전에는 일주일이면 끝났을 규모의 기능 개발이 한 달 이상 걸리기도 하고 수많은 버그 탓에 디버깅에 쫓기기도 합니다. 기능 하나를 변경했을 뿐인데 상관없어 보이던 다른 기능까지 영향을 받아 추가 수정이 필요한 상황도 드물지 않습니다. 왜 이런 일이 생길까요?

어릴 때 가지고 놀던 블록 쌓기 놀이를 떠올려 보세요. 다양한 모양의 블록을 가능한 한 높게 쌓고 싶었죠. 이때 아무런 생각 없이 쌓다 보면 어느 정도 높이에서 무너지곤 했습니다. 높게 쌓으려면 먼저 튼튼한 바탕을 만들고 무게 중심과 균형을 생각하며 쌓아야 합니다.

소프트웨어도 마찬가지입니다. 균형을 고려하지 않은 채 기능을 계속 덧붙이다 보면 머지않아 막다른 지점에 이르게 됩니다. 새로운 기능을 추가하고 싶어도 쉽게 손을 댈 수 없고 코드를 조금만 수정해도 다른 곳에서 문제가 터지는, 말 그대로 일그러진 블록 탑과 같은 상태가 됩니다.

이처럼 균형이 무너져 수정 자체가 어려워진 상태에서는 유지보수성이 자연히 낮아질 수밖에 없습니다.

사라지는 유지보수성

유지보수성이 낮아지는 이유는 다양하지만, 가장 큰 원인은 기능 완성도는 한눈에 들어오는 반면, 유지보수성은 쉽게 눈에 띄지 않기 때문일 겁니다. 마감에 쫓기다 보면 요구 사양대로 제대로 동작하는지, 즉 기능 구현 자체에만 시선이 쏠리기 쉽습니다. '**지금은 시간이 없으니 품질보단 속도 우선!**'이라는 말을 들어봤을 겁니다. 이런 상황에서는 주로 유지보수성을 뒤로 미룹니다.

코드를 안정적으로 수정하려면 유지보수성이 중요합니다. 그럼에도 유지보수성을 미루고 속도만을 높이려 하다 보면 곧 모순에 부딪힙니다. 바람이 빠진 타이어를 수리하지 않은 채 액셀만 밟아서는 자동차의 속도가 오르지 않습니다. 일시적으로 유지보수성을 희생하면 당장은 개발이 빨라진다고 느낄지는 몰라도 이는 타이어를 수리하는 시간이 아까워 앞으로 나가지 못하는 상황과 마찬가지입니다. 타이어를 수리하는 시간만큼 앞으로 나갔는지는 모르나 머지않아 그 대가를 치릅니다.

방 한구석이 조금 지저분해졌을 때 '이 정도쯤이야'하고 내버려두었다가 어느새 방 전체가 엉망이 된 경험이 있을 겁니다. 코드도 마찬가지입니다. 일부라도 나쁜 코드를 그대로 내버려두면 그 영향이 점점 퍼져 결국 전체 유지보수성을 망치게 됩니다. 이는 '**깨진 유리창 이론**'이라 부르는, 즉 건물의 깨진 유리창을 그대로 두면 결국 그 지역 전체의 범죄가 늘어난다는 이론과 닮아 있습니다.

개발자 대부분은 일시적으로 유지보수성을 희생할 때 '나중'에 정리하면 된다고 생각합니다. 그러나 안타깝게도 그 '나중'이 올 일은 거의 없습니다. 배포하고 나서도 사용자의 요구 사항을 반영해야 하고, 이미 있거나 앞으로 생길 경쟁 서비스에 뒤처지지 않으려면 배포 이후에도 개발을 멈출 수는 없으니까요. 그 결과, 희생한 유지보수성 탓에 개발 속도는 점점 떨어집니다. 게다가 떨어진 개발 속도를 따라잡고자 거듭 유지보수성을 희생하는 악순환에 빠집니다.

이와 달리 높은 수준의 유지보수성을 꾸준히 유지한다면 코드 수정 속도는 오히려 빨라집니다. 그만큼 새로운 기능을 추가하거나 업데이트를 배포하는 일도 수월해집니다. 흔히 품질과 속도는 상충 관계라고 말하지만, 유지보수성은 이에 해당하지 않으며 오히려 **품질을 올리면 장기적으로 개발 속도도 오릅니다**(그림 1-2).

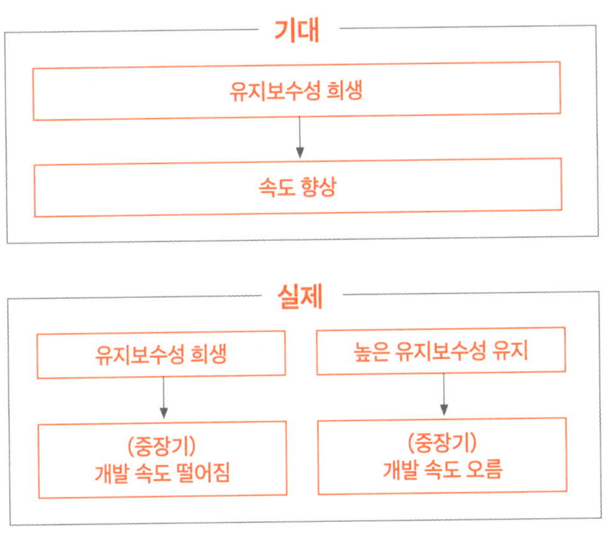

그림 1-2 유지보수성과 속도의 관계

당연해 보이지만 이를 이해하고 실제로 실천하기란 그리 쉽지 않습니다. 코드 내부 구조를 정확히 파악하는 사람은 실제로 코드를 만지는 개발자뿐입니다. 제품을 이용하는 사용자나 그 밖의 개발과 관련된 이해관계자가 코드를 이해하기란 어렵습니다. 이와 달리 사양대로 동작하는지, 얼마나 빠르게 움직이는지처럼 눈에 보이는 요소는 비교적 판단하기 쉽습니다. 그러다 보니 자연스럽게 유지보수성보다 이런 요소들이 더 중요하게 여겨지기 마련입니다.

개발자라 하더라도 유지보수성을 올바르게 이해하려면 경험이 필요합니다. 저 역시 깔끔한 코드는 개발자의 이상에 불과하고 다소 지저분하더라도 빠르게 코드를 작성하는 편이 낫다고 생각했습니다. 머리로는 유지보수성의 중요성을 알고 있었지만 의도적으로 유지보수성을 희생하는 선택을 하곤 했습니다. 쉽지 않은 과제지만, 유지보수성의 가치를 올바르게 이해하고 이를 포기하려는 유혹을 떨쳐야 합니다.

한 걸음 더 **처음부터 다시 만든다는 선택지**

단기적으로 속도를 우선하여 유지보수성을 무시한 채 개발하고 나서, 필요해지면 그때 처음부터 다시 만들면 되지 않느냐고 생각하는 사람도 있을 겁니다. 프레젠테이션용으로 사용할 간단한 모크업 프로젝트라면 이런 방식도 괜찮습니다. 그러나 초기 코드를 오랫동안 사용하다 보면, 막상 다시 만드는 일이 생각만큼 쉽지 않다는 사실을 곧 깨닫게 됩니다. 처음부터 다시 만들려면 생각보다 훨씬 더 큰 비용이 들고 그동안은 새로운 개발을 진행하지 못한다는 중대한 위험도 감수해야 합니다. 내일 버릴 코드가 아니라면 처음부터 좋은 유지보수성을 유지하는 것이 최선의 선택지입니다.

{ 1.3 기술 부채 발생과 해소 }

일단 유지보수성이 떨어지면 코드 수정이 어렵고 개발에도 시간이 더 걸립니다. 원래라면 일주일이면 끝났을 개발인데 유지보수성이 낮은 상태에서는 2주일이나 때에 따라서는 한 달 이상이 걸리기도 합니다. 이 상황은 마치 대출을 받은 다음 이자를 계속 내는 것과 비슷하므로 **기술 부채**가 쌓였다고 표현합니다.

기술 부채는 왜 생길까?

그렇다면 기술 부채는 왜 생길까요? 기술 부채는 단순히 유지보수성이 낮은 코드를 작성할 때만 생기지는 않습니다. 사용한 기술이 오래되거나 시간이 지나서야 작성한 코드가 안 좋았다고 느낄 때도 있습니다. 이 책에서는 발생 영역과 시점을 표 1-1처럼 분류합니다.

표 1-1 기술 부채 발생 이유

	의도적인 부채	변화에 따른 부채	배움에 따른 부채
기술 지식 문제	• 더 좋은 구현 방법이 있음에도 다르게 구현함	• 처음에는 없던 새로운 기술이 등장함 • 사용한 기술이 오래됨	• 처음에는 몰랐던 기술을 나중에 배움
도메인 지식 문제	• 도메인 지식은 올바르지만 이를 제대로 코드에 반영하지 못함	• 사양이나 상황 변화 등에 따라 도메인 지식 자체가 처음과는 달라짐	• 처음에는 몰랐던 도메인 지식을 배움 • 더 좋은 도메인 표현을 발견함

기술 부채가 발생하는 영역은 크게 기술 지식 문제와 도메인 지식 문제 두 가지로 나눌 수 있습니다. 기술 지식 문제는 사용하는 언어나 프레임워크, 라이브러리 등에서 발생하는 문제입니다. 이와 달리 도메인 지식이란 프로그래밍의 대상인 업계나 업무 지식을 가리킵니다. 예를 들어, 배달이나 택배 서비스를 개발하려면 점포나 배달원 관련 지식이 있어야 하고, 송금 서비스를 개발하려면 돈과 관련한 법령이나 제도를 정확히 알아야 합니다. 기술 지식과 마찬가지로 도메인 지식 역시 제대로 이해하고 올바르게 표현해야 합니다. 도메인과 코드의 관계에 대해서는 '2.4 코드로 도메인 지식 표현하기'에서 자세히 살펴봅니다.

여기서는 기술 부채가 발생하는 시점을 기준으로 다시 세 가지로 나눕니다. 첫 번째는 의도적인 부채, 두 번째는 변화에 따른 부채, 세 번째는 배움에 따른 부채입니다.

의도적인 부채

첫 번째, 의도적인 부채는 앞서 언급한 '품질보다 속도 우선' 때문에 생기는 기술 부채입니다. 더 나은 코드 작성 방법이 있다는 사실을 알고 있음에도 단기간에 작업을 끝내야 한다는 이유로 좋지 않은 코드를 작성하거나, 유지보수성에 문제가 있음을 알면서도 애써 외면할 때 발생합니다.

특히 이미 작성한 코드를 수정할 때는 더욱 조심해야 합니다. 기존 코드를 가능한 한 건드리지 않겠다는 생각에 수정 범위를 최소화하는 데만 집중하다 보면, 의도와는 달리 구조가 어색해지고 이해하기 어려운 코드가 되기 쉽습니다. 복사해서 붙여 넣은 코드가 여러 곳이거나 더는 사용하지 않는 코드를 내버려둘 때도 유지보수성이 눈에 띄게 떨어집니다.

이와 함께 도메인 지식은 올바르게 표현해야 합니다. 아는 도메인 지식을 무시하고 동작에만 맞춘 코드를 작성한다면 나중에 수정하기 어렵습니다.

이러한 선택은 결국 기술 부채로 이어지므로 가급적 피하는 편이 바람직합니다. 시간이 부족하다면 유지보수성을 희생하기보다는 오히려 개발 항목을 줄이는 쪽을 먼저 고려해야 합니다. 그리고 부득이하게 기술 부채가 생겼다면 그 영향이 널리 퍼지기 전에 즉시 개선하는 것이 좋습니다.

변화에 따른 부채

두 번째, 변화에 따른 부채는 코드를 작성할 당시는 문제없었지만 시간이 지나면서 문제가 드러나는 경우에 생깁니다. 처음에는 없었던 새로운 기술이 등장하거나 사용한 기술이 노후화되면서 기존 코드가 더 이상 바람직하지 않게 되는 상황이 이에 해당합니다. 예를 들어 사용한 프레임워크나 라이브러리가 업데이트로 달라지거나 보안이나 성능 문제를 발견하여 수정해야 하는 때를 들 수 있습니다. 또한 사양 변경 등으로 도메인 지식이 달라질 때도 있습니다.

변화에 따른 부채가 곧바로 문제가 될 때는 드물지만, 앞으로도 계속 개발할 예정이라면 변화 이후의 기준에 맞게 코드를 수정하는 편이 바람직합니다. 흔히 볼 수 있는 실수로, 바뀐 작성 방식으로 새로운 코드만 추가해 기존 코드와 뒤섞어 두는 경우가 있습니다. 이렇게 되면 많은 혼란이 생기고 유지보수성도 낮아집니다.

배움에 따른 부채

마지막으로 살펴볼 것은 배움에 따른 부채입니다. 프로그래밍을 계속 공부하다 보면 이전에 작성한 코드가 마음에 들지 않을 수 있습니다. 더불어 개발을 진행하면서 더 좋은 작성 방식을 발견하기도 합니다. 프로그래밍할 대상을 깊이 이해할수록 도메인 지식 역시 더 정확하게 표현할 수 있게 됩니다. 이렇게 되면 표현하고 싶은 것과 실제로 이를 표현한 코드 사이에 차이가 생겨 부채가 될 수 있습니다. 이는 실제로 코드를 작성한 시점부터 생기는 부채지만 시간이 지나서야 비로소 부채임을 깨닫곤 합니다.

시간이 지나 이러한 기술 부채를 발견한다는 것은 배움의 증거이기도 하므로 오히려 좋은 일로 볼 수도 있습니다. 그러나 변화에 따른 부채와 마찬가지로 내버려두면 나쁜 영향을 미칩니다.

기술 부채를 대하는 자세

기술 부채가 생기는 이유가 무엇이든 시간이 흐를수록 다른 곳에 영향을 끼치며 문제가 커집니다. 부채가 생기거나 부채를 눈치챈 순간 즉시 대처하면 비교적 쉽게 해결할 수 있는 문제도 뒤로 미루면 해결하는 데 드는 비용은 늘어납니다. **기술 부채의 이자는 결코 싸지 않습니다**.

물론 모든 기술 부채를 없앨 수는 없습니다. 이 모두를 미리 예측하여 코드를 작성하기란 어려우며 외부 환경이 변화하면서 새로운 부채가 생기기도 합니다. 끊임없이 개선해야 하는 소프트웨어 특성상 설령 부채가 생기더라도 냉정하고 계획적으로 대처하는 자세가 필요합니다.

한 걸음 더 기술 차입

회사에서 사업을 진행할 때는 은행이나 투자자로부터 융자나 투자를 받는 등 외부 자금을 조달하곤 합니다. 기술 분야에서도 이 개념을 빗대어 단기간에 갚을 수만 있다면 일부러 부채를 지는 선택도 괜찮다는 사고방식이 존재합니다. 속도를 위해 의도적으로 기술 부채를 만들어도 된다는 생각이며, 이를 흔히 '기술 차입'이라 부릅니다.

하지만 저는 이 사고방식에 따라 의도적으로 부채를 늘리는 데는 반대합니다. 개발을 시작할 때부터 개발자가 충분히 해당 도메인이나 기술을 이해하는 때는 드뭅니다. 그리고 개발을 진행하면서 더 깊은 지식을 익힐수록 그때마다 '배움에 따른 부채'가 생깁니다. 이렇게 보면 이미 많은 프로젝트에서 처음부터 일정 수준의 부채를 안고 출발한다고 볼 수 있는 셈입니다. 이런 상황에서 의도적으로 부채를 더 늘린다면 곧 제어하기 어려운 상태에 빠질 가능성이 큽니다.

개발 시점에 이해한 모든 내용을 가능한 한 코드에 반영하면 배움에 따른 부채가 생기더라도 그 당시의 생각을 이해하고 쉽게 대처할 수 있습니다. 이와 달리 의도적으로 부채를 지는 선택을 했다가 시간이 지나 당시 코드의 의도를 제대로 파악하지 못한다면 오히려 부채 해소에 많은 어려움을 겪습니다.

1.4 좋은 코드를 작성하려면

지금까지 유지보수성이 왜 낮아지는지를 살펴봤습니다. 그렇다면 거꾸로 어떻게 하면 좋은 유지보수성을 유지하면서도 기술 부채를 피하고 빠르게 개발을 이어갈 수 있을까요? 시간을 들여 천천히 코드를 작성하면 좋은 코드가 될까요?

결론부터 이야기하면 **시간만 많이 들인다고 해서 유지보수성이 오르지는 않습니다.** 이때 필요한 것은 시간 자체보다는 지식과 경험입니다.

좋은 자세를 모른 채 아무런 생각도 없이 배트를 휘두르기만 하면 근력은 조금 붙을지 모르지만 뛰어난 야구 선수가 되지는 못합니다. 코드도 마찬가지입니다. **무엇이 더 좋은 코드인지를 모르면 아무리 시간을 들이더라도, 여러 번 코드를 다시 작성하더라도 좋은 결과를 얻을 수 없습니다.** 좋은 코드를 작성하려면 먼저 좋은 코드와 그렇지 않은 코드를 구분할 수 있는 지식이 있어야 합니다. 책이나 인터넷으로 정보를 얻고 오픈 소스 소프트웨어(OSS) 라이브러리나 예제 코드를 직접 다루어 보며, 콘퍼런스에서 프레젠테이션을 듣고 동료나 친구와 많은 이야기를 나누는 등 다양한 정보원에서 폭넓은 분야의 정보를 얻어야 합니다.

이와 함께 실제로 **코드를 작성하고 유지보수해 본 경험**도 중요합니다. 책에서 얻은 많은 정보도 중요하지만 실제로 직접 코드를 작성하며 체득하는 것과는 지식의 깊이가 다릅니다. 배운 패턴을 자기가 만든 제품에 직접 시험해 보면 좋고 나쁜 점을 명확히 이해할 수 있습니다. 또한 몇 년이 지난 후 과거에 작성한 코드를 직접 수정할 때 이전에 자신이 내린 판단이 옳았는지도 평가할 수 있습니다. **지식을 습득하고 경험에 따른 학습을 반복**해야 비로소 나만의 기술이 됩니다.

이런 지식과 경험을 쌓는 일이 간단하지는 않습니다. 긴 시간을 들여 끈기 있게 계속하다 보면 조금씩 변화하는 자신을 볼 수 있습니다. 더불어 한번 손에 넣었다고 끝이 아니라 변하는 환경에 맞춰 계속 배워야 합니다. 이렇게 학습과 경험의 순환을 이어갈 수 있다면 다른 이가 쉽게 흉내 내지 못하는 수준 높은 기술을 익힐 수 있습니다.

2장

움직이는 코드에서 뜻을 전하는 코드로

• • •

움직이는 코드를 작성하는 일 자체는 그리 어렵지 않습니다. 하지만 중요한 것은 작성한 코드를 다른 사람은 물론 미래의 자신이 읽어도 올바르게 이해할 수 있어야 한다는 점입니다.

2.1 의도 표현하기

사람은 컴퓨터를 움직이고자 코드를 작성합니다. 이와 함께 코드는 결국 **사람이 읽으려는 것이기도 합니다**.

예를 들어, 코드 2-1을 한 번 읽어 보세요. 코드는 코틀린(Kotlin)으로 작성했습니다.

코드 2-1 text( ) 함수

```
fun text(x: Long): String {
    return when {
        x < 60 -> "${x}초"
        x / 60 * 60 == x -> "${x / 60}분"
        else -> "${x / 60}분 ${x - x / 60 * 60}초"
    }
}
```

코드 안에 '분'이나 '초'라는 문자열이 보이는 걸 봐서 아무래도 시간을 계산하는 코드인 듯합니다. 그렇지만 이 코드가 무엇을 하는지는 이해하기 어렵습니다.

이번에는 코드 2-2를 보겠습니다.

코드 2-2 formatTimeString( ) 함수

```
fun formatTimeString(seconds: Long): String {
    val displayMinutes  =  seconds / 60
    val displaySeconds = seconds % 60

    return when {
        displayMinutes == 0L -> "${displaySeconds}초"
        displaySeconds == 0L -> "${displayMinutes}분"
```

```
        else -> "${displayMinutes}분 ${displaySeconds}초"
    }
}
```

이 두 코드는 같은 결과를 출력합니다. 어느 쪽이 읽고 이해하기 쉬운가요? 얼핏 코드 2-1 쪽이 짧고 간단해 보일지도 모르겠네요. 그러나 실제로 코드를 읽어 내려가며 어떤 처리를 하는지 파악하기 쉬운 쪽은 코드 2-2입니다. 이 차이는 어디서 비롯될까요?

첫 번째로 눈에 들어오는 것은 함수 이름이 다르다는 점입니다. 코드 2-1에서는 함수 이름이 text뿐이라 이것만으로는 어떤 역할을 하는 함수인지 전혀 짐작할 수 없습니다. 이와 달리 코드 2-2에서는 함수 이름이 formatTimeString이고 인수가 seconds이므로 입력한 초를 문자열로 변환한다는 것을 알 수 있습니다.

또 하나 주목할 부분은 조건을 표현하는 방식입니다. 여기서는 60초를 '1분 0초'가 아닌 '1분'으로 표시해야 합니다. 코드 2-1에서는 x / 60 * 60 == x라는 계산으로 남은 초가 없는지를 확인합니다. 이는 정수 나눗셈에서 소수점 이하가 버려진다는 특성을 이용한 것으로, 61처럼 60으로 나누어떨어지지 않는 값은 다시 60을 곱해도 원래 값으로는 돌아가지 않는 원리를 이용합니다.

이 코드로도 목적을 이룰 수는 있으나 어떻게 작동하는지를 이해하려면 정수 나눗셈의 동작 방식을 알아야 합니다. 게다가 언어의 특성을 안다고 하더라도 이 코드의 의도를 이해하려면 시간이 걸립니다. 코드 2-2에서는 명시적으로 표시할 분과 초를 계산하고 분이 0일 때는 분을 생략하고 초가 0일 때는 초를 생략한 문자열을 반환합니다. 즉, 원하는 동작과 코드가 일치하고 코드의 의도를 어려움 없이 이해할 수 있습니다.

그 밖에도 코드 2-2에서는 displayMinutes나 displaySeconds처럼 의미가 드러나는 변수 이름을 붙여 중간 처리 과정을 설명합니다.

단순히 코드가 짧다고 좋은 것이 아니라 이해하기 쉬워야 합니다. 코드를 읽고도 의도를 파악할 수 없다면 그 코드를 활용하거나 수정하기는 어렵습니다. 예를 들어 3,600초를 1시간으로 표시하는 기능을 추가하고 싶다고 해 봅시다. 코드 2-2에서는 어디를 어떻게 수정해야 할지 대략 감이 오지만, 코드 2-1을 바탕으로 이를 구현하려면 고생 좀 할 겁니다. **코드의 의도를 명확하게 표현하고 누가 읽어도 이해할 수 있도록 신경 씁시다.**

한 걸음 더 겉멋 부린 코드 피하기

코드를 작성하다 보면 다른 사람은 떠올리지 못할 법한 기발한 작성 방법이 생각날 때가 있습니다. 그런 아이디어를 시험해 보고 싶은 마음이 드는 것도 자연스러운 일입니다. 그러나 이렇게 작성한 겉멋 든 코드는 오히려 다른 사람이 이해하는 데 방해가 됩니다. 혼자서 코드를 작성할 때도 주의해야 합니다. 몇 개월이 지나고 보면 자신이 쓴 코드임에도 전혀 알 수 없을 때가 있으니까요. 미래의 자신은 지금의 나와는 다른 사람이라고 생각하세요. 그러므로 겉멋 부리지 말고 묵묵하게 뜻을 쉽게 전달할 수 있는 코드를 작성합시다.

코틀린 한 조각 1 when 식

코틀린에서는 when으로 여러 개의 분기가 있는 조건식을 작성할 수 있습니다. 이와 달리 코드 2-3처럼 if ~ else ~로 바꿔 코드 2-2를 다시 쓸 수도 있습니다.

코드 2-3 when 대신 if ~ else ~를 사용한 예

```
fun formatTimeString(seconds: Long): String {
    val displayMinutes = seconds / 60
    val displaySeconds = seconds % 60
```

```
    return if (displayMinutes == 0L) {
        "${displaySeconds}초"
    } else if (displaySeconds == 0L) {
        "${displayMinutes}분"
    } else {
        "${displayMinutes}분 ${displaySeconds}초"
    }
}
```

코틀린에서는 if나 when 모두 문(statement)이 아니라 식(expression)으로 취급합니다. 따라서 조건마다 평가한 결과를 변수 등에 대입하지 않고 그대로 반환값으로 이용할 수 있습니다.

코틀린 한 조각 2 문자열 템플릿

코틀린에서는 $를 붙인 변수나 식을 문자열 안에 바로 삽입할 수 있습니다(코드 2-4).

코드 2-4 문자열 템플릿 이용 예

```
var i = 10
println("i는 ${i}입니다.")  // i는 10입니다.
```

2.2 이름으로 전하기

코드를 작성할 때 이름 짓기는 반드시 거쳐야 하는 과정의 하나입니다. 클래스나 함수 이름뿐만 아니라 변수와 상수, 인수의 이름에 이르기까지 코드 곳곳에서 이름을 결정해야 합니다. 더 나아가 디렉터리나 모듈, 라이브러리처럼 여러 요소를 묶는 단위에도 이름이 필요합니다.

이름은 각각의 요소를 단적으로 나타내야 합니다. 이름으로 내용을 추측할 수 있다면 굳이 코드를 하나하나 확인하지 않아도 되고 전체 코드는 훨씬 읽기 쉬워집니다. 이와 달리 정확하지 않고 애매한 이름을 쓰면 혼란스럽고 코드를 이해하는 데도 방해가 됩니다. 여기서는 이름을 지을 때 조심해야 할 점을 알아봅니다.

짧은 이름보다는 뜻이 있는 이름으로

짧다고 좋은 이름이 아닙니다. 이름은 해당 요소를 이해하는 데 필요한 정보를 충분히 포함해야 합니다.

클래스를 관리하는 TODO 앱을 예로 들어 볼까요? 태스크를 나타내는 TodoTask 클래스를 코드 2-5처럼 작성했습니다. TodoTask 클래스에는 사용자가 설정한 제목 정보 외에도 태스크를 완료했는지 나타내는 상태를 flag로 추가했습니다. 그러나 flag만으로는 어떤 정보를 나타내는지를 알 수 없습니다. 클래스 이름이 TodoTask이므로 완료 상태가 아닐까 짐작할 수는 있지만, 삭제한 태스크를 나타내는 플래그와 같은 다른 표시일 수도 있습니다. 게다가 true이면 완료인지, false이면 완료인지도 알 수 없습니다.

코드 2-5 TodoTask 클래스 - 플래그의 뜻이 애매한 예

```
class TodoTask(
    val title: String,
    val flag: Boolean
)
```

이에 flag를 isCompleted이라는 이름으로 바꿔봅시다. 이렇게 하면 true이면 완료, false라면 완료 전임을 명확히 나타낼 수 있습니다(코드 2-6).

코드 2-6 TodoTask 클래스 - 플래그의 뜻이 명확한 예

```
class TodoTask(
    val title: String,
    val isCompleted: Boolean
)
```

flag보다 isCompleted가 더 많은 정보를 담습니다. 이처럼 **이름에 충분한 정보를 담으면** 코드를 자세히 분석하거나 애매하게 추측하지 않아도 의도를 쉽게 이해할 수 있습니다.

이후 확장성도 좋아집니다. 예를 들어, 삭제했는지도 함께 표현해야 한다면 isDeleted라는 변수를 추가하여 isCompleted와 구별합니다.

한 걸음 더 너무 추상적인 Check

앞서 살펴본 flag처럼 뜻이 한정되지 않아 사용하기 애매한 단어는 흔합니다. 예를 들어, 코드 2-7의 함수 이름을 보면 어떤 함수라는 생각이 드나요?

코드 2-7 checkUserStatus( ) 함수

```
fun checkUserStatus(user: User): Boolean {
    /* ... */
}
```

함수 이름만으로는 이것이 사용자의 무엇을 확인하는지 알 수 없습니다. 유료 회원일지도 모르고 이메일 주소 등록 여부를 확인하는 것일 수도 있습니다. 게다가 이 함수는 Bool 값을 반환하는데, 그 값이 무엇을 뜻하는지도 모릅니다. 이는 check라는 단어 자체가 추상적이라 뜻이 모호하기 때문입니다.

만약 이 함수가 유료 회원인지 확인하는 것이라면 isPaidUser와 같은 이름을 사용하는 편이 좋을 겁니다. 그렇다면 반환한 값이 true라면 유료 등록 회원임이 분명합니다(코드 2-8).

코드 2-8 isPaidUser( ) 함수

```
fun isPaidUser(user: User): Boolean {
    /* ... */
}
```

이번에는 유료 회원임을 확인해서 로그를 출력하는 함수일 때를 생각해 봅시다. 이럴 때는 로그를 보내는 동작에 주목하여 sendPaymentStatusLog라고 이름 지으면 좋습니다. 어떤 값을 반환하는지는 주석으로 설명합니다(코드 2-9). 주석 작성에 대해서는 '2.3 주석으로 보충하기'를 참고하세요.

코드 2-9 sendPaymentStatusLog( ) 함수

```
/**
 * 유료 등록 회원 여부를 로그로 출력한다.
 * 로그 보내기에 성공하면 true, 실패하면 false를 반환한다.
 */
fun sendPaymentStatusLog(user: User): Boolean {
    /* ... */
}
```

코틀린 한 조각 3 클래스의 생성자와 속성 선언하기

코틀린에서는 클래스 이름 뒤에 괄호를 붙여 생성자를 정의합니다. 이 괄호 안에 생성자에서 받을 인수를 나열합니다(코드 2-10).

코드 2-10 생성자를 정의한 클래스

```
class TodoTask(title: String, isCompleted: Boolean)
```

이렇게 정의한 TodoTask 클래스는 코드 2-11처럼 title과 isCompleted를 지정하여 새로운 인스턴스를 생성할 수 있습니다.

코드 2-11 클래스의 인스턴스 생성 예

```
val task = TodoTask("Task Title", false)
```

이와 함께 코틀린에서는 생성자의 인수에 val이나 var 키워드를 붙여 이를 클래스의 속성으로 정의할 수 있습니다. val은 덮어쓸 수 없는 변수, var는 덮어쓸 수 있는 변수를 뜻합니다(코드 2-12). 이렇게 정의한 속성은 인스턴스를 통해 바로 접근하거나 수정할 수 있습니다(코드 2-13).

코드 2-12 생성자 안에서 속성을 정의한 예

```
class TodoTask(
    val title: String,
    var isCompleted: Boolean
)
```

코드 2-13 생성자 안에서 정의한 속성을 사용하는 예

```
val task = TodoTask("Task Title", false)

val title = task.title    ← "Task Title"

task.isCompleted = true
val isCompleted = task.isCompleted    ← true
```

중요한 정보 추가하기

이번에는 TODO 앱 이용 상황을 분석하여 출력하는 보고서 기능을 구현해 봅시다. 예를 들어, "태스크를 추가한 시점부터 완료할 때까지 평균 어느 정도 시간이 걸리는가?"를 출력해 봅니다. 이 평균 시간을 표현할 때 코드 2-14처럼 averageTime이라고 하면 어떨까요?

코드 2-14 **태스크 완료까지 걸린 평균 시간을 averageTime이라 표현한 예**

```
class TodoReport(
    val averageTime: Int,
    /* ... */
)
```

averageTime이라는 이름만 보면 완료되지 않은 태스크의 경과 시간도 포함하여 전체 경과 시간을 나타낸다고 착각할 수 있습니다. 심지어는 앱을 시작하고 끝날 때까지의 평균 시간이라 생각할 수도 있습니다.

이러한 모호함을 없애려면 '끝날 때까지'라는 정보를 추가합니다. 그러면 완료 평균 시간이라는 뜻으로 코드 2-15처럼 completeAverageTime이라고 하면 어떨까요?

코드 2-15 **태스크 완료까지 평균 시간을 completeAverageTime이라 표현한 예**

```
class TodoReport(
    val completeAverageTime: Int,
    /* ... */
)
```

앞의 예처럼 모호함은 없을 듯하나 동사로 시작하므로 무언가 행위를 하는 것처럼 보입니다. 일반적으로 함수는 동사로 시작하고 속성은 명사구로 표현하는 편이 바람직합니다.

이럴 때는 to와 같은 전치사를 사용하면 좋습니다. 이번에는 마지막에 ToComplete를 붙여 완료까지의 평균 시간임을 표현해 봅시다(코드 2-16).

코드 2-16 **태스크 완료까지의 평균 시간을 averageTimeToComplete이라 표현한 예**

```
class TodoReport(
    val averageTimeToComplete: Int,
```

```
    /* ... */
)
```

이제 의미는 상당히 분명해졌지만, 아직 averageTime이 일인지 초인지 단위를 알 수 없습니다. 코드 2-17처럼 시간 단위도 추가하면 훨씬 명확합니다.

코드 2-17 함수 이름으로 초 단위임을 명시한 예

```
class TodoReport(
    val averageSecondsToComplete: Int,
    /* ... */
)
```

이처럼 어떤 중요한 정보를 포함할지 선택하여 이름을 정해야 합니다.

한 걸음 더 사용할 수 있는 그 밖의 전치사와 접속사

여러 정보를 단순히 단어로 나열하면 읽기 불편할 뿐 아니라 의도와 다르게 해석할 수도 있습니다. to 외에도 from이나 for와 같은 전치사, and나 if와 같은 접속사를 사용하면 읽기 쉽고 뜻이 명확한 이름을 지을 수 있습니다(표 2-1).

표 2-1 이름을 지을 때 활용할 수 있는 전치사와 접속사

전치사/접속사	사용 예	의미
to	moveToStart	시작 부분으로 이동함
from	createFromDefault	기본값을 바탕으로 생성함
for	observeForUpdates	업데이트가 있는지 확인함
until	waitUntilCanceled	취소할 때까지 기다림
by	searchByName	이름을 기준으로 검색함
and	nameAndEmail	이름과 이메일 주소
if	sendIfUpdated	업데이트했다면 전송함

하지만 이러한 전치사나 접속사를 원칙 없이 사용하면 문제가 됩니다. 사용자의 나이를 나타낼 때는 ageOfUser가 아니라 간단히 userAge라고 하는 것이 일반적입

니다. 이렇게 하는 편이 끝 단어를 읽기만 해도 나이라는 것을 쉽게 알 수 있어 코드를 이해하는 데 드는 시간을 줄일 수 있습니다. 더불어 여러 개의 전치사와 접속사를 사용하면 어느 단어를 수식하는지 파악하기 어려우므로 이 역시 피하도록 합시다.

너무 긴 이름은 읽기 어려움

많은 정보를 포함하고자 이름을 너무 길게 지어도 읽기 어렵습니다. 예를 들어, 앞서 태스크 완료까지의 평균 초 수'를 나타내는 파라미터 이름이 averageSecondsFromTodoTaskCreationToTodoTaskCompletion이라면 읽기조차 부담스러울 겁니다(코드 2-18).

코드 2-18 변수 이름이 너무 긴 예

```
class TodoReport(
    val averageSecondsFromTodoTaskCreationToTodoTaskCompletion:
        Int,
    /* ... */
)
```

이때 **문맥상 분명한 단어는 삭제합니다.** 클래스 이름이 TodoReport이므로 TODO 앱과 관련한 어떤 보고서임은 분명합니다. 그러므로 여기서 TodoTask라는 단어는 필요 없습니다.

또한 이 앱에서는 달리 생각할 선택지가 없으므로 '태스크를 만들고 나서(FromCreation)'라는 정보는 삭제해도 문제없습니다. 거꾸로 이 앱에 '태스크 시작'이라는 기능도 있어 '태스크를 만들고 나서'와 '태스크를 시작하고 나서' 중 언제인지가 불분명할 때는 언제부터의 시간인지를 이름에 포함하는 편이 좋습니다.

자료형으로 알 수 있는 정보 역시 생략해도 좋습니다. 기간을 나타내는 Duration 클래스를 이용한다면, 시간이라는 정보는 자료형을 보면 알 수 있으므로 간단히 averageToComplete라고 해도 뜻을 전달하기에 충분합니다. 초나 분 같은 시간 단위의 세부 사항은 Duration 클래스가 관리하기 때문입니다(코드 2-19).

코드 2-19 기간을 나타내고자 Duration 클래스를 사용한 예

```
class TodoReport(
    val averageToComplete: Duration,
    /* ... */
)
```

이름을 생략할 때는 조심하기

긴 이름을 피하려면 단어의 줄임말을 사용하는 편이 좋다고 생각하곤 합니다. 그러나 일반적으로 **줄임말로 만든 이름은 한눈에 이해하지 못하기**도 하므로 조심해야 합니다.

앞서 살펴본 '태스크 완료까지의 평균 초 수'를 예로 들어 보겠습니다. average를 줄인 avg를 사용하고 complete를 줄인 cpl을 사용했다고 합시다. 둘 다 자주 사용하는 줄임말이긴 하지만 바로 이해할 수 없는 사람도 많을 겁니다(코드 2-20).

코드 2-20 줄임말을 이용한 함수 이름

```
class TodoReport(
    val avgToCpl: Duration,
    /* ... */
)
```

특히 마음대로 만든 줄임말은 피해야 합니다. 예를 들어, TodoTask라는 이름을 TTask처럼 줄이면 작성한 사람 이외에는 누구도 이해할 수 없습니다. 무엇보다 코드에 모르는 단어가 많으면 도대체 어느 나라 말인지 몰라 부담을 느끼게 됩니다.

다행히 최근의 개발 환경에서는 자동 완성 기능 덕분에 긴 이름도 한 번에 입력할 수 있습니다. 게다가 빌드할 때 최소화 처리를 적용하면 완성한 빌드 결과물의 크기에도 영향을 주지 않습니다. 무조건 문자 수를 줄이기보다는 사람이 쉽게 읽을 수 있는 코드를 작성합시다.

제한된 곳에서 잠시만 사용하는 이름일 때, 그리고 어떤 단어를 줄인 것인지를 누구나 안다면 줄여 써도 좋습니다. 예를 들어, for 문에서는 그때만 사용하는 index를 i로 줄일 때가 흔합니다(코드 2-21).

코드 2-21 index를 i로 줄인 모습

```
for (i in 1..100) {
    println(i)
}
```

같은 것에는 같은 이름을

코드 2-22에 작성한 세 가지 함수를 한번 살펴봅시다.

코드 2-22 이름을 반환하는 세 가지 함수

```
fun getUserName(): String {
    /* ... */
}

fun getClientName(): String {
    /* ... */
```

```
}

fun getCustomerName(): String {
    /* ... */
}
```

이름이 get ~ Name() 형태이므로 무언가 이름을 반환하는 함수인 듯합니다. 그런데 실제로는 이 세 가지 모두 같은 대상의 이름을 반환한다고 한다면 어떨까요? 같은 것을 가리키는 데 서로 다른 용어를 사용하면 개발자는 혼란스럽고 코드 이해나 유지보수에 어려움을 느낍니다.

같은 것을 가리킨다면 같은 이름을 사용하도록 합시다. 이 규칙은 얼핏 당연하게 생각할지도 모르지만, 의식하지 않으면 언제든 표기 불일치가 발생합니다. 이뿐만 아니라 용어나 기능 이름을 수정하고 나서도 여전히 이전 이름과 바뀐 이름을 섞어 쓰기도 합니다.

이러한 문제를 막으려면 제품에서 사용할 주요 용어는 미리 목록으로 정리해 두도록 합시다. 앞의 예라면 사용자를 나타내는 용어로 User, Client, Customer 중 어느 것을 쓸지 분명하게 밝힙시다.

마찬가지로 단일 문맥 안에서는 서로 다른 것에 서로 다른 이름을 써야 합니다. 의도하지 않은 채 서로 다른 대상에 같은 이름을 붙이는 것 역시 혼란을 부르는 원인입니다. 예를 들어, Client와 Customer가 서로 다른 대상을 가리키는 시스템이라면 이를 구별하여 사용해야 합니다.

문맥이 명확하다면 이름을 생략하거나 알기 쉬운 것으로 바꿔도 좋습니다. 예를 들어, 사용자를 나타내는 클래스 안에서는 굳이 userName이라 쓰지 않고 간단하게 name이라 써도 충분합니다(코드 2-23).

코드 2-23 특정 문맥 안에서 이름을 생략한 예

```
class User(
    val name: String    ← userName이 아닌 name이면 충분함
)
```

영어 문법에 따라 이름 짓기

기본적으로 이름은 영어 단어로 작성하므로 가능한 한 영어 문법을 따르도록 합시다. 코드에서는 이름에 여러 제약이 있어 완벽하게 따르지는 않아도 되지만 의식해서 작성하는 편이 좋습니다.

TODO 앱에서 모든 태스크 중 완료한 태스크만 가져오는 함수를 생각해 볼까요? 이때 함수 이름을 getCompleteTask라고 지으면 뜻은 통할지 모르나 동사가 연속으로 등장해 영어 표현으로는 자연스럽지 않습니다(코드 2-24).

코드 2-24 영어 문법을 무시한 채 지은 함수 이름

```
class TodoTaskList(/* ... */) {
    fun getCompleteTask(): List<TodoTask> {
        /* ... */
    }
}
```

'완료한 태스크'를 나타내려면 과거 분사형인 CompletedTask 쪽이 자연스럽고, 목록으로 반환한다면 복수형 Tasks로 표현하는 편이 논리적입니다(코드 2-25).

코드 2-25 영어 문법에 따라 지은 함수 이름

```
class TodoTaskList(/* ... */) {
    fun getCompletedTasks(): List<TodoTask> {
```

```
        /* ... */
    }
}
```

참, 거짓의 진릿값(Bool 값)을 표현할 때도 주의해야 합니다. 앞에 is를 붙여 진릿값을 표현하곤 하나 영어 문법 면에서 볼 때 자연스럽지 않을 때가 적지 않습니다.

예를 들어, TodoTask 클래스에 '자식 태스크'를 연결하고 싶다고 합시다. 자식 태스크가 있는지 조사하는 함수를 만든다면 어떤 이름이 좋을까요?

이때 isHaveChildren이라는 이름을 사용하면 이를 영어 문장으로 읽을 때 'TodoTask is have children.'이 되어 문법적으로 틀린 표현이 됩니다(코드 2-26).

코드 2-26 영어 문법을 무시한 진릿값 함수 이름

```
class TodoTask(
    /* ... */
    val children: List<TodoTask>
) {
    fun isHaveChildren(): Boolean {
        return children.isNotEmpty()
    }
}
```

그러면 isChildren이라는 이름은 어떨까요? 이렇게 하면 'TodoTask is children.'이라는 영문으로 이해할 수 있으므로 문법은 올바르나 태스크 자체가 자식 태스크라는 오해를 일으킬 염려가 있습니다.

여기서는 hasChildren이라는 이름이 적절합니다. 'TodoTask has children.'이므로 영문으로도 올바르고 표현도 자연스럽습니다. Bool 값에서는 원형이 아닌 3인칭 단수형으로 동사를 사용할 때가 흔합니다. 이처럼 영어 문법에 따라 이름을 지으면 코드를 영어처럼 자연스럽게 읽을 수 있습니다(코드 2-27).

코드 2-27 영어 문법에 따라 지은 진릿값 함수 이름

```
class TodoTask(
    /* ... */
    val children: List<TodoTask>
) {
    fun hasChildren(): Boolean {
        return children.isNotEmpty()
    }
}
```

한 걸음 더 진릿값(Bool 값)에 자주 사용하는 이름

진릿값을 나타낼 때 is나 has 외에도 can이나 should와 같은 조동사를 사용할 수도 있습니다. 더불어 과거를 나타내는 과거형 was를 사용하기도 합니다(표 2-2).

표 2-2 진릿값에 자주 사용하는 동사와 조동사

분류	패턴	예	설명
Be 동사	is	isAdmin	관리자인가?
	was	wasProcessed	이미 처리했는가?
동사(3인칭 단수)	has	hasImage	이미지가 있는가?
	contains	containsKeys	키를 포함하는가?
조동사	can	canRemove	삭제할 수 있는가?
	should	shouldUpdate	업데이트해야 하는가?

진릿값임이 분명하다면 is를 생략하고 간단히 형용사나 분사만으로 표현하기도 합니다(표 2-3).

표 2-3 동사나 조동사를 생략한 진릿값 이름

분류	예	설명
형용사	visible	보이는가?
	valid	유효한가?
현재 분사	playing	재생 중인가?
	loading	읽는 중인가?
과거 분사	loaded	읽기가 끝났는가?
	connected	접속되었는가?

언어나 프레임워크마다 자주 사용하는 문법이나 표현은 다를 수 있습니다. 잠시 후 살펴보겠지만, 사용하는 언어나 프레임워크의 관습(컨벤션)은 가능한 한 따르도록 합시다.

언어나 프레임워크 따르기

이름을 짓는 방식에는 표 2-4처럼 다양한 형식이 있습니다.

표 2-4 다양한 이름 형식

	예	설명
카멜 케이스	todoTask	단어 시작마다 대문자 사용
스네이크 케이스	todo_task	밑줄로 단어 연결
케밥 케이스	todo-task	하이픈으로 단어 연결

어떤 형식을 언제 사용하는지는 언어나 프레임워크에 따라 다릅니다. 예를 들어 코틀린에는 다음과 같은 가이드라인이 있습니다.[1]

1 출처: Coding conventions | Kotlin Documentation, https://kotlinlang.org/docs/coding-conventions.html

클래스와 객체 이름은 대문자로 시작하고 카멜 케이스로 표기합니다.

```
open class DeclarationProcessor { /*...*/ }
object EmptyDeclarationProcessor :
    DeclarationProcessor() { /*...*/ }
```

함수, 속성, 지역 변수 이름은 소문자로 시작하고 카멜 케이스로 표기하되 밑줄은 사용하지 않습니다.

```
fun processDeclarations() { /*...*/ }
var declarationCount = 1
```

이를 따르지 않고 맨 앞에 대문자나 소문자를 마음대로 사용하면 코드를 읽는 다른 사람이 클래스인지, 객체인지, 아니면 다른 것인지 혼동하기 쉽습니다.

서로 다른 언어를 사용할 때는 언어마다 다른 가이드라인을 사용할 때가 흔합니다. 반드시 각 언어나 프레임워크의 가이드라인을 참고하여 기본적으로는 그 지침을 따르도록 합시다.

이름 짓기가 어렵다면?

아무리 고민해도 이름이 지나치게 길어지거나 이름에 필요한 정보를 충분히 담을 수 없다면 **코드 설계나 분할 방법에 문제가 있을 가능성**이 있습니다. '2.4 코드로 도메인 지식 표현하기'와 '3장 큰 문제는 나누어 생각하기'를 참고하여 코드 구성 자체를 변경해 보면 해결 방법이 보일지도 모릅니다.

2.3 주석으로 보충하기

코드 안에 기록한 주석은 큰 힘을 발휘하며 개발자를 든든하게 지원합니다. 하지만 그만큼 잘못 사용하면 오히려 혼란을 일으키기도 합니다. 여기서는 주석의 효과와 사용 방법을 알아봅니다.

주석은 없어도 된다?

예를 들어, update() 함수에 '업데이트하기'라는 주석이 달려 있다고 합시다. 이때 '업데이트하기'는 함수 이름 update를 그대로 번역한 것에 불과하므로 주석에서 코드 이상으로 얻을 정보는 거의 없습니다(코드 2-28).

코드 2-28 함수 이름의 번역일 뿐인 주석

```
/**
 * 업데이트하기
 */
fun update() {
    /* ... */
}
```

이럴 때는 굳이 주석을 달지 않아도 됩니다. 주석은 코드와 마찬가지로 작성한 다음에도 유지보수해야 합니다. 코드를 변경할 때 내용이 달라졌다면 주석도 당연히 변경해야 합니다. 이렇게 필요 없는 주석이 있다면 이 역시도 확인하고 변경해야 하므로 비용이 늘어납니다. 이뿐만 아니라 주석 업데이트를 빠트리면 그 결과 잘못된 정보를 전달하는 등 중요한 착각을 일으킬 위험도 있습니다.

코드만으로도 충분히 의도를 파악할 수 있다면 주석을 달지 않아도 됩니다. 애초에 주석이 없어도 읽히는 코드를 작성하는 것을 목표로 삼는 편이 좋습니다.

코드에서 읽을 수 없는 정보 남기기

아무리 의도를 코드로 표현하려 해도 코드만으로는 전하기 어려운 정보가 있을 수 있습니다. 예를 들어, **특정 배경에서 보통 때와는 다른 코드를 작성했을 때** 이렇게 한 이유까지 모두 코드로 나타낼 수는 없습니다. 이럴 때는 주석으로 그 배경을 기록합니다.

자주 볼 수 있는 예로, 사용 중인 언어나 라이브러리의 동작이 기대와 달라 이를 피하기 위해 우회 구현을 하는 경우가 있습니다. 이때는 왜 그런 선택을 했는지, 그 이유와 함께 관련한 Issue 번호와 URL 정보를 주석으로 남기면 나중에 다시 볼 때 도움이 됩니다(코드 2-29).

코드 2-29 우회한 이유를 주석으로 남김

```
fun fetch(): Data {
    // Api.call은 올바른 값을 반환하지 않으므로
    // Api.call2를 이용함
    // Issue: #1024
    return Api.call2()
}
```

이때 URL만 주석으로 남기는 것은 피해야 합니다. 링크가 깨지면 URL만으로는 전하려는 내용이 무엇인지 알 수 없습니다. URL을 주석으로 남길 때는 간단한 내용도 함께 적어 둡시다(코드 2-30).

코드 2-30 주석이 URL뿐이라면 링크가 깨질 위험이 있음

```
fun fetch(): Data {
```

```
    // https://example.com/issue/1024     ← 404 not found!
    return Api.call2()
}
```

성능을 이유로 코드를 새로 작성할 때도 마찬가지입니다. 코드 2-31은 도형의 넓이를 계산하는 함수로, 도형을 그린 뒤 채워진 픽셀 수를 세는 방법을 이용합니다. 이는 모서리가 둥근 사각형이나 풍선 모양 도형 등 복잡한 도형에도 적용할 수 있다는 장점이 있지만 계산에 시간이 걸립니다. 이에 가로와 세로 길이만 고려하면 되는 사각형이라면 먼저 간단한 방법으로 계산합니다. 주석으로 이 내용을 보충하면 나중에 코드를 보더라도 '이 코드가 없어도 작동하는데, 왜 추가한 거지?'라는 의문을 덜게 됩니다.

코드 2-31 코드만으로는 알기 어려운 의도를 주석으로 남김

```
fun calculateArea(shape: Shape): Int {
    // 사각형 넓이는 간단하게 계산할 수 있으므로 먼저 계산하고 반환한다.
    if (shape is Rectangle) {
        return shape.width * shape.height
    }
    // 도형을 그리고 칠한 다음, 채운 픽셀을 센다. (시간이 걸리는 처리)
}
```

도움이 되는 정보 제공

이 외에도 코드에 모두 담기 어렵거나 코드만 읽어서는 이해하기 어려운 중요한 정보도 적극적으로 주석으로 남기도록 합시다.

예를 들어 코드 2-32는 상품을 구매하는 함수로, 성공하면 true를 반환하고 네트워크 오류나 서버 오류가 발생하면 false를 반환합니다.

코드 2-32 purchase() 함수

```
fun purchase(product: Product): Boolean {
    return try {
        api.purchase(product)
        true
    } catch (e: NetworkException) {
        false
    } catch (e: ServerException) {
        false
    }
}
```

그러나 반환값의 뜻을 정확하게 이해하려면 이 함수 내용을 모두 살펴봐야 합니다. 이럴 때 반환값의 의미를 주석으로 보충 설명하면 함수를 읽는 시간을 줄일 수 있습니다(코드 2-33).

코드 2-33 반환값의 의미를 주석으로 설명

```
/**
 * 지정한 [product]를 구매한다.
 * 구매가 정상적으로 완료되면 true를,
 * 네트워크 오류나 서버 오류가 발생하면 false를 반환한다.
 */
fun purchase(product: Product): Boolean {
    /* ... */
}
```

물론 함수 이름으로 동작과 반환값까지 충분히 설명할 수 있다면 가장 바람직합니다. 그러나 코드 2-33처럼 행위가 주목적인 함수는 기본적으로 그 행위를 중심으로 이름을 지어야 합니다. 함수 이름으로 반환값까지 억지로 설명하려 하면 이름이 길어지고 부자연스러워지는 등 오히려 의미를 알 수 없습니다. 이럴 때는 주석을 적극 활용하여 필요한 내용을 보충하도록 합시다.

이 외에도 오류 처리 역시 코드만으로 이해하기 어려우므로 주석으로 보충하면 좋습니다. 코드 2-34는 지정한 id의 사용자가 없을 때 예외를 발생하도록 하는 함수 예입니다.

코드 2-34 오류 처리 내용을 설명

```
/**
 * [id]로 사용자를 검색하고 찾았다면 해당 사용자를 반환한다.
 *
 * 사용자를 찾지 못하거나 이미 삭제되었다면
 * [IllegalStateException]이 발생한다.
 */
fun getUser(id: String): User {
    /* ... */
}
```

예외 대신 값이 없음을 나타내는 null을 반환할 때도 어떤 상황에서 null을 반환하는지를 밝혀두면 좋습니다(코드 2-35).

코드 2-35 null을 반환하는 조건을 설명

```
/**
 * [id]로 사용자를 검색하고 찾았다면 해당 사용자를 반환한다.
 *
 * 사용자를 찾지 못하거나 이미 삭제되었다면 null을 반환한다.
 */
fun findUser(id: String): User? {
    /* ... */
}
```

입력값에 제약이 있을 때도 주석은 큰 도움이 됩니다. 코드 2-36처럼 입력할 수 있는 숫자의 최댓값이나 최솟값이 정해져 있거나 입력할 여러 인수가 서로 관련된다면 이를 주석으로 설명합니다.

코드 2-36 입력할 수 있는 값의 제약 내용 설명

```
/**
 * [minInclusiveAge]세 이상 [maxInclusiveAge]세 이하의 사용자를 반환한다.
 *
 * 결과에는 [minInclusiveAge]세이고 동시에 [maxInclusiveAge]세인
 * 사용자를 포함한다.
 * [minInclusiveAge]와 [maxInclusiveAge]는 0 이상 100 이하의 정수로,
 * [maxInclusiveAge] 쪽이 더 커야 한다.
 * [minInclusiveAge]와 [maxInclusiveAge]가 같은 정수일 때는
 * 해당 나이의 사용자만 반환한다.
 */
fun searchUsers(
    minInclusiveAge: Int,
    maxInclusiveAge: Int
): List<User> {
    /* ... */
}
```

입력이나 출력이 복잡할 때는 예를 들어 설명해도 좋습니다(코드 2-37).

코드 2-37 주석으로 복잡한 입력을 예를 들어 설명

```
/**
 * 문자열 안에서 HH:mm 형식 시각을 찾아 이를 반환한다.
 *
 * 발견하지 못하면 null을 반환한다.
 * 여러 개를 발견했다면 가장 먼저 찾은 것만 반환한다.
 *
 * 예: "지금은 12:34입니다. 10분 후는 12:44입니다." → "12:34"
 */
fun findTimeString(target: String): String? {
    /* ... */
}
```

한 걸음 더 주석은 영어? 한글?

자주 떠오르는 주제의 하나로, 주석을 영어로 쓸 것인지, 한글로 써야 좋을지를 들 수 있습니다. 중요한 것은 **개발자에게 부족한 정보 없이, 그리고 자연스럽게 전달하는 것**입니다. 한국인만을 대상으로 개발할 때는 한글로 주석을 달아도 개발 과정에 큰 문제는 없습니다. 물론 의사소통하는 데 지장이 없다면 영어로 써도 상관없습니다.

코틀린 한 조각 4 null 허용 자료형

코틀린에서는 null로 인한 오류를 줄이고자 null을 저장할 수 있는 자료형(null 허용 자료형)과 저장할 수 없는 자료형을 명확히 구분합니다. 보통의 자료형은 null을 저장할 수 없으므로 null을 대입하는 코드를 작성하면 컴파일 시점에 오류가 발생합니다. 그러므로 null을 저장하고 싶을 때는 자료형 뒤에 ?를 붙여 null 허용 자료형으로 선언합니다(코드 2-38).

코드 2-38 null 허용 여부에 따른 자료형 선언

```
                       null 값을 허용하지 않는 자료형 - 컴파일 오류!
var nonNullString: String = null
                       null 값을 허용하는 자료형
var nullableString: String? = null
```

2.4 코드로 도메인 지식 표현하기

특정 문제 영역이나 업계 또는 분야를 **'도메인'**이라 하며 그 영역 특유의 전문 지식을 **'도메인 지식'**이라 일컫습니다.

프로그래밍에서는 해결해야 하는 문제나 관련 업계와 분야에 대한 지식을

도메인 지식으로 봅니다. 예를 들어, EC 사이트(쇼핑몰 앱)를 개발한다면 다루는 상품 범주나 결제 방식, 물류 규칙이나 용어 등이 도메인 지식에 해당합니다. 때로는 판매자에 관한 지식도 필요할 겁니다. 제한 없이 영화를 볼 수 있는 구독형 서비스라면 동영상에 포함되는 메타데이터나 사용자가 선택할 수 있는 요금제 역시 중요한 도메인 지식입니다.

이러한 도메인 지식을 올바르게 이해하고 그중에서 필요한 요소를 잘 골라 코드로 표현하면 코드의 가독성, 유지보수성을 높일 수 있습니다. 얼핏 당연한 이야기처럼 들릴지도 모르지만, 실제로는 기술자가 자신이 익숙한 기술 요소만을 기준으로 삼아 현실과 괴리된 코드를 작성하는 경우가 적지 않습니다. 그러므로 설령 기술과 관계가 없어도 기술자는 개발할 대상을 잘 이해해야 합니다.

그리고 이해한 내용을 코드에 반영하는 노력을 게을리해서도 안 됩니다. 소프트웨어가 비즈니스 상황을 정확하게 반영한다면 비즈니스가 변화하더라도 코드는 이를 비교적 쉽게 따라갈 수 있습니다. 무언가 새로운 조건을 추가하더라도 언제나처럼 이를 반영하면 그만이니까요.

한 걸음 더 도메인 주도 설계와 도메인 전문가

도메인 지식을 바탕으로 설계하는 접근법을 **도메인 주도 설계**(domain-driven design, DDD)라고 합니다. 도메인 주도 설계에서는 **도메인 전문가**라 부르는, 해당 비즈니스 영역의 지식과 경험이 있는 사람과 의사소통하며 자세한 도메인 지식을 바탕으로 코드를 작성합니다. 쇼핑몰 사이트라면 상품 관리 담당자나 실제 매장을 운영하는 직원 등이 도메인 전문가입니다.

더불어 개발자와 도메인 전문가 또는 그 밖의 관계자 사이에는 같은 용어와 표현을 사용해야 합니다. 이렇게 공통으로 사용하는 언어를 **유비쿼터스 언어**(ubiquitous language)라고 합니다.

'주문 완료'라는 용어를 예로 들어 볼까요? 도메인 전문가는 재고를 확보하고 배송을 준비할 수 있을 때 비로소 '주문 완료'라고 표현하고 싶습니다. 이와 달리 개발자는 아직 재고를 확보하지 못했더라도 사용자가 주문 버튼을 누른 상태를 '주문 완료'라고 표현하고자 한다면 의사소통이 엇갈리거나 중대한 오류가 발생할 수 있습니다. 만약 주문 완료 시에 결제를 실행한다는 단계가 있다면, 결제까지 끝났음에도 배송할 상품을 준비하지 못할지도 모릅니다. 따라서 모든 관련자 사이에 '주문 완료'라는 말이 어떤 상태를 가리키는지에 관한 합의가 있어야 순조롭게 개발이 이루어집니다. 당연히 이러한 유비쿼터스 언어는 코드에도 반영해야 합니다.

도메인 주도 설계에서는 '도메인 전문가'나 '유비쿼터스 언어'를 비롯하여 다양한 전문 용어나 고유 사고방식이 등장합니다. 이 책에서는 그 모든 개념을 다루기보다는, 일상의 개발에서 특히 중요한 사고방식만 골라 소개합니다.

필요한 요소 잘 드러내기

쇼핑몰 사이트를 예로 들어 도메인에 등장하는 개념을 코드에 반영해 봅시다. 객체 지향 언어를 사용한다면 클래스로 다양한 요소를 표현할 수 있습니다.

쇼핑몰 사이트에서 상품을 장바구니에 추가하는 장면을 떠올려 보세요. 요구 조건은 다음과 같습니다.

- 사용자는 상품을 장바구니에 추가할 수 있다.
- 장바구니에는 여러 개의 상품을 담을 수 있다.
- 장바구니에 상품을 추가할 때 개수도 지정할 수 있다.

이 요구 조건에서 자연스럽게 떠오르는 용어는 다음과 같습니다.

사용자, 상품, 장바구니, 개수

이번에는 이 중에서 상품과 장바구니를 각각 클래스로 표현해 봅니다. 사용자는 이번 기능과 직접적인 관련이 없으므로 일단 제외합니다. 개수는 Int처럼 기본 자료형으로 표현할 수 있으므로 별도의 클래스로 만들지 않습니다.

상품에는 이름과 가격 정보가 있으며 장바구니에는 여러 개의 상품을 담습니다. 이를 클래스로 만들면 코드 2-39처럼 표현할 수 있습니다. 이처럼 비즈니스에서 중요한 개념을 객체로 표현한 것을 **도메인 객체**라고 합니다.

코드 2-39 상품과 장바구니를 클래스로 표현한 예

```
class Product(
    val id: String,
    val name: String,
    val price: Int
)

class ShoppingCart(
    val productQuantities: Map<Product, Int>
)
```

한 걸음 더 도메인 객체의 종류

도메인 객체에는 보통 다음과 같은 종류가 있습니다.

- **엔티티**entity: 실체, 실재 등을 표현하는 단어로, 고유 식별자로 구별할 수 있는 객체이다. 예를 들어, 사용자는 사용자 ID로 구별하므로 엔티티로 다룬다.
- **값 객체**value object: 고유 식별자가 없으며 그 속성만으로 값을 표현하는 객체이다. 속성이 같은 객체라면 같다고 본다. 주소나 할인율 등은 값 객체로 표현한다.
- **집계**aggregate: 여러 엔티티나 값 객체를 하나로 묶은 그룹이다. 집계에는 루트 엔티티가 있으며 주로 데이터 무결성을 유지하고자 사용한다.
- **도메인 서비스**domain service: 엔티티나 값 객체로는 표현할 수 없는 로직을 표현하는 데 사용하는 전용 도메인 객체이다.

앞서 쇼핑몰 사이트 예에서 Product와 ShoppingCart는 엔티티로 분류할 수 있습니다. 명시적인 식별자는 없지만, 장바구니 내용이 시점에 따라 달라지므로 ShoppingCart도 엔티티로 다룹니다. 이와 함께 ShoppingCart를 루트로 하는 집계도 있습니다.

다만 이 책에서는 이렇게 엄격하게 분류하지는 않습니다. 지금부터 따로 구별하지 않고 도메인 지식을 표현하고자 구현한 모든 요소를 도메인 객체라 부르겠습니다.

코드로 도메인 객체 동작 표현하기

다음으로 ShoppingCart를 살펴볼까요? 개수를 지정하여 장바구니에 상품을 추가할 수 있도록 설계했으므로 ShoppingCart에는 상품을 추가하는 동작이 필요합니다. 이를 withAddedProduct( ) 함수로 작성합니다(코드 2-40).

코드 2-40 장바구니에 상품을 추가하는 함수

```
class ShoppingCart(
    val productQuantities: Map<Product, Int>
) {
    fun withAddedProduct(
        product: Product,
        quantity: Int
    ): ShoppingCart {
        val mutableMap = productQuantities.toMutableMap()
        val currentQuantity = mutableMap[product] ?: 0
        mutableMap[product] = currentQuantity + quantity
        return ShoppingCart(mutableMap.toMap())
    }
}
```

withAddedProduct( )는 새로운 ShoppingCart를 반환합니다. 기존의 ShoppingCart를 덮어쓰지 않고 새로운 객체를 반환하도록 한 것은 예상하지 못한 시점에 값이 달라지는 문제를 피할 수 있기 때문입니다. 새로운 객체를 반환한다는 것을 강조하고자 addItem이 아닌 withAddedProduct처럼 with를 붙여 표현했습니다. 왜 객체를 직접 덮어쓰지 않으면 좋은지는 '7.3 변경할 수 없는 데이터 사용하기'에서 자세하게 살펴봅니다.

이제 이 클래스는 코드 2-41처럼 사용할 수 있습니다. 장바구니에 banana 1개, apple 3개를 담았다는 것을 쉽게 알 수 있습니다.

코드 2-41 장바구니에 상품을 추가하는 예

```
val banana = Product("001", "banana", 100)
val apple = Product("002", "apple", 120)

val shoppingCart = ShoppingCart(emptyMap())
    .withAddedProduct(banana, 1)
    .withAddedProduct(apple, 3)
```

ShoppingCart에 같은 상품을 여러 번 추가할 때는 추가한 만큼 개수를 누적합니다. 코드 2-42는 banana를 두 번에 걸쳐 모두 6개를 장바구니에 담은 예입니다.

코드 2-42 장바구니에 같은 상품을 여러 번 추가한 예

```
val banana = Product("001", "banana", 100)

val shoppingCart = ShoppingCart(emptyMap())
    .withAddedProduct(banana, 1)
    .withAddedProduct(banana, 5)
println(shoppingCart.productQuantities[banana]) ←— 6
```

ShoppingCart 클래스를 사용하지 않고 맵을 직접 수정하려면 코드 2-43처럼 작성하면 될 겁니다.

코드 2-43 맵을 직접 수정하여 상품 수를 관리하는 예

```
val banana = Product("001", "banana", 100)

val productQuantities = mutableMapOf<Product, Int>()
productQuantities[banana] = (productQuantities[banana] ?: 0) + 1
productQuantities[banana] = (productQuantities[banana] ?: 0) + 5
```

결과는 마찬가지지만 무슨 동작인지 한눈에 이해하기 어렵습니다. 이뿐만 아니라 이미 추가한 상품을 무시하고 개수를 덮어쓰는 실수를 저지르기도 쉽습니다.

프로그래밍 대상을 잘 이해하고 이를 코드로 올바르게 구현하면 개발자가 느낄 혼란을 크게 줄일 수 있습니다. 코드를 작성하기 전에 등장할 개념과 각각의 동작이 잘 드러나도록 정리하도록 합시다.

코틀린 한 조각 5 Map과 MutableMap

맵(map)은 키와 값의 쌍을 관리하는 객체입니다. 코틀린에는 변경할 수 있는 MutableMap과 읽기 전용인 Map이 있습니다. MutableMap은 toMap( ) 함수를 통해 변경할 수 없는 Map으로 변환할 수 있습니다. Map은 toMutableMap( ) 함수를 통해 수정할 수 있는 새로운 MutableMap 인스턴스를 만들 수 있습니다. 데이터를 변경해야 할 때만 MutableMap을 사용하고 읽기만으로도 충분할 때는 Map을 사용하면 의도하지 않은 변경을 사전에 방지할 수 있습니다.

코틀린 한 조각 6 엘비스 연산자

엘비스 연산자 ?:를 사용하면 값이 null일 때 대신 표시할 값을 지정할 수 있어 코드가 훨씬 간결해집니다. 코드 2-44는 인수가 null이 아니라면 그 값을 사용하고 null이라면 "Default"라는 문자열을 대신 사용하는 코드입니다.

코드 2-44 엘비스 연산자로 null 처리하기

```
fun sample(value: String?) {
    val nonNullValue = value ?: "Default"
    // ...
}
```

null 허용 자료형

도메인 객체에 있는 로직 구현하기

구매 전에 장바구니에 든 상품의 합계 금액을 대화 상자로 보여줘야 할 때가 있습니다. 이때 대화 상자를 표시하는 코드를 코드 2-45처럼 작성합니다.

코드 2-45 확인 대화 상자를 표시할 때 합계 금액 계산하기

```
fun showConfirmDialog() {
    val shoppingCart: ShoppingCart = /* ... */
    val totalPrice = shoppingCart.productQuantities.entries
        .sumOf { (product, quantity) ->
            product.price * quantity
        }
    /* 대화 상자 표시하기 */
}
```

하지만 실제 서비스에서는 구매하기 직전뿐 아니라 화면 상단에 항상 합계 금액을 표시하기도 합니다. 이처럼 단계마다 합계 금액을 계산하는 처리를 작성하면 같은 코드를 여러 곳에서 사용하는 상태가 됩니다. 이러한 코드 중복을 피하려면 **도메인에 관한 로직은 해당 도메인 객체 안에 추가하는 것**이 좋습니다. 여기서는 ShoppingCart 클래스에 합계 금액을 계산하는 함수를 추가합니다(코드 2-46).

코드 2-46 합계 금액 계산 로직은 도메인 객체 안에서 수행

```
class ShoppingCart(
    val productQuantities: Map<Product, Int>
) {
    fun getTotalPrice(): Int {
        return productQuantities.entries
            .sumOf { (product, quantity) ->
                product.price * quantity
            }
    }

    /* ... */
}
```

이제 확인 대화 상자에서든, 화면 상단 표시에서든 같은 함수를 사용합니다. 이렇게 작성하면 요구 사항이 달라지더라도 대처하기 쉽습니다. 예를 들어, 할인 쿠폰 기능을 추가하여 쿠폰의 할인율에 따라 합계 금액을 할인해야 할 때, 합계 금액을 계산하는 로직이 한 곳이라면 어디를 수정해야 할지 쉽게 알 수 있습니다.

코틀린 한 조각 7 리스트를 다루는 고차 함수

합계 금액을 계산할 때 사용한 sumOf는 리스트의 각 요소를 대상으로 지정한 함수를 적용하고 그 결과를 모두 더하는 **고차 함수**입니다. 고차 함수란 인수로 함수를 받는 함수를 말합니다.

고차 함수를 사용하면 선언적인 형식으로 리스트를 다룰 수 있어 코드가 간결해지곤 합니다. 선언적이란 '어떻게 계산하는가?'가 아니라 '무엇을 계산하는가?'에 초점을 둔 형식을 말합니다. 앞의 코드는 코드 2-47처럼 for 문을 사용하여 다시 작성할 수도 있습니다. 하지만 sumOf를 사용하는 편이 합계를 계산한다는 의도를 명확히 드러낼 수 있습니다.

코드 2-47 sumOf 대신 for 반복문을 사용한 예

```
fun getTotalPrice(): Int {
    var totalPrice = 0
    for ((product, quantity) in productQuantities) {
        totalPrice += product.price * quantity
    }
    return totalPrice
}
```

설계와 현실의 차이를 좁히려면

중요한 것은 **프로그래밍할 대상에 충실해야 한다**는 점입니다. 장바구니에 합계 금액이라는 개념이 있다면 코드에도 이를 충실히 반영합니다. 그렇지 않고 편리하니까, 작성 코드가 줄어드니까 같은 이유만으로 로직을 둘 위치를 정하면 설계와 현실 사이에 틈이 생기기 쉽습니다.

예를 들어, 구매 이력을 바탕으로 장바구니에 상품을 추가할 수 있도록 하고자 코드 2-48처럼 장바구니에 구매 이력을 함께 넣는다고 해 봅시다. 어떤 문제가 생길까요?

코드 2-48 장바구니에 구매 이력을 둘 때

```
class ShoppingCart(
    val items: List<ShoppingCartItem>,
    val purchaseHistory: List<Product>
) {
```

```
    /* ... */
}
```

장바구니 안에 구매 이력 정보가 있으리라고는 보통 생각하지 않습니다. 그래서 구매 완료 시에 장바구니를 새로 고침하지는 않습니다. 그 결과 구매 이력이 갱신되지 않아 구매한 상품이 목록에 표시되지 않는 버그가 생길 수도 있습니다. 또한 애당초 장바구니 안의 구매 이력이 무엇을 뜻하는지조차 애매하여 이해하기 어렵습니다. 따라서 구매 이력은 장바구니 정보와는 구분해서 관리해야 합니다.

3장

큰 문제는 나누어 생각하기

• • •

사람은 한 번에 많은 것을 동시에 생각하거나 기억하지 못합니다. 그러므로 크고 복잡한 문제에 부딪혔을 때는 작은 문제로 나누어 하나씩 해결하는 편이 좋습니다. 코드를 작성할 때도 마찬가지로, 적절한 크기로 나누어 구성하면 더 큰 문제를 다룰 수 있습니다.

{ 3.1 함수와 클래스 나누기 }

학교 축제에서 반 친구들과 함께 카페를 운영한다고 생각해 봅시다. 카페를 하려면 도구나 재료 준비 외에도 교실을 꾸미거나 잔돈을 준비하는 등 당일까지 수많은 일을 처리해야 할 겁니다.

이 모두를 혼자서 할 수는 없습니다. 반 친구와 적절히 역할을 분담하고 협력하여 준비해야 하는 이유가 여기에 있습니다.

코드를 작성할 때도 마찬가지로, 어느 정도 복잡한 기능을 구현하려면 **몇 개의 단위로 나누어 역할을 분담**해야 합니다. 코드 분할 대상은 함수나 클래스처럼 작은 단위부터 디렉터리, 모듈 같은 그룹 단위까지 다양합니다. 여기서는 먼저 너무 커진 함수나 클래스를 분할하는 방법을 알아봅시다.

관심을 두는 단위로 나누기

하나의 함수나 클래스가 지나치게 커지면 내용을 읽고 이해하기가 어려워집니다. 텍스트 파일을 분석하는 함수를 예로 들어 볼까요?

하나의 디렉터리 안에 여러 개의 텍스트 파일이 있습니다. 이 모든 텍스트 파일을 읽어 안에 있는 문자와 각 문자의 사용 횟수를 반환하는 함수를 작성해야 합니다. 예를 들어, sample1.txt, sample2.txt 등의 텍스트 파일이 있을 때 기대하는 결과는 다음과 같습니다.

sample1.txt

```
오늘은 날씨가 좋네요.
```

sample2.txt

```
어제는 비가 왔어요.
```

기대하는 결과:

```
[오: 1, 늘: 1, 은: 1, 날: 1, 씨: 1, 가: 2, 좋: 1, 네: 1, 요: 2, .: 2,
어: 1, 제: 1, 는: 1, 비: 1, 왔: 1, 어: 1]
```

이 처리를 하나의 함수 안에 모두 작성하면 다음 코드 3-1처럼 될 겁니다. 20줄이 넘는 코드지만, 하나의 함수 안에 여러 개의 처리를 포함하고 중첩된 반복문이 많아 읽기가 좀 어려워 보입니다.

코드 3-1 지정한 디렉터리의 모든 텍스트 파일에 포함된 문자와 개수를 반환하는 함수 - 개선 전[1]

```
/**
 * [directoryPath] 아래에 있는 모든 텍스트 파일에
 * 포함된 문자와 각각의 개수를 반환한다.
 */
fun countCharactersInDirectory(
    directoryPath: String
): Map<Char, Int> {
    val directory = File(directoryPath)
    if (!directory.exists() || !directory.isDirectory) {
        return emptyMap()
    }

    val files = directory
        .listFiles { file -> file.extension == "txt" }
        .orEmpty()
```

1 예제의 코드는 간략하게 구현한 것으로, 서로게이트 페어나 시퀀스 이모지처럼 두 개 이상의 문자 영역으로 표현되는 문자는 고려하지 않습니다.

```
    val characterCounts = mutableMapOf<Char, Int>()
    for (file in files) {
        file.forEachLine { line ->
            for (char in line) {
                characterCounts[char] =
                    characterCounts.getOrDefault(char, 0) + 1
            }
        }
    }
    return characterCounts
}
```

그럼 이 코드를 읽기 쉽게 몇 개의 함수로 분할해 봅시다. 이때 길고 복잡한 코드를 앞부분과 뒷부분처럼 아무 생각 없이 나누면 각각이 무엇을 담당하는지 읽을 수 없는, 오히려 알기 어려운 코드가 됩니다. 분할할 때는 **그 코드가 무엇을 하려는지 관심 사항에 초점을 두고 관심을 두는 단위로 나누세요**. 이를 **관심사 분리**(separation of concerns)라 합니다.

여기서는 크게 다음 세 가지 처리를 포함합니다.

- 디렉터리 아래 모든 텍스트 파일 가져오기
- 텍스트 파일 안에 있는 문자 가져오기
- 문자 개수 세기

이렇게 처리를 분명하게 구분할 수 있다면 각각 별도의 함수로 정의합니다(코드 3-2).

코드 3-2 구분한 처리를 바탕으로 나눈 함수[2]

```
/**
 * [directoryPath] 아래에 있는 모든 텍스트 파일을 가져온다.
 */
fun getTextFilesInDirectory(
    directoryPath: String
): List<File> {
    val directory = File(directoryPath)
    if (!directory.exists() || !directory.isDirectory) {
        return emptyList()
    }
    return directory
        .listFiles { file -> file.extension == "txt" }
        .orEmpty()
        .toList()
}

/**
 * 텍스트 파일에 있는 문자를 가져온다.
 */
fun getCharacters(file: File): List<Char> {
    val characters = mutableListOf<Char>()
    file.forEachLine { line ->
        characters.addAll(line.toList())
    }
    return characters
}

/**
 * [characters]에 포함된 각 문자의 개수를 센다.
 */
fun countCharacters(characters: List<Char>): Map<Char, Int> {
```

2 코드 3-2는 모든 파일의 내용을 한 번에 메모리에 올리므로 코드 3-1과 비교해 메모리 사용량이 늘어납니다. 따라서 다룰 파일 수가 많거나 파일이 크다면 그에 따른 대책을 세워야 합니다. 코틀린에서는 List 대신 순서대로 요소를 생성하는 Sequences를 사용하여 메모리 사용량을 줄일 수 있습니다.

```
    val characterCounts = mutableMapOf<Char, Int>()
    for (char in characters) {
        characterCounts[char] =
            characterCounts.getOrDefault(char, 0) + 1
    }
    return characterCounts
}
```

이 세 가지 함수를 이용하면 countCharactersInDirectory( ) 함수는 코드 3-3에서 보듯이 훨씬 단순해집니다. 개별 함수의 내부를 자세히 읽지 않아도 어떤 흐름으로 처리하는지를 바로 이해할 수 있을 겁니다.

코드 3-3 지정한 디렉터리의 모든 텍스트 파일에 포함된 문자와 개수를 반환하는 함수 - 개선 후

```
/**
 * [directoryPath] 아래에 있는 모든 텍스트 파일에
 * 포함된 문자와 각각의 개수를 반환한다.
 */
fun countCharactersInDirectory(
    directoryPath: String
): Map<Char, Int> {
    val files = getTextFilesInDirectory(directoryPath)
    val characters = files.flatMap { file ->
        getCharacters(file)
    }
    return countCharacters(characters)
}
```

이처럼 '**개별 함수를 읽지 않아도 전체 처리를 이해할 수 있다**'는 점은 매우 중요합니다. 코드를 읽을 때 관련 정보는 머릿속에 새겨야 합니다. 그러나 사람의 단기 기억에는 한계가 있으며 동시에 기억할 수 있는 사건의 개수는 상당히 적다고 합니다. 긴 함수나 클래스를 다루고자 해도 금방 단기 기억의

한계에 부닥칩니다.

이와 함께 코드를 몇 개의 함수나 클래스로 나누더라도 각각에 명확한 역할을 부여하지 않으면 각 처리를 따로따로 읽고 기억해야 하므로 결국 전체를 파악하지 못하게 됩니다. 이처럼 기억할 내용이 많은 상황을 '**인지 부하가 크다.**'라고 표현합니다. 반대로 인지 부하가 작고 짧은 시간에 이해할 수 있는 코드를 작성하려면 각각의 관심사에 바탕을 두고 각 처리에 명확한 역할을 부여해야 합니다. 이와 더불어 이 역할을 함수 이름이나 클래스 이름에 적절하게 드러나도록 반영해야 합니다.

관심사에 따라 코드를 분할하면 코드의 재사용성도 함께 높아집니다. 예를 들어, getTextFilesInDirectory( ) 함수는 다른 파일을 처리할 때도 사용할 수 있고 countCharacters( ) 함수는 텍스트 파일 이외에서 가져온 문자열에 대해서도 사용할 수 있습니다. 바로 재사용하지 않더라도 관심사에 따라 분리하면 이후 유지보수나 코드 수정도 쉬워집니다(그림 3-1).

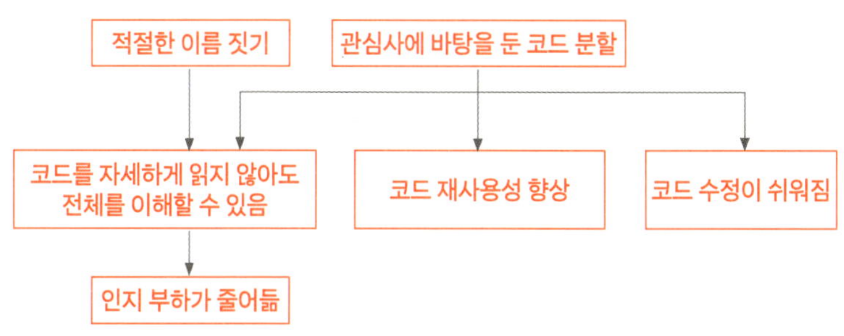

그림 3-1 관심사를 바탕으로 한 코드 분할의 장점

코틀린 한 조각 8 flatMap으로 리스트 평탄화하기

코드 3-3에서 사용한 flatMap은 고차 함수의 하나로 기능은 다음과 같습니다(그림 3-2).

1. 전달한 함수를 이용하여 리스트의 각 요소를 여러 개의 리스트로 변환합니다.[3]
2. 변환한 여러 개의 리스트를 하나의 리스트로 합칩니다.

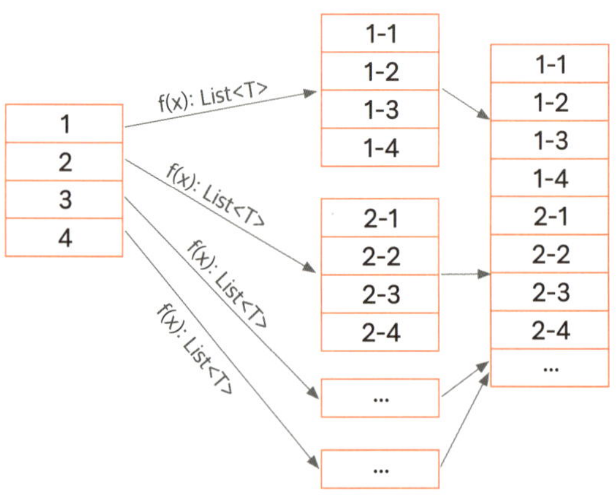

그림 3-2 flatMap의 동작

코드 3-3에서는 각 파일의 문자를 리스트로 가져와 이를 합칠 때 flatMap을 사용합니다. flatMap을 사용하지 않고 코드 3-4처럼 작성할 수도 있습니다.

코드 3-4 flatMap을 사용하지 않을 때

```
/**
 * [directoryPath] 아래에 있는 모든 텍스트 파일에
 * 포함된 문자와 각각의 개수를 반환한다.
 */
fun countCharactersInDirectory(
    directoryPath: String
): Map<Char, Int> {
```

3 엄밀히 말하면 코틀린의 flatMap은 Iteratable의 각 요소를 여러 개의 Iteratable로 변환하므로 리스트 이외에 Set 등도 입력할 수 있습니다.

```
    val files = getTextFilesInDirectory(directoryPath)
    val characters = mutableListOf<Char>()

    for (file in files) {
        characters.addAll(getCharacters(file))
    }
    return countCharacters(characters)
}
```

한 걸음 더 보조 기능은 별도로 떼어 내기

하나의 함수에 많은 기능이 있다면 그 안에 '주 기능'과 준비나 검증과 같은 '보조 기능'이 섞여 있을 수 있습니다. 이럴 때는 보조 기능을 별도의 함수로 떼어 내면 코드의 가독성이 높아집니다. 코드 3-5는 텍스트 파일의 내용 모두를 출력하는 함수입니다.

코드 3-5 텍스트 파일 내용 모두를 출력하는 코드 - 분할 전

```
fun printTextFileContent(path: String) {
    val file = File(path)
    if (!file.exists() ||
        !file.isFile ||
        file.extension != "txt") {
        println("텍스트 파일을 찾을 수 없습니다. " +
            "path: $path")
        return
    }

    println("파일 이름: ${file.name}")
    file.forEachLine { line ->
        println(line)
    }
}
```

이 함수의 주된 목적은 '파일 내용 출력'이지만, 그에 앞서 파일이 있는지와 형식을 확인하는 파일 준비 관련 코드가 많은 비중을 차지합니다. 그 결과 함수가 무엇을 하려는지 한눈에 파악하기가 번거롭습니다. 이에 파일 존재 여부와 확장자 확인은 별도의 함수로 떼어 내 코드를 정리합시다(코드 3-6).

코드 3-6 텍스트 파일 내용 모두를 출력하는 코드 - 분할 후

```
fun printTextFileContent(path: String) {
    val file = getTextFile(path)
    if (file == null) {
        println("텍스트 파일을 찾을 수 없습니다. " +
            "path: $path")
        return
    }

    println("파일 이름: ${file.name}")
    file.forEachLine { line ->
        println(line)
    }
}

/**
 * 지정한 [path]의 텍스트 파일을 가져온다.
 * 파일이 없거나 텍스트 파일이 아니라면 null을 반환한다.
 */
fun getTextFile(path: String): File? {
    val file = File(path)
    return if (file.exists() &&
        file.isFile &&
        file.extension == "txt") {
    } else {
        null
    }
}
```

보조 기능을 getTextFile( ) 함수로 분리하면 printTextFileContent( ) 함수가 주 기능에 집중할 수 있으므로 의도가 명확해집니다. 이처럼 '주 기능'과 '보조 기능'을 기준으로 나누는 것 역시 관심사에 따른 분리라고 할 수 있습니다.

코드를 변경하는 이유는 단 한 가지

관심사 분리와 밀접한 원칙으로 **단일 책임 원칙**(single responsibility principle, SRP)이 있습니다. 이는 "**하나의 함수나 클래스를 변경하는 이유는 한 가지여야 한다.**"라는 원칙입니다. 다시 말해, '**하나의 클래스나 함수는 하나의 책임만**' 져야 합니다.

앞서 살펴본 파일 처리 예에서는 텍스트 파일 검색, 텍스트 파일 읽기, 문자 세기를 별도의 함수로 나누어 각각이 하나씩만 책임지도록 했습니다. 예를 들어, 파일을 검색하는 getTextFilesInDirectory( ) 함수는 운영 체제나 라이브러리 변경에 따라 파일을 가져오는 방법이 달라졌을 때만 변경합니다.

countCharactersInDirectory( ) 함수는 여러 함수를 호출하긴 하지만 책임은 하나뿐이라고 말할 수 있습니다. 이 함수의 책임은 여러 개의 함수를 조합하여 '디렉터리 안에 있는 문자와 그 개수를 반환한다.'라는 일련의 동작을 구현하는 것입니다. 기대하는 이 동작에 관한 요구 사항이 바뀌지 않는 한 기본적으로 countCharactersInDirectory( ) 함수를 변경할 이유는 없습니다. 예를 들어, 파일을 가져오는 방법이나 파일을 읽는 방식이 달라지더라도 안에서 호출되는 함수만 수정하면 되므로 이를 호출하는 함수는 신경 쓰지 않아도 됩니다.

단일 책임 원칙을 고려할 때는 **변경 요구가 어디서 비롯할까** 라는 점에 주목해야 합니다. 파일 가져오기 방법이나 읽기 방법은 운영 체제나 라이브러리가 달라질 때 이에 맞게 수정하면 됩니다. 이와 달리 '문자 개수 세기'라는 요구 사항은 해당 소프트웨어 개발자 또는 제품 책임자나 고객이 정합니다. 이러한 기술 요구와 기능 요구는 따로따로 생깁니다. 그러므로 파일 읽기 방법이 달라졌다고 요구 사항에서 정한 동작까지 바뀌서는 안 됩니다. 이를 별도의 함수나 클래스로 나누면 서로 독립적으로 안전하게 변경할 수 있습니다.

한 걸음 더 관리자란?

OOManager라는 이름의 클래스를 보거나 직접 작성해 본 적이 있나요? Manager는 관리자나 감독자를 가리키므로 이 이름이 붙은 클래스는 다양한 방면에 걸쳐 여러 관심사를 한꺼번에 처리할 때가 흔합니다. 예를 들어, 이름이 DownloadManager인 클래스로 네트워크 접속부터 저장소에 저장, UI 표시까지 모두 담당한다면 관심 사항이 너무 많아져 바람직하지 않습니다. 또한 Manager 클래스가 지금은 한 가지 관심 사항만 처리한다고 하더라도 편리한 이름 탓에 더 많은 기능을 추가하려는 유혹이 생깁니다.

이럴 때는 Manager 외에 더 적절한 이름은 없는지, 더 자세하게 관심 사항을 나눌 수는 없는지 검토하세요. DownloadManager라면 네트워크와의 통신을 담당하는 DownloadNetworkClient, 저장소에 저장하는 DownloadedFileStorage, UI 표시를 담당하는 DownloadUiController 등으로 분할할 수 있을 겁니다.

그렇지 않고 무언가를 관리하는 Manager 클래스가 필요하다면 **관심 사항을 세분하고 각 처리를 호출하는 역할**에만 머무르도록 하세요. 실제 업무에서도 모든 일을 직접 담당하지 않고 부하 직원에게 적절히 배분하고 이를 올바르게 총괄하는 사람이 우수한 관리자니까요.

도메인 객체 분할하기

앞서 '2.4 코드로 도메인 지식 표현하기'에서 살펴본 도메인 객체를 작성할 때도 관심 사항을 바탕으로 적절하게 기능을 분할하여 모델을 만들어야 합니다.

여러 음식점의 요리를 집까지 가져다주는 배달 서비스를 예로 들어 봅시다.

배달 서비스에는 주문하는 사람 외에도 음식점 종업원이나 배달원 등 서로 다른 역할의 사용자가 있습니다. 코드 3-7은 이를 하나의 Account 클래스로 표현한 예입니다.

코드 3-7 다양한 역할을 하나로 표현한 Account 클래스

```
class Account(
    val name: String,
    val email: String,
    val phoneNumber: String,
    val address: String,
    val role: Role,
    // 주문할 수 있는 메뉴, 음식점일 때만 이용
    val menu: List<Menu>?,
    // 운전 면허증 번호, 운전자일 때만 이용
    val driverLicenseNumber: String?,
    /* ... */
)

enum class Role {
    Orderer,
    Store,
    Driver
}
```

Account에는 많은 파라미터가 있지만 주문할 수 있는 메뉴는 음식점일 때만 필요하며 운전 면허증 번호는 운전자일 때만 필요합니다. 이처럼 역할(role)에 따라서는 필요 없는 파라미터도 있습니다. 요구 사항을 모른 채 코드만 본다면 어느 파라미터가 언제 필수인지 알기 어려워 혼란스러울 겁니다. 이는 하나의 객체 안에 서로 다른 개념이 섞여 있기 때문입니다. 따라서 코드 3-8처럼 역할별로 나누는 것이 바람직합니다.

코드 3-8 역할에 따라 분리한 클래스

```
class Orderer(
    val name: String,
    val email: String,
    val phoneNumber: String,
    val address: String
)

class Store(
    val name: String,
    val email: String,
    val phoneNumber: String,
    val address: String,
    val menu: List<Menu>
)

class Driver(
    val name: String,
    val email: String,
    val phoneNumber: String,
    val address: String,
    val driverLicenseNumber: String
)
```

이제 각 객체가 어떤 정보를 가지는지 명확해졌습니다. 일부 이름이나 이메일 주소 등은 정보를 중복하여 정의하기도 하지만, 그리 신경 쓰지 않아도 좋습니다. 각각이 독립이고 동시에 다룰 수 있다면 따로 정의하는 편이 좋습니다. 이렇게 하면 변경하더라도 서로 영향을 끼치지 않습니다. 공통으로 사용하는 사용자 정보가 명확하다면 코드 3-9처럼 공통 부분만 묶은 Account 클래스를 정의할 수도 있습니다.

코드 3-9 공통 파라미터를 뽑아 Account 클래스로 만든 예

```
class Account(
    val name: String,
    val email: String,
    val phoneNumber: String,
    val address: String
)

class Orderer(
    val account: Account
)

class Store(
    val account: Account,
    val menu: List<Menu>
)

class Driver(
    val account: Account,
    val driverLicenseNumber: String
)
```

애플리케이션 서비스 만들기

'2.4 코드로 도메인 지식 표현하기'에서 도메인 객체 안에 로직을 두면 코드 중복을 줄일 수 있다고 했습니다. 그러나 모든 코드를 도메인 객체에만 작성할 수는 없습니다.

배달 서비스에서 주문 처리를 구현한다고 합시다. 주문은 가게를 대상으로 이루어지므로 가게 도메인 객체에 구현 코드를 작성하면 될까요? 예를 들어, 주문이 들어오면 이메일 등으로 가게에 알리는 코드를 구현해 봅시다(코드 3-10).

코드 3-10 도메인 객체 안에서 이메일을 보내는 예

```
class Store(
    /* ... */
) {
    fun order(orderer: Orderer, items: List<OrderItem>) {
        val order = Order(orderer, this, items)
        EmailSender.send(order)
    }
}

class Order(
    val orderer: Orderer,
    val store: Store,
    val items: List<OrderItem>
)
```

얼핏 괜찮아 보이지만 여기에는 몇 가지 문제가 있습니다.

1. 도메인 객체에 도메인 지식이 아닌 내용이 있다.

'가게'나 '주문' 등의 도메인 객체는 도메인 고유의 지식이나 비즈니스 규칙을 표현하고자 사용합니다. 이와 달리 이메일 발신은 '어느 이메일 서버를 사용하는가?', '통신에 실패했을 때 어떻게 처리하는가?'와 같은 기술적 요소를 포함합니다. 이는 도메인 지식과는 본질적으로 성격이 다르므로 도메인 객체에 포함해서는 안 됩니다.

2. 도메인 객체가 지나치게 커진다.

이후 기능을 개선하고 추가하면서 주문 시의 처리가 더 복잡해질 수 있습니다. 앞서 설명한 오류 처리 외에도 재고 확인이나 배달원 배치 등도 추가해야 할 겁니다. 이처럼 복잡한 처리를 전부 Store 클래스에 포함하면 도메인 객체가 너무 커져 적절한 유지보수가 어려워집니다.

3. 테스트나 유지보수가 어렵다.

메일 발송 처리는 외부 서비스를 호출합니다. 이때 도메인 객체가 외부 서비스에 직접 의존하면 객체와 외부 서비스 사이에 어떤 의존 관계가 생기는지 파악하기 어렵습니다. 더불어 변경에 취약해지고 테스트하기 까다로워지는 등 문제가 생깁니다.

다시 한번 '고객 주문을 받아 가게에 이메일을 보낸다.'라는 처리를 어디에 맡길지 생각해 봅시다. 이는 특정 도메인이 아니라 애플리케이션이 처리해야 하는 내용으로 보입니다. 이러한 처리는 새로운 클래스를 만들어 맡기도록 합니다(코드 3-11).

코드 3-11 주문 전용 클래스 만들기[4]

```
object OrderService {
    fun order(
        orderer: Orderer,
        store: Store,
        items: List<OrderItem>
    ) {
        val order = Order(orderer, store, items)
        EmailSender.send(order)
    }
}

class Order(
    val orderer: Orderer,
    val store: Store,
    val items: List<OrderItem>
)
```

4 여기서는 설명을 단순하게 하고자 이메일을 보내는 EmailSender 객체를 order() 함수 안에서 직접 호출했습니다. 그러나 의존 관계를 명확히 하거나 테스트할 때 대역(가짜 구현)으로 바꿀 수 있도록 이러한 외부 서비스와의 의존 관계는 일반적으로 클래스 밖에서 전달합니다. 자세한 내용은 '5.3 추상에 의존하도록 하기' 절이나 '10.4 의존 코드를 테스트 대역으로 바꾸기' 절에서 살펴봅니다.

주문 처리만을 담당하는 OrderService라는 클래스를 만들었습니다. 이처럼 **애플리케이션 고유의 기능을 구현하는 클래스**를 **애플리케이션 서비스**라 합니다. 또한 주문이라는 사용자의 구체적인 동작을 **유즈케이스**(use case)라 하며 OrderUseCase라는 이름을 사용하기도 합니다. 특정 로직이 단일 도메인 안에서 완결되지 않거나 외부 서비스와 연결해야 할 때는 이런 클래스가 도움이 됩니다.

애플리케이션 서비스는 많은 로직을 마음대로 작성할 수 있으므로 편리하긴 하지만, **도메인 객체에 작성해야 하는 로직**은 포함하지 않도록 조심해야 합니다. 도메인 객체에 포함해야 할 로직을 애플리케이션 서비스나 다른 곳에 작성하여 도메인 객체가 충분한 지식을 갖지 못한 상태를 **빈약한 도메인 모델**(anemic domain model)이라 합니다. 개별 도메인에 있어야 할 로직을 애플리케이션 서비스에 작성하면 재사용이 어렵고, 비슷한 코드를 서로 다른 서비스에 반복해서 작성하게 되어 코드 중복이 늘어날 위험이 있습니다. 해당 도메인이 가진 지식과 동작은 도메인 객체에 집중하도록 합시다. 애플리케이션 서비스는 애플리케이션 고유의 기능을 구현하므로 여러 도메인 지식을 조합하거나 외부 서비스와 연결할 때 사용해야 합니다.

코틀린 한 조각 9 클래스와 객체

코틀린에서는 class 키워드 대신 object 키워드를 사용해 인스턴스가 하나만 존재하는 특별한 클래스를 정의할 수 있습니다. 이렇게 정의한 객체는 애플리케이션 전체에서 항상 같은 인스턴스를 참조하므로, 상태나 정보를 공유해야 할 때 사용할 수 있습니다. 또한 object는 인스턴스를 여러 개 만들 필요가 없는 경우에도 유용합니다. 예를 들어, 여러 개의 유틸리티 함수를 한데 모아 두거나 애플리케이션 전반에서 공통으로 사용하는 기능을 제공할 때 자주 사용합니다.

3.2 자세히 읽지 않아도 사용할 수 있게

코드를 나눌 때 굳이 분할한 코드를 일일이 읽지 않아도 어느 정도 개요를 알 수 있어야 한다고 설명했습니다. 여기서는 이를 실현할 때 특히 주의할 점을 살펴봅니다.

인터페이스 명확히 하기

함수나 클래스가 외부와 어떻게 주고받는지를 정한 것을 인터페이스라 합니다.[5] 함수라면 인수나 반환값이, 클래스라면 외부에 공개된 함수와 파라미터가 인터페이스에 해당합니다. 사용하기 쉬운 함수나 클래스는 **인터페이스를 보기만 해도 사용 방법을 이해할 수 있습니다**.

코드 3-12는 애플리케이션 UI의 시각적 설정을 반환하는 함수입니다. 예를 들어, 다크 모드와 라이트 모드 설정, 글꼴 크기, 애니메이션 활성화 여부 같은 정보가 있습니다. 그렇다면 이 함수의 인터페이스는 과연 사용하기 쉬울까요?

코드 3-12 UI의 시각적 설정을 Map으로 반환하는 함수

```
fun getConfig(): Map<String, String> {
    return mapOf(
        "theme" to "dark", // 다크 모드인지, 라이트 모드인지
        "font-size" to "medium", // 글꼴 크기
        "animations-enabled" to "true" // 애니메이션이 유효한지
    )
}
```

5 자바나 코틀린에는 interface 키워드로 인터페이스를 정의하는 문법이 있습니다. 그러나 이러한 언어 기능을 사용하지 않더라도 인터페이스라는 개념 자체는 있습니다. 예를 들어, 클래스의 퍼블릭 함수나 속성은 해당 클래스가 외부에 공개한 인터페이스라고 볼 수 있습니다.

getConfig( ) 함수는 Map을 반환하는데, 이때 key와 value가 무엇을 뜻하는지는 전체 코드를 읽지 않으면 알 수 없습니다. 또한 값 설정이 모두 문자열이므로 글꼴 크기에 "dark"를 설정하는 등 의도와는 다르게 설정할지도 모릅니다.

직접 정의한 자료형을 반환값으로 사용하면 함수가 어떤 정보를 제공하는지를 인터페이스만 보고도 명확히 알 수 있습니다. 새롭게 UiAppearanceConfig 클래스와 UiTheme, FontSize 열거형을 추가했습니다. 더불어 함수 이름도 UI 모양 설정임을 알 수 있도록 getUiAppearanceConfig( )로 바꾸었습니다(코드 3-13).

코드 3-13 UI 모양 설정을 직접 만든 자료형으로 반환하는 함수

```
fun getUiAppearanceConfig(): UiAppearanceConfig {
    return UiAppearanceConfig(
        theme = UiTheme.DARK,
        fontSize = FontSize.MEDIUM,
        isAnimationEnabled = true
    )
}

class UiAppearanceConfig(
    val theme: UiTheme,
    val fontSize: FontSize,
    val isAnimationEnabled: Boolean
)

enum class UiTheme {
    DARK,
    LIGHT
}

enum class FontSize {
```

```
    SMALL,
    MEDIUM,
    LARGE
}
```

이제 함수의 반환값을 보기만 해도 어떤 설정을 다루는지 바로 알 수 있고, 잘못된 값을 설정하는 실수도 막을 수 있습니다.

인터페이스를 설계할 때는 자료형 정보, 함수 이름, 인수 이름에 필요한 정보를 적절하게 담도록 해야 합니다. 이와 함께 필요하다면 주석으로 보충합니다. 내용을 읽지 않아도 사용할 수 있는 상태가 바람직합니다.

필요한 정보만 공개하기

클래스에서 필요 없는 정보나 동작까지 인터페이스로 공개하면 잘못 이용할 염려가 있습니다. 기본적으로는 **필요한 정보만 최소한으로 공개**하도록 합시다.

코드 3-14는 사용자가 입력한 문자의 이력을 관리하는 클래스입니다. 돌아가기 버튼을 누르면 한 단계 이전의 입력 상태로 되돌아가도록 구현했습니다.

코드 3-14 입력한 문자 이력을 관리하는 클래스

```
class StringHistory {
    var current = ""
    val past = mutableListOf<String>()

    fun update(value: String) {
        past.add(current)
        current = value
    }

    fun undo() {
```

```
        if (past.isEmpty()) return
        current = past.removeLast()
    }
}
```

update(value) 함수로 입력 중인 문자를 저장하고 undo( ) 함수로 한 단계 이전 상태로 되돌립니다. 코드 3-15는 정상적인 이용 예입니다.

코드 3-15 StringHistory 클래스 이용 예

```
val history = StringHistory()
history.update("updated1")
history.update("updated2")
history.undo()
val current = history.current  ← updated1
```

코틀린에서는 접근 제한자를 생략하면 public으로 간주합니다. 그러므로 코드 3-16처럼 클래스 밖에서도 current를 직접 다룰 수 있습니다. 이렇게 되면 이전 상태는 저장하지 않으므로 undo( ) 함수를 호출해도 항상 최초의 빈 문자열로 돌아갈 뿐입니다.

코드 3-16 StringHistory 클래스를 잘못 이용한 예

```
val history = StringHistory()
history.current = "updated1"
history.current = "updated2"
history.undo()
val current = history.current  ← 되돌아가지 않음
```

의도하지 않은 동작을 방지하려면 내부 값은 외부에서 접근하지 못하도록 해야 합니다. 코틀린에서는 private 제한자를 붙여 클래스 밖에서는 참조할 수 없도록 할 수 있습니다(코드 3-17).

코드 3-17 **필요한 속성만 공개한 예**

```
class StringHistory {
    var current: String = ""
        private set
    private val past = mutableListOf<String>()

    fun update(value: String) {
        past.add(current)
        current = value
    }

    fun undo() {
        if (past.isEmpty()) return
        current = past.removeLast()
    }
}
```

이렇게 접근을 제한하지 않고 모두 공개하는 편이 자유도가 높고 편리해 보일 수도 있습니다. 예를 들어, 상태를 초기화하고 싶을 때 모든 상태를 공개해 두면 StringHistory 클래스를 변경하지 않고도 직접 조작할 수 있습니다(코드 3-18).

코드 3-18 **속성을 직접 조작하여 이력을 지우는 예**

```
val history = StringHistory()
history.current = ""
history.past.clear()
```

이 코드는 작동하긴 하지만, 초기화 과정에서 current와 past 중 하나를 빠트리는 실수를 저지르기 쉽습니다. 이럴 때는 초기화에 사용할 clear() 함수를 따로 준비하는 것이 좋습니다(코드 3-19).

코드 3-19 이력 초기화에 사용할 공개 함수를 준비한 예

```
class StringHistory {
    var current: String = ""
        private set
    private val past = mutableListOf<String>()

    fun clear() {
        current = ""
        past.clear()
    }

    /* ... */
}
```

이처럼 데이터와 관련한 로직을 하나의 클래스로 정리하고 내부 정보를 숨기면 의도하지 않은 조작을 막고 안전하게 개발을 진행할 수 있습니다. 필요한 동작만을 인터페이스로 제공하는 것이 결과적으로 더 안전하고 이해하기 쉬운 코드를 만드는 길입니다.

코틀린 한 조각 10 private 제한자

코틀린에서는 속성에 private 키워드를 붙여 클래스 밖에서는 해당 속성을 읽거나 쓸 수 없도록 제한할 수 있습니다(코드 3-20).

코드 3-20

```
private var text: String
```

한편 클래스 안에서만 쓸 수 있게 하고 클래스 밖에서는 읽을 수만 있도록 하고 싶을 때도 흔합니다. 코틀린에서는 접근 제한자를 분리해 다음처럼 작성하면 클래스 안에서만 값을 쓸 수 있도록 제한할 수 있습니다(코드 3-21).

코드 3-21

```
var text: String
    private set
```

내부 상태를 몰라도 사용할 수 있도록 하기

클래스를 사용하는 사람이 내부 상태를 알지 못하더라도 올바르게 사용할 수 있도록 인터페이스를 설계해야 합니다.

코드 3-22는 레스토랑 주문 이력을 OrderHistory 클래스로 표현한 것입니다. 주문 목록을 관리하고 주문 금액의 합계도 함께 계산합니다.

코드 3-22 주문 이력과 합계 금액을 관리하는 클래스

```
class OrderHistory {
    private val history = mutableListOf<Order>()
    private var totalAmount = 0

    fun add(order: Order) {
        history.add(order)
    }

    fun calculateTotalAmount() {
        totalAmount = history.sumOf { it.price }
    }

    fun getTotalAmount(): Int {
        return totalAmount
    }
}

class Order(
```

```
    val name: String,
    val price: Int,
)
```

이 클래스는 calculateTotalAmount( ) 함수로 합계 금액을 계산하므로 getTotalAmount( ) 함수를 호출하기 전에 calculateTotalAmount( ) 함수를 호출해야 합니다. 호출을 빼먹으면 틀린 금액을 출력합니다(코드 3-23).

코드 3-23 **OrderHistory 클래스를 잘못 사용한 예**

```
val history = OrderHistory()
history.add(Order("hamburger", 800))
history.add(Order("french fries", 120))
val totalAmount = history.getTotalAmount()   // 0을 반환함
```

이처럼 내부 상태가 복잡한 클래스는 사용하기 번거롭고 오류가 발생하곤 합니다. 여기서는 getTotalAmount( ) 함수로 합계 금액을 계산하는 편이 좋습니다(코드 3-24).

코드 3-24 **합계 금액을 getTotalAmount( ) 함수로 계산하기**

```
class OrderHistory {
    private val history = mutableListOf<Order>()

    fun add(order: Order) {
        history.add(order)
    }

    fun getTotalAmount(): Int {
        return history.sumOf { it.price }
    }
}
```

또는 주문을 추가할 때마다 합계 금액을 계산하여 저장해 둘 수도 있습니다.

중요한 점은 인터페이스를 보기만 해도 어떻게 움직이는지를 알 수 있어야 사용하기 쉬운 클래스라는 것입니다. 클래스를 설계할 때는 처음 보는 사람이 무언가를 착각하거나 틀리지는 않을지 거듭 확인해야 합니다.

3.3 코드 복잡도 계산하기

지금까지 하나의 함수나 클래스가 너무 복잡해지지 않도록 분할하는 방법을 살펴봤습니다. 그렇다면 하나의 함수나 클래스의 코드가 어느 정도일 때 분할을 고려해야 할까요?

코드 복잡도라는 추상적인 개념을 엄밀하게 측정하기는 어렵지만, 몇 가지 기준이 되는 측정 방법은 있습니다. 이 절에서는 분할 판단에 참고할 수 있는 지표 두 가지를 알아봅니다.

코드 길이

함수나 클래스 크기를 측정하는 방법으로 가장 간단한 것은 코드의 줄 수를 세는 것입니다. 모든 행을 세는 방법도 있고 주석이나 빈 줄은 제외하는 방법도 있습니다. 어느 방법으로 세든 줄 수가 많은 함수나 클래스는 많은 책임을 질 가능성이 크므로 유지보수가 어려워지기 쉽습니다. 또한 잘못된 코드가 섞일 위험도 큽니다. 따라서 코드 줄 수가 지나치게 늘어난다면 코드 분할을 검토해야 합니다.

그러나 코드 줄 수만으로 판단하는 것은 위험합니다. 코드 줄 수가 많더라도 내용이 복잡하지 않다면 오히려 전체를 아우르는 편이 더 중요할 때도 있습니다. 코드 3-25는 id에 해당하는 페이지를 가져오는 함수입니다.

코드 3-25 전체를 아우르는 편이 중요한 코드의 예

```
fun getPage(id: String): Page {
    return when (id) {
        "top" -> getTopPage()
        "user" -> getUserPage()
        "admin" -> getAdminPage()
        /* 이 외에 수십 줄은 생략 */
        else -> getUnknownPage()
    }
}
```

이러한 함수는 줄 수가 많아지기 마련이나 수행하는 내용이 간단하고 코드 가독성이나 유지보수성에 큰 영향을 끼치지 않습니다. 오히려 무턱대고 분할하면 전체를 한눈에 볼 수 없어 이해하기 어려워질 수 있습니다. 이와 달리 코드 줄 수가 그리 많지 않더라도 처리하는 내용이 복잡하거나 다른 곳과 중복이라면 분할해야 합니다.

코드 줄 수가 어느 정도여야 분할 대상인지는 언어나 프로젝트마다 다릅니다. 이처럼 코드 줄 수를 셀 때는 여러 가지를 조심해야 합니다. 따라서 코드 길이는 어디까지나 참고 지표로 활용해야 합니다.

순환 복잡도

코드 줄 수만으로는 코드 내용의 복잡도까지 파악할 수 없습니다. 그러므로 코드 자체의 복잡도를 측정하는 방법이 있어야 합니다.

그중 하나가 **순환 복잡도**(cyclomatic complexity)입니다. 이는 코드의 실행 경로 수를 기준으로 복잡도를 측정하는 방법으로, 분기나 반복이 늘어날수록 값이 커집니다.

아무런 분기가 없는 함수의 순환 복잡도는 1입니다. 가장 단순한 형태입니다(코드 3-26).

코드 3-26 순환 복잡도가 1인 코드 예

```
fun sample() {
    println("Hello, World!")
}
```

if 문이 하나 늘면 순환 복잡도는 2로 늡니다. 이는 서로 독립된 경로가 두 개이기 때문입니다.

코드 3-27 순환 복잡도가 2인 코드 예

```
fun sample(enabled: Boolean) {
    println("Hello, World!")

    if (enabled) {
        println("Enabled!")
    }
}
```

여기에 if를 하나 더 추가하면 순환 복잡도는 3이 됩니다. 이처럼 조건 분기 수를 더하여 계산합니다(코드 3-28).

코드 3-28 순환 복잡도가 3인 코드 예

```
fun sample(enabled: Boolean, selected: Boolean) {
    println("Hello, World!")
```

```
    if (enabled) {
        println("Enabled")
    }
    if (selected) {
        println("Selected")
    }
}
```

for 문과 같은 반복문이나 &&, ||와 같은 논리 연산자 수도 셉니다. 일반적으로 함수 하나의 순환 복잡도가 10을 넘으면 복잡하다고 말합니다. 게다가 20을 넘으면 유지보수가 상당히 어려워지므로 피해야 합니다. 순환 복잡도를 매번 세기는 번거로우므로 정적 분석 도구를 사용하는 것이 일반적입니다. 사용하는 언어나 개발 환경에 맞는 도구를 설정해 활용하세요.

물론 코드 길이에서와 마찬가지로 전체를 아우르는 편이 더 중요할 때는 예외입니다. 예를 들어, 함수 하나에서 when 식(switch 문) 하나로 모든 분기를 처리한다면 순환 복잡도가 커도 큰 문제가 없습니다.

이 밖에도 순환 복잡도를 개선한 **인지 복잡도**(cognitive complexity) 등 측정 방법은 다양합니다. 여러 평가 방법을 함께 참고하면 코드의 상태를 더 입체적으로 파악할 수 있습니다.

{ 3.4 응집도 높이기 }

응집도(cohesion)란 **하나의 함수나 클래스 안에 코드가 어느 정도 밀접하게 연결되는지**를 나타내는 말입니다. 밀접하게 연결된 코드가 모일수록 응집도가 높다고 하며 관련 없는 코드가 모일수록 응집도가 낮다고 합니다. 응집도가 큰 함수나 클래스는 읽기 쉽고 튼튼하며 재사용하기 쉽습니다.

이 절에서는 구체적으로 어떤 코드가 응집도가 낮은지, 그리고 어떻게 하면 응집도를 높일 수 있는지를 알아봅니다.

함수의 응집도 수준

응집도에는 여러 가지 분류 기준이 있지만, 이 책에서는 함수의 응집도를 다음과 같은 7가지 수준으로 설명합니다. 일반적으로 위쪽이 응집도가 낮고 아래로 갈수록 응집도가 높아집니다.[6]

- 우연 응집coincidental cohesion
- 논리 응집logical cohesion
- 시간 응집temporal cohesion
- 절차 응집procedural cohesion
- 통신 응집communication cohesion
- 순차 응집sequential cohesion
- 기능 응집functional cohesion

각 응집도의 정의와 특징을 차례대로 살펴봅시다.

우연 응집

먼저 살펴볼 내용은 **우연 응집**입니다. 분명한 목적 없이 여러 가지 처리를 하나로 모은 상태를 가리킵니다.

예를 들어, 코드 3-29는 두 개의 문자열 value와 logValue를 전달받아 logValue를 로그로 출력한 다음, value의 앞뒤 공백을 없애 반환합니다. 이 함

6 이 책에서는 다음 문헌에서 소개한 응집도 정의를 바탕으로 설명합니다. E. Yourdon and L. L. Constantine, *Structured Design: Fundamentals of a Discipline of Computer Program and Systems Design*, Prentice Hall, 1979.

수에서 로그 출력과 문자열 처리 사이에는 아무런 관련이 없습니다. 이런 함수를 우연 응집되었다고 합니다.

코드 3-29 우연 응집된 함수

```
fun processString(value: String, logValue: String): String{
    println(logValue) ←── 로그로 출력
    return value.trim() ←── 앞뒤 공백 제거
}
```

이 함수만 보면 함수를 왜 이렇게 만들었는지 궁금할 겁니다. 원래는 코드 3-30처럼 함수가 두 개였습니다. 하나는 사용자 이름을 수정하는 함수이고 또 하나는 메시지를 보내는 함수입니다.

코드 3-30 일부가 공통인 두 개의 함수

```
fun updateUserName(name: String) {
    println("이름을 수정합니다.")
    val trimmedName = name.trim()
    api.updateUserName(trimmedName)
}

fun sendMessage(message: String) {
    println("메시지를 보냅니다.")
    val trimmedMessage = message.trim()
    api.sendMessage(trimmedMessage)
}
```

이 두 함수를 비교해 보면 로그를 출력하고 문자열 앞뒤 공백을 없애는 일부 처리가 공통임을 알 수 있습니다. 이를 별도의 함수로 분리한 것이 코드 3-29입니다.

당연히 코드 3-29만 보면 이 함수의 목적을 알 수 없습니다. 굳이 말하자면

updateUserName( )과 sendMessage( ) 함수에서 공통된 처리 일부를 뽑는 것이 목적이긴 하나 이 목적 자체가 무척 애매하고 이렇게 할 근거가 부족합니다. 한쪽이 달라진다면 공통 부분이라는 목적 자체가 무너지기 때문이죠. 이처럼 목적이 애매한 함수는 다른 개발자가 보고 의도를 이해하거나 내용을 변경하기가 어렵습니다.

이런 함수는 피해야 합니다. 어쩌다 같은 처리를 발견했다 하더라도 분명한 목적이 없다면 공통 부분을 뽑지 않는 편이 좋습니다. 한 가지 점검 방법으로, 분리한 처리에 간결하고 명확한 이름을 붙일 수 있는지를 확인해 보세요. 적어도 코드 3-29의 processString이라는 함수 이름으로는 구체적인 기능이 무엇인지 알 수 없습니다. 이처럼 함수 이름이 애매하다면 명확한 목적이 없을 수 있습니다.

논리 응집

다음 살펴볼 내용은 **논리 응집**입니다. 이는 코드를 작성할 때 기능이나 목적이 아니라 논리적으로 관련된 것을 모은 상태를 말합니다.

예를 들어, 코드 3-31은 텍스트를 출력하는 함수입니다. 지정한 target에 따라 전달한 텍스트를 이메일로 보내거나 로그로 출력합니다.

코드 3-31 논리 응집된 함수

```
fun output(text: String, target: Target) {
    when (target) {
        Target.Email ->  /* 이메일 발송 처리 */
        Target.Log ->    /* 로그 출력 처리 */
    }
}

enum class Target {
    Email,
```

```
    Log
}
```

이메일 보내기와 로그 출력은 본질적으로 서로 다른 기능입니다. 그러나 '텍스트를 외부로 출력한다'는 관점에서 보면 논리적으로 어느 정도 관련이 있으므로 이 함수는 논리 응집되었다고 할 수 있습니다. 아무렇게나 처리를 모은 우연 응집보다는 그나마 낫지만, 이 역시도 그리 바람직하지 않은 상태입니다. 본질이 다른 두 가지 기능을 하나의 함수로 표현하므로 단일 책임 원칙 위반입니다. 즉, 이메일 발송 방식과 로그 출력 방식은 각각 독립적으로 변경될 가능성이 높으므로 이렇게 하나로 묶으면 유지보수가 어려워집니다.

논리 응집이 생기는 곳에서는 target처럼 제어 파라미터가 등장할 때가 흔합니다. 이러한 제어 파라미터가 늘어날수록 코드 흐름을 쫓기 어려워 실수하곤 하므로 조심해야 합니다.

논리 응집을 피하는 가장 간단한 방법은 기능별로 함수를 분리하는 것입니다(코드 3-32). 이렇게 분리하면 각 함수의 책임이 분명해지고, 변경이나 테스트도 훨씬 수월해집니다.

코드 3-32 논리 응집을 피하고자 별도의 함수로 나눔

```
fun sendEmail(text: String) {
    /* 이메일 발송 처리 */
}

fun log(text: String) {
    /* 로그 출력 처리 */
}
```

시간 응집

세 번째는 **시간 응집**으로, 같은 시점에 작동하는 기능을 모은 상태입니다. 이 응집도의 특징은 실행 순서를 달리해도 대체로 정상 작동한다는 점입니다. 예를 들어, 코드 3-33에서 보듯이 초기화 처리 역시 시간 응집의 하나입니다.

코드 3-33 시간 응집된 함수

```
fun initApp() {
    initConfig()      ← 설정 초기화
    initLogger()      ← 로그 초기화
    initDatabase()    ← 데이터베이스 초기화
}
```

상호작용 시스템에서는 특정 시점을 기준으로 여러 처리를 실행해야 하는 경우가 흔합니다.

- 애플리케이션을 시작할 때
- 클릭 등 사용자가 어떤 동작을 수행할 때
- UI가 포어그라운드foreground로 바뀔 때
- 배치 처리를 정기적으로 수행할 때

그러나 '시간'에만 초점을 두어 이를 처리하면 여러 처리가 하나의 함수에 집중되거나 코드의 의도가 애매해집니다. 예를 들어, 특정 시점에 여러 처리를 수행하더라도 서로 관련 없다면 이들은 따로따로 처리됩니다. 더불어 앞으로 관련 없는 기능을 추가할 염려도 있습니다. 여러 가지 기능을 복잡하게 처리하는 함수는 이해하기 어렵고 유지보수도 힘듭니다.

물론 어쩔 수 없이 시간 응집이 일어날 때도 흔합니다. 운영 체제나 프레임워크가 제공하는 기능에서는 특정 시점을 기준으로 처리를 호출할 때도 있습니다. 그러나 함수를 직접 작성할 때는 가능한 한 시간 응집을 피해야 합니다.

함수를 만들 때는 **'시간' 기준이 아니라 구체적인 '기능'이나 '목적'을 기준으로 처리를 분할**하면 잠시 뒤 살펴볼 더 높은 수준의 응집도를 실현할 수 있습니다.

절차 응집

네 번째는 **절차 응집**입니다. 이는 처리 순서에 의미가 있는 기능을 하나로 모은 상태입니다. 앞서 살펴본 시간 응집과는 달리 순서를 바꾸면 올바르게 작동하지 않는다는 특징이 있습니다.

예를 들어, 파일 접근 권한을 확인한 다음 파일에 쓰는 기능이 절차 응집에 해당합니다. 이때 접근 권한을 확인하기 전이라면 파일을 다룰 수 없습니다(코드 3-34).

코드 3-34 절차 응집된 함수

```
fun outputFile(file: File) {
    checkPermission()
    writeFile(file)
}
```

절차 응집은 처리 순서가 중요하므로 처리 사이의 관련성이 시간 응집보다 큽니다. 더불어 이러한 순서 관계가 있는 처리를 하나의 함수로 묶어 두면 호출하는 쪽에서는 내부 호출 순서에 신경 쓰지 않아도 된다는 장점도 있습니다.

그러나 시간 응집과 마찬가지로 여러 기능을 수행한다는 문제점은 여전합니다. 서로 다른 기능은 따로따로 처리할 수 있음에도 이를 함수 하나로 모으면 유지보수가 어려우니까요. 이와 함께 호출하는 쪽의 강한 요청 탓에 특정 절차를 전제로 분리한 함수는 재사용하기 어렵다는 단점도 있습니다.

통신 응집

다섯 번째는 **통신 응집**으로, 같은 데이터를 다루는 처리를 하나로 모은 상태입니다. 여기서 순서는 중요하지 않습니다.

예를 들어 하나의 입력 데이터를 이용하여 여러 곳의 UI를 바꿔야 할 때 통신 응집이 발생합니다(코드 3-35).

코드 3-35 통신 응집된 함수

```
fun updateUi(data: Data) {
    updateHeader(data)
    updateBody(data)
    updateFooter(data)
}
```

모든 처리가 동일한 데이터를 사용하므로 각 기능은 상당히 밀접하게 연결되어 있습니다. 지금까지 살펴본 응집도 수준과 비교하면 응집도가 상당히 높습니다. 더 높은 응집도로 구조를 표현할 수 없다면 통신 응집 수준의 함수를 사용합니다.

순차 응집

여섯 번째는 **순차 응집**입니다. 이는 어떤 처리의 출력이 다음 처리의 입력이 되는 흐름을 하나로 묶은 함수입니다. 예를 들어, 파일을 가져와 변환하여 저장하는 처리 흐름이 이에 해당합니다(코드 3-36).

코드 3-36 순차 응집된 함수

```
fun transformFile() {
    val file = getFile()
    val transformed = transform(file)
    saveFile(transformed)
}
```

순차 응집 역시 통신 응집과 마찬가지로 상당히 높은 수준의 응집도로, 일반적으로 자주 사용하는 형태입니다.

기능 응집

마지막으로 살펴볼 것은 **기능 응집**입니다. 기능 응집은 가장 높은 수준의 응집도로, 하나로 정의한 단일 태스크를 구현하는 함수입니다. 예를 들어, 코드 3-37처럼 점 두 개 사이의 거리를 계산하는 함수가 기능 응집의 대표적인 예입니다.

코드 3-37 기능 응집된 함수

```
fun calcLength(a: Point, b: Point): Int {
    val dx = a.x - b.x
    val dy = a.y - b.y
    val length = sqrt(dx * dx + dy * dy)
    return length.toInt()
}
```

기능 응집과 그 밖의 응집을 엄격하게 구분하기는 어렵습니다. 다만 하나의 판단 기준으로, 그 함수 기능을 한마디로 간결하게 표현할 수 있다면 기능 응집에 가깝다고 볼 수 있습니다.

기능 응집된 함수는 단 하나의 기능 구현이 목적이므로 유지보수도 간단하고 재사용도 쉽습니다.

함수 응집도를 높이는 리팩터링

함수 응집도 수준에서 기능 응집이 가장 이상적이라 했지만, 모든 함수를 기능 응집으로만 표현할 수는 없습니다. 기능 응집된 함수를 호출하는 쪽은 본질적으로 그보다 응집도가 낮아질 수밖에 없습니다. 따라서 어떤 응집도를 어떻게 조합하는지가 중요합니다.

우연 응집이나 논리 응집된 함수는 응집도가 매우 낮아 함수의 책임이 명확하지 않곤 합니다. 이런 함수는 가능한 한 피해야 합니다. 작성한 코드가 이런 수준의 응집도라고 느낀다면 다른 작성 방법을 검토합시다.

시간 응집, 절차 응집, 통신 응집, 순차 응집 수준의 함수라면 지나치게 커지지 않도록 조심합시다. 이때 함수가 어떤 책임을 지는지 의식하면 좋습니다. 예를 들어, 시간 응집된 함수에서는 그 시점에 실행해야 할 내용을 호출하는 데 무게를 두고, 구체적으로 무엇을 수행하는지는 다른 함수에 맡길 수 있습니다.

응집도를 의식한 리팩터링 예를 살펴볼까요? 예를 들어, 코드 3-38처럼 앱을 초기화할 때 수행할 처리가 있다고 합시다. 설정 파일을 확인하거나 UI를 그리는 등 이 함수는 많은 일을 한꺼번에 처리합니다.

코드 3-38 시간 응집된 함수

```
(시간 응집)
fun initApp() {
    initLogger()

    val config = getConfig()
    setupConfig(config)

    initDatabase()
    initLocalStorage()

    val data = getData()

    // 위에서부터 UI 그리기
    appendHeader()
    appendMenu()
```

```
    appendMainContent(data)
    appendFooter()
}
```

이 함수는 앱을 시작할 때 수행할 목적으로 작성한 것으로, 시간 응집된 코드라 할 수 있습니다. 일부는 순차 처리처럼 보이기도 하지만 응집도는 함수 안에서 가장 낮은 수준으로 평가하므로 이 함수는 시간 응집이라 볼 수 있습니다. 시간 응집은 세 번째로 좋지 않은 응집도이므로 가능한 한 줄여야 합니다.

이를 개선하려면 시간 응집된 처리를 더 높은 응집도의 함수들로 나눕니다. 예를 들어, 순차 응집이나 절차 응집 단위로 분리하면 시간 응집된 함수를 줄일 수 있습니다. 이제 앞서 살펴본 코드보다 훨씬 읽기 쉬워졌습니다(코드 3-39).

코드 3-39 응집도를 기준으로 함수 나누기[7]

```
절차 응집
fun initApp() {
    prepare()
    val data = getData()
    renderUi(data)
}
시간 응집
fun prepare() {
    initLogger()
    initConfig()
    initDatabase()
    initLocalStorage()
}
```

7 여기서는 설명을 목적으로 모든 함수를 같은 곳에 작성했지만, UI나 데이터베이스 등 목적이 다른 코드는 더 큰 단위(클래스나 디렉터리 등)로 나누어야 합니다.

```
        ┌────────[순차 응집]
fun initConfig() {
    val config = getConfig()
    setupConfig(config)
}
        ┌────────[절차 응집]
fun renderUi(data: Data) {
    // 위에서부터 UI 그리기
    appendHeader()
    appendMenu()
    appendMainContent(data)
    appendFooter()
}
```

이렇게 나누면 각 함수의 역할이 훨씬 분명해지고 전체 흐름도 한눈에 들어옵니다. initApp()은 이제 '초기화하고 데이터를 가져와 UI를 그린다'라는 상위 절차만 표현하며, 세부 동작은 각각의 함수에 위임합니다.

클래스 응집도 올리기

클래스 역시 그 안의 코드 관련성이 높은 상태, 즉 응집도가 높은 상태를 유지하면 쉽게 이해하고 재사용할 수 있는 구조를 만들 수 있습니다. 다만 클래스에는 속성이나 함수, 상속 관계 등의 복잡한 요소가 얽혀 있으므로 응집도를 명확하게 정의하기가 어렵습니다. 지금까지 설명한 함수 응집도 개념을 그대로 클래스에 적용할 수는 없지만 일부 사고방식은 클래스 설계에도 참고할 수 있습니다. 이 절에서는 함수 응집도를 바탕으로 클래스 응집도를 올리는 구체적인 방법을 살펴봅니다.[8]

8 클래스 응집도를 측정하는 정량적 지표의 하나로 LCOM(Lack of Cohesion in Methods)이 있습니다. 다만 계산 방식이 다소 복잡하므로, 이 책에서는 이해하기 쉬운 함수 응집도 관점을 바탕으로 클래스 응집도를 설명합니다.

관계없는 처리는 한곳에 모으지 않기: 우연 응집 피하기

클래스 설계에서도 관계없는 처리를 한곳에 모으는, 즉 '우연 응집'을 피해야 합니다. 코드 3-40의 유틸리티 클래스에는 전혀 관계없는 처리가 있습니다. 이러한 클래스는 유지보수하기 어려울 뿐 아니라 호출하는 쪽에서 보더라도 사용하기 번거롭습니다.

코드 3-40 우연 응집된 유틸리티 클래스

```
object Util {
    fun log(message: String) {
        // 로그 출력하기
    }

    fun getUser(userId: String): User {
        // 사용자 정보 가져오기
    }

    fun formatDate(date: Date): String {
        // 날짜 형식 처리하기
    }
}
```

관련 없는 처리를 각각의 책임에 맞게 별도의 클래스로 분리하고 적절한 이름을 붙이면 응집도를 높일 수 있습니다(코드 3-41).

코드 3-41 관련 없는 처리는 별도의 클래스로 분리하기

```
object Logger {
    fun log(message: String) {
        // 로그 출력하기
    }
}

class UserService {
```

```
    fun getUser(userId: String): User {
        // 사용자 정보 가져오기
    }
}

class DateFormatter {
    fun formatDate(date: Date): String {
        // 날짜 형식 처리하기
    }
}
```

특정 데이터를 다루는 함수를 클래스로 모으기: 논리 응집 피하기

클래스에서는 특정 데이터를 다루는 함수를 하나의 클래스나 객체에 모으는 방식을 자주 사용합니다. 코드 3-42는 문자열을 변환하는 다음 두 가지 기능을 StringConverter 객체에 모은 예입니다.

- 지정한 문자열의 일정 범위를 ...으로 바꾼다.
- 지정한 문자열의 일정 범위를 **로 감싼다.

코드 3-42 문자열 변환 함수를 한곳에 모은 객체

```
object StringDecorator {
    /**
     * 저장한 문자열 [value]에서 [start]부터 [end] 직전까지 부분을
     * `...`으로 바꾼다.
     */
    fun ellipsize(value: String, start: Int, end: Int): String {
        return value.substring(0, start) + "…" +
            value.substring(end)
    }

    /**
     * 지정한 문자열 [value]에서 [start]부터 [end] 직전까지 부분을
```

```
     * `**`로 감싼다.
     */
    fun emphasize(value: String, start: Int, end: Int): String {
        return buildString {
            append(value.substring(0, start))
            append("**")
            append(value.substring(start, end))
            append("**")
            append(value.substring(end))
        }
    }
}
```

코드 3-42의 두 개 함수를 하나의 함수로 통합하려 한다면 코드 3-43처럼 어떤 처리를 할지를 나타내는 Operation 열거형과 같은 제어용 값이 필요합니다. 이런 구조는 논리 응집으로 볼 수 있습니다.

코드 3-43 문자열을 변환하는 함수

```
fun convert(
    value: String,
    start: Int,
    end: Int,
): String {
    if (start < 0 || end > value.length) {
        return value
    }

    return when (operation) {
        Operation.ELLIPSIZE -> {
            value.substring(0, start) + "…" +
                value.substring(end)
        }

        Operation.EMPHASIZE -> {
```

```
                buildString {
                    append(value.substring(0, start))
                    append("**")
                    append(value.substring(start, end))
                    append("**")
                    append(value.substring(end))
                }
            }
        }
}

enum class Operation {
    ELLIPSIZE,
    EMPHASIZE
}
```

하지만 논리 응집은 응집도가 상당히 낮은 수준이므로 가능하다면 피해야 합니다. 이와 달리 코드 3-42처럼 클래스에서 이런 논리와 비슷한 처리를 별도의 함수로 나누어 하나의 클래스에 모으는 것은 큰 문제가 없습니다. 별도의 함수로 나누기만 하면 복잡한 플래그를 이용한 분기도 필요 없고 논리 응집 문제도 피할 수 있습니다. 오히려 문자열 처리는 하나의 클래스 안에 두는 편이 개발자가 각 함수를 발견하기도 쉬운 등 장점이 많습니다. 중요한 점은 '하나의 함수에 여러 기능을 넣지 않는 것'이지, '관련된 함수를 한 클래스에 모으지 말아야 한다'는 뜻은 아닙니다.

대상마다 클래스 만들기: 시간 응집과 절차 응집 피하기

어떤 함수가 시간 응집 또는 절차 응집과 같은 낮은 응집도라면 더 높은 응집도를 갖도록 함수를 나누고, 응집도가 낮은 함수는 가능한 한 작게 만들어야 한다고 설명했습니다. 이는 클래스에도 적용할 수 있는 원칙으로, 같은 시간에 사용하는 함수를 하나의 클래스에 모으기보다는 각 기능에 따라 클래스를 분할하는 편이 좋습니다.

코드 3-44에서는 시간 응집된 initApplication() 함수를 몇 개의 private 함수로 분리합니다. 각 private 함수 응집도는 높지만 이를 모은 Application 클래스에는 여전히 서로 관련 없는 코드가 많습니다.

코드 3-44 시간 응집된 함수를 private 함수로 분리하기

```
class Application {
    fun initApplication() {
        initLogger()
        initDatabase()
        initUi()
    }

    private fun initLogger() {
        // Logger 초기화 처리하기
    }

    private fun initDatabase() {
        // Database 초기화 처리하기
    }

    private fun initUi() {
        // UI 초기화 처리하기
    }
}
```

이처럼 서로 처리 관련성이 약할 때는 함수 분리만으로는 충분하지 않습니다. 클래스 단위로도 나누어야 합니다. 코드 3-45는 초기화 대상에 따라 클래스를 나눈 예입니다.

코드 3-45 시간 응집된 함수를 여러 개의 클래스로 나누기

```
class Application {
    private val logger = Logger()
    private val database = Database()
    private val ui = UI()

    fun initApplication() {
        logger.initLogger()
        database.initDatabase()
        ui.initUi()
    }
}

class Logger {
    fun initLogger() {
        // Logger 초기화 처리하기
    }
}

class Database {
    fun initDatabase() {
        // Database 초기화 처리하기
    }
}

class UI {
    fun initUi() {
        // UI 초기화 처리하기
    }
}
```

이렇게 클래스를 나누면 각 클래스의 응집도를 한층 더 높일 수 있습니다. Application 클래스는 애플리케이션 초기화에 필요한 최소한의 코드만 있으며 Logger, Database, UI 클래스는 각 대상과 관련이 높은 코드만 포함합니다.

대상마다 나눠 응집도가 높은 클래스는 변경하거나 수정하기가 쉽습니다. 예를 들어, Logger 초기화 처리를 변경하려면 Logger 클래스만 확인하면 되므로 Application 클래스나 다른 초기화 처리는 확인하지 않아도 됩니다. 이뿐만 아니라 새로운 초기화 처리를 추가할 때도 이와 같은 구조라면 간단합니다. 낮은 응집도 함수를 분리할 때는 관련성이 낮은 코드를 같은 클래스 안에 포함하지 않도록 새로운 클래스가 필요하지는 않는지를 검토하세요.

응집도 정리하기

응집도를 염두에 두고 함수를 나누면 코드의 유지보수성을 높일 수 있습니다. 그러나 응집도를 올리고자 함수나 클래스를 분할하면 그 수가 점점 늘어납니다. 그리고 쓸데없이 많은 함수나 클래스가 있는 코드는 오히려 한눈에 이해하기 어렵습니다. 응집도를 올리고자 나눈 함수가 실제로는 우연 응집이 되기도 합니다. 그러므로 분할한 함수나 클래스는 **이해할 수 있는 수준으로 정리**합시다.

응집도는 관심사 분리나 단일 책임 원칙과 깊이 관련됩니다. **함수나 클래스의 관심사나 책임이 한 개뿐일 때는 그 함수나 클래스 안의 요소는 서로 관련성이 높다**고 할 수 있습니다. 이 두 원칙을 종합적으로 고려하여 함수나 클래스를 설계하면 시스템의 유지보수성과 확장성 모두가 올라갑니다.

4장

코드 정리하기

• • •

함수나 클래스는 너무 커지지 않도록 목적마다 나누어야 합니다. 그렇다고 함수나 클래스를 너무 잘게 나누면 관리하는 부담이 늘어납니다. 함수나 클래스가 많아졌다면 이제 그룹화를 통해 정리하도록 합시다.

4.1 디렉터리 단위로 정리하기

원래 저는 정리정돈에 서툴러 언제나 책상 위가 지저분하곤 했습니다. 아무렇게나 쌓인 서류, 이곳저곳 굴러다니는 필기구, 마구 엉킨 케이블이 일상이었죠. 이 상태에서 당장 필요한 것을 찾기란 쉽지 않았습니다. 당연히 정돈된 편이 업무 효율이 오르겠죠. 그러려면 쓴 물건은 제자리에 두어야 합니다. 이와 함께 비슷한 것은 함께 두거나 자주 사용하는 것은 눈에 잘 띄는 곳에 두면 좋겠죠.

코드도 마찬가지입니다. 한 곳에 대량의 파일을 두거나 이곳저곳 번잡하게 흩어지면 원하는 코드를 찾기가 어려워져 업무 효율이 떨어집니다. 그러므로 적절하게 코드를 정리하고 관리해야 합니다.

늘어난 함수나 클래스를 정리할 때 먼저 활용해야 하는 것이 디렉터리입니다. 여기서는 디렉터리를 사용한 코드 정리 방법과 이때 주의해야 할 점을 알아봅니다.[1]

관심에 따라 그룹화하기

소스 코드를 개별 디렉터리로 나눌 때도 함수나 클래스를 나눌 때와 마찬가지로 **관심사를 바탕으로 분류**해야 합니다. 관심 사항이 비슷한 클래스나 함수를 같은 그룹으로 묶고 각 그룹에는 명확한 역할과 책임을 부여하세요.

'3.1 함수와 클래스 나누기'에서 살펴본 텍스트 파일에 있는 문자 수를 세는 예제를 다시 떠올려 봅시다. 그때는 다음 네 가지 함수를 이용했습니다.

- countCharactersInDirectory( ) **함수**: 디렉터리 안에 있는 모든 텍스트 파일에 포함된 문

1 코틀린이나 자바의 패키지도 디렉터리와 역할이 거의 같으므로 여기서는 따로 구분하지 않습니다.

자와 그 개수를 반환한다.

- getTextFilesInDirectory( ) **함수**: 디렉터리 안에 있는 텍스트 파일을 가져온다.
- getCharacters( ) **함수**: 텍스트 파일 안의 모든 문자를 가져온다.
- countCharacters( ) **함수**: 지정한 문자열에 포함된 문자와 그 개수를 반환한다.

이 함수들은 다음과 같이 관심사에 따라 세 그룹으로 나눌 수 있습니다.

텍스트 관련 통합 처리

countCharactersInDirectory( ) **함수**: 디렉터리 안에 있는 모든 텍스트 파일에 포함된 문자와 그 개수를 반환한다.

텍스트 파일 관련 처리

getTextFilesInDirectory( ) **함수**: 디렉터리 안에 있는 텍스트 파일을 가져온다.

getCharacters( ) **함수**: 텍스트 파일 안의 모든 문자를 가져온다.

문자열 분석 관련 처리

countCharacters( ) **함수**: 지정한 문자열에 포함된 문자와 그 개수를 반환한다.

이렇게 그룹을 나누었다면 각각에 이름을 붙여 서로 다른 디렉터리에 저장합니다. 예를 들어, 통합 처리 관련 그룹은 processor, 텍스트 파일 관련 그룹은 file, 문자열 조작 관련 그룹은 analytics라고 이름 지을 수 있습니다.

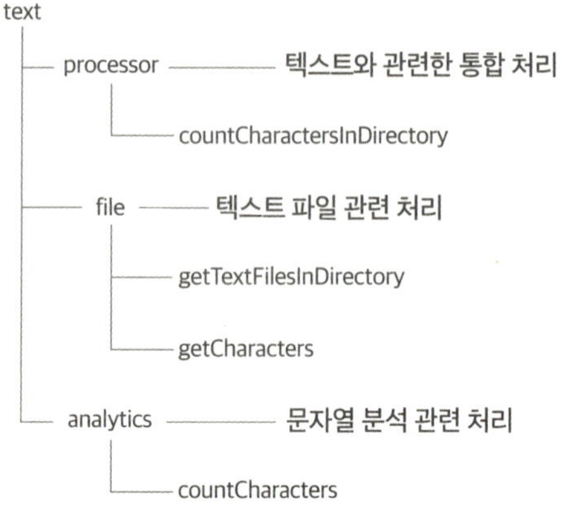

그림 4-1 텍스트 처리 그룹화의 예

이처럼 관심사를 기준으로 분류하면 특정 코드를 찾기가 쉬워지고 어디에 어떤 코드를 저장하면 좋을지 분명하므로 고민도 줄어듭니다. 앞의 예에서 문자 개수 세기와는 다른 새로운 텍스트 처리 기능이 생긴다면 통합 처리는 이미 만들어 둔 processor에 추가하면 되며, 텍스트 파일이나 문자열 조작 관련 처리는 각각 file, analytics에 정리할 수 있습니다. 게다가 어디에 어떤 처리가 있는지가 분명하므로 재사용도 쉽습니다(그림 4-2).

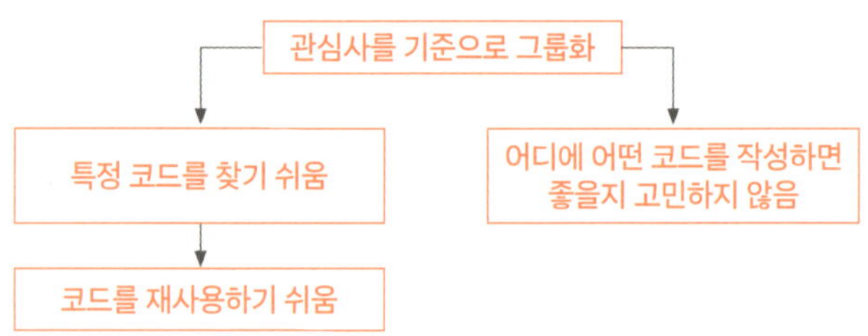

그림 4-2 관심사를 기준으로 한 그룹화의 장점

병렬인 디렉터리의 추상도 맞추기

서로 병렬인 그룹을 만들 때는 각각의 그룹이 **같은 정도의 추상도**, 즉 역할의 크기가 비슷하도록 맞추면 좋습니다. 보통 여러 개의 그룹이 있는 부모 그룹일수록 더 추상적인 의미가 있으며 아래로 내려갈수록 처리가 구체적이라면 이상적입니다. 이렇게 설계하면 코드 구성을 이해하기 쉽고 특정 코드를 찾는 일도 훨씬 간단해집니다.

그림 4-1의 텍스트 처리 예에서 텍스트 관련 통합 처리는 file 디렉터리나 analytics 디렉터리 안의 내용과 비교하면 상위 개념에 해당합니다. 따라서 그림 4-3처럼 countCharactersInDirectory( ) 함수는 text 디렉터리 바로 아래에 두는 편이 바람직합니다.

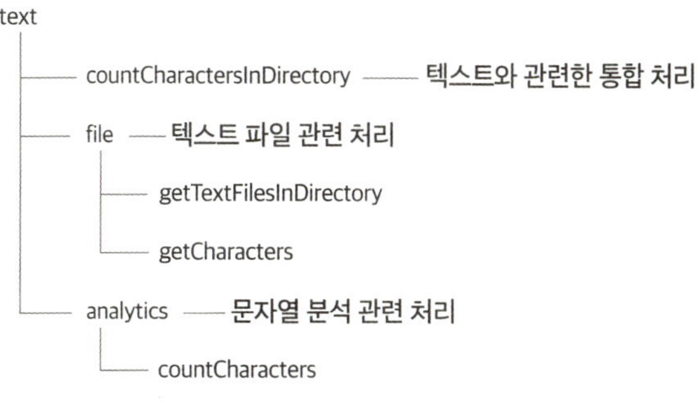

그림 4-3 그룹 추상도 맞추기

4.2 모듈 단위로 정리하기

대규모 프로젝트에서는 디렉터리만 잘 정리해 두는 것으로는 개발 효율을 충분히 끌어올리기 어려운 때도 있습니다. 특히 여러 팀이 동시에 서로 다른 기능을 개발할 때는 각 팀의 작업 영역이 서로에게 영향을 끼치지 않도록 분리하는 것이 이상적입니다. 그러나 단순한 디렉터리 구조만으로 이러한 경계를 명확히 나누기가 쉽지 않습니다.

이런 과제를 해결하고자 많은 언어나 개발 환경에서는 디렉터리보다 더 큰 '**모듈**'이라는 단위로 구분하는 방법을 사용합니다. 언어, 환경, 문맥에 따라서는 '라이브러리', '패키지', '컴포넌트' 등으로 부르기도 합니다.[2]

모듈의 목적과 효과

모듈의 구체적인 구현 방법이나 기능은 언어나 개발 환경마다 다르지만 여기서는 주로 다음과 같은 공통적인 특성을 갖는 단위를 모듈이라 정의합니다(그림 4-4).

- 내부에 디렉터리 구조가 있다.
- 모듈을 이용할 때는 명시적으로 선언해야 한다.

코틀린이나 자바라면 메이븐(Maven)이나 그래들(Gradle)과 같은 빌드 시스템으로 다중 모듈 프로젝트를 만들 수 있으며, 자바스크립트나 타입스트립트라면 npm 같은 패키지 관리자가 제공하는 workspace 기능을 이용하여 여러 개의 패키지로 나눌 수 있습니다. Go 언어 역시 Go 모듈을 사용하여 저장소 안에 있는 여러 모듈을 관리할 수 있습니다.

2 문맥에 따라 '모듈'이라는 용어를 함수, 클래스, 디렉터리 등 다양한 요소를 포괄하는 의미로 사용하기도 하지만 이 책에서는 파일과 디렉터리로 구성한 하나의 단위를 '모듈'이라 부릅니다.

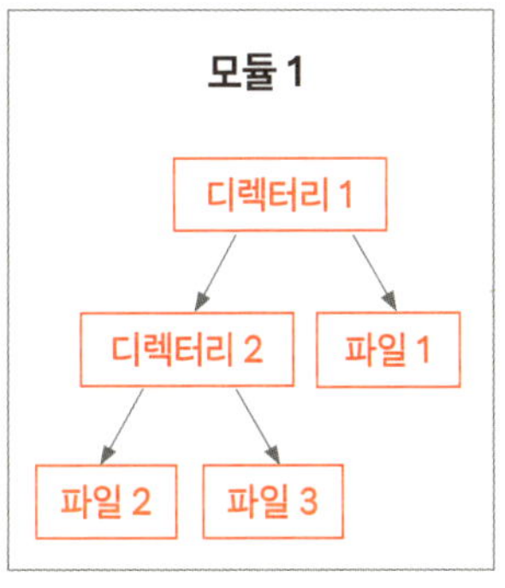

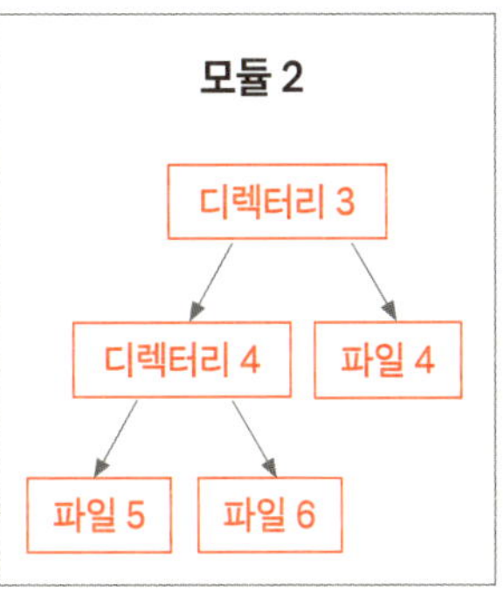

그림 4-4 디렉터리 단위와 모듈 단위

모듈은 내부에 디렉터리 구조를 포함하므로 하나의 큰 프로젝트를 기능이나 목적에 따라 비교적 굵직하게 나눌 수 있습니다. 더불어 모듈을 사용할 때는 명확하게 선언해야 한다는 점도 중요한 특징입니다. 디렉터리 단위로 나눌 때는 import 문을 통해 다른 디렉터리에 있는 코드를 가져다 쓰는 비교적 간단한 방법을 사용합니다. 하지만 언어나 프레임워크에 따라 선언 방식이 제각각이며, 편리한 대신 프로젝트 전체의 의존 관계를 한눈에 파악하기 어렵습니다.

이와 달리 모듈에서는 의존 관계를 설정 파일에 명시적으로 선언해야 하므로 프로젝트 전체 구조를 쉽게 이해할 수 있고, 특정 모듈을 변경했을 때 영향을 받는 곳을 간단하게 특정할 수 있습니다. 즉, 라이브러리 단위 분할은 디렉터리 단위 분할과 비교하여 코드 독립성이 높아 여러 팀이 병렬로 개발할 때 좋습니다.

분리한 모듈을 라이브러리 형태로 배포하면 다른 프로젝트에서 재사용할 수도 있습니다. 자주 사용하는 공통 기반 코드나 여러 프로젝트에 사용하고 싶은 UI 컴포넌트를 라이브러리로 만들어도 좋습니다. 더 나아가 다른 사람에게도 도움이 될 만하다면 이를 오픈 소스 소프트웨어(OSS)로 공개하는 방법도 검토해 볼 수 있습니다.

모듈마다 빌드하는 환경이라면 모듈 분할의 이점은 더욱 두드러집니다. 의존 관계가 없는 모듈은 병렬로 빌드할 수 있으며 변경하지 않은 모듈은 다시 빌드하지 않아도 되므로 빌드가 빨라집니다. 게다가 단일 모듈의 동작을 알고 싶다면 모든 모듈을 빌드하지 않고 확인할 대상과 관련 모듈만 빌드하면 되므로 개발 과정이 한층 효율적입니다(표 4-1).

표 4-1 디렉터리 단위와 모듈 단위 비교

	디렉터리 단위	모듈 단위
목적	• 파일 정리	• 독립성이 중요한 코드 관리 • 여러 프로젝트 공통화 • 빌드 효율화
특징	• 계층 구조로 관리할 수 있음	• 내부에 디렉터리 구조가 있음 • 모듈을 이용할 때는 명시적으로 선언해야 함
의존 선언	• 비교적 쉽거나 필요 없음	• 명확한 선언 필요
분리 정도	• 비교적 느슨하게 분리됨	• 명확하게 분리됨

프로젝트 규모가 작다면 굳이 모듈을 분할하지 않고 개발하는 것도 한 가지 방법입니다. 그러나 대규모 프로젝트나 여러 사람이 참여하는 프로젝트라면 모듈 분할이 코드 정리나 효율적인 개발에 큰 도움이 됩니다. 여기서는 모듈을 만들 때 어떤 기준으로 코드를 분할하면 좋을지를 알아봅니다.

같은 이유, 같은 시점에 변경되는 것 모으기

코드를 여러 개의 모듈로 나눌 때는 **같은 이유, 같은 시점에 변경되는 코드는 단일 모듈에 속하도록** 합니다. 이를 '**공통 폐쇄 원칙**(principle of common closure)'이라 합니다. '3.1 함수와 클래스 나누기'에서 소개한 '단일 책임 원칙'의 모듈 버전이라 할 수 있습니다.

예를 들어, 범용 인증 관련 코드는 제품 기능과는 독립적으로 업데이트할 때가 흔하므로 별도 모듈로 분리할 수 있습니다. 이와 함께 서로 다른 팀에서 각각 개발한 기능은 서로 다른 시점에 업데이트할 가능성이 크므로 처음부터 별도의 독립한 모듈로 분리하면 좋습니다.

이 원칙을 따라 관련 코드를 한 곳에 모으면 코드를 읽기가 편해지고 모듈 간 결합도를 낮출 수 있습니다. 이렇게 각 모듈을 느슨하게 연결하면 독립해서 업데이트하기도 쉽습니다.

또한 관련 코드를 한 곳에 모으면 빌드나 배포 등 운용할 때도 장점이 있습니다. 동시에 변경할 코드가 모듈 한곳에 모여 있으면 변경의 영향을 받는 모듈을 최소화할 수 있어 빌드 시간을 줄일 수 있습니다. 더 나아가 모듈을 여러 프로젝트에 배포할 때도 릴리즈할 모듈이 줄어들어 운용 부담이 가벼워집니다(그림 4-5).

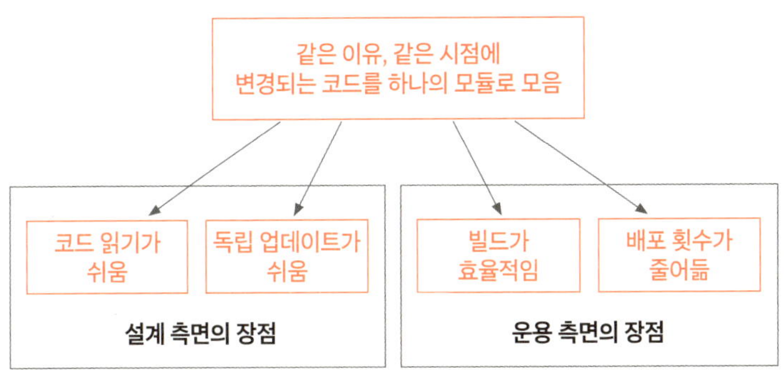

그림 4-5 공통 폐쇄 원칙의 목적

동시에 사용하는 것 모으기

모듈을 나누는 또 하나의 규칙으로 **동시에 사용하는 것만으로 하나의 모듈을 구성한다**는 것이 있습니다. 이를 '**공통 재사용 원칙**(common reuse principle)'이라 합니다. 하나의 모듈에 성격이 다른 여러 종류의 코드가 뒤섞여 있다면 이 모듈을 사용하는 쪽은 필요 없는 코드까지 참조해야 합니다. 이 때문에 모듈을 사용할 때 혼란스럽고 변경 시 예상보다 넓은 범위에 영향을 미칠 수 있습니다. 필요 없는 빌드나 배포가 발생한다는 운용 측면의 단점도 있습니다. 따라서 서로 다른 시점에 사용할 코드라면 별도의 모듈로 분리하도록 합시다.

예를 들어, 이미지를 올리는 프로필 편집 기능과 이미지를 내려받는 이미지 보기 기능이 있다고 가정해 봅시다. 이때 이미지를 올리거나 내려받는 코드를 그림 4-6처럼 하나의 '이미지 처리 모듈'로 모은다면 어떻게 될까요?

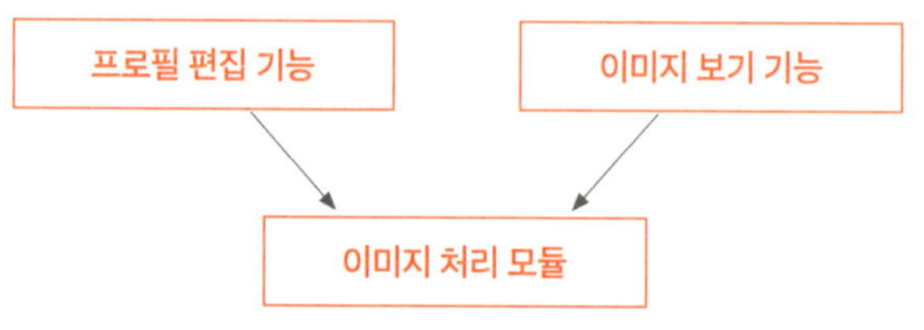

그림 4-6 사용하지 않는 코드를 참조하는 예

프로필 편집 기능에서는 이미지를 내려받는 코드가 필요 없고 마찬가지로 이미지 보기 기능에서는 이미지를 올리는 코드가 필요 없습니다. 이 상태에서 이미지 올리기와 관련한 코드를 변경하면 의도하지 않게 이미지 보기 기능에도 영향을 끼칠 수 있습니다.

이 문제를 피하려면 그림 4-7처럼 이미지 올리기 처리와 내려받기 처리를 독립한 모듈로 분리하는 것이 좋습니다. 이렇게 하면 이미지 올리기와 관련한 처리를 변경하더라도 영향을 끼치는 범위가 프로필 편집 기능에만 한정됩니다.

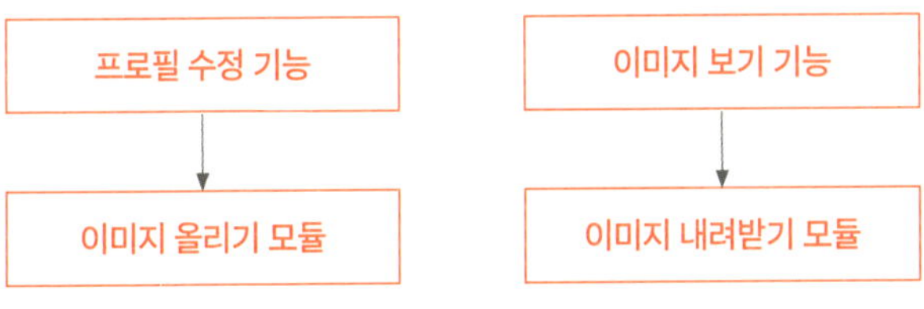

그림 4-7 다른 기능은 다른 모듈로

공통 재사용 원칙을 엄격하게 적용하기란 쉬운 일이 아닙니다. 예를 들어, 여러 곳에서 모듈을 참조해 쓰다 보면, 어떤 곳에서는 모듈 안의 일부 코드만 사용하는 경우가 흔합니다. 이를 공통 재사용 원칙에 따라 세세하게 분류하기 시작하면 한없이 모듈이 작아져 복잡해지고 운용 비용도 늘어납니다. 더불어 같은 이유, 같은 시점에 변경할 내용이 여러 개의 모듈로 나뉜다면 이번에는 공통 폐쇄 원칙을 위반하는 꼴입니다.

이때 하나의 방법으로 '얼마나 자주 동시에 사용하는지'를 기준으로 삼을 수 있습니다. 많은 곳에서 자주 동시에 이용하는 코드는 일부 예외가 있더라도 하나의 모듈로 모으는 편이 관리하기 편합니다.

마찬가지로 변경 빈도가 적은 범용 기능은 일부만 이용하더라도 분할하지 않고 하나의 모듈로 정리하는 편이 더 적절할 때가 흔합니다. 예를 들어, 일시(日時)를 문자열로 변환하는 처리를 모은 모듈을 예로 들 수 있습니다. 날짜만 표시할 때, 연도만 표시할 때 등 일시는 다양한 형식으로 표현할 수 있는데, 이를 참조하는 곳에서는 일부만 이용할 가능성이 큽니다. 그러나 이 모듈에는 일시를 문자열로 변환한다는 명확한 책임이 있고 자주 변경하는 모듈이 아니므로 설계 측면, 운용 측면 모두 거의 문제가 되지 않습니다. 이럴 때는 공통 폐쇄 원칙을 우선합니다.

'공통 폐쇄 원칙'이나 '공통 재사용 원칙'은 절대적인 규칙이 아니라 어디까지나 서로를 보완하는 지침입니다. 실제로 얻을 수 있는 이점을 고려하여 어떤 원칙을 우선할지 검토하기 바랍니다.

5장

얽힌 의존 관계 풀기

• • •

함수와 클래스를 나누거나 디렉터리와 모듈로 그룹화하면 필연적으로 요소 사이에 관계가 생깁니다. 어떤 클래스가 다른 클래스를 사용하거나 한 모듈이 다른 모듈을 참조하는 경우가 그렇습니다. 이처럼 사용하거나 사용되는 관계를 의존 관계라 합니다. 많은 함수와 클래스, 디렉터리, 모듈이 서로 의존할 때는 이 의존 관계를 간결하게 유지해야 합니다.

5.1 의존 관계 의식하기

의존이라는 말을 들으면 어떤 이미지가 떠오르나요? 알코올이나 담배에 의존하는 모습, 혹은 누군가에게 지나치게 기대는 관계처럼 부정적인 장면이 먼저 떠오를지도 모릅니다. 일반적으로 의존이란 다른 것에 기대어야만 그 존재가 성립하는 상태를 가리킵니다. 무언가에 과도하게 의존하면 혼자만으로는 어찌할 수 없거나 생활에 지장이 생기기도 합니다.

소프트웨어에서도 상황은 마찬가지입니다. 함수, 클래스, 디렉터리, 모듈 같은 한 요소가 다른 요소를 이용할 때, 이들 요소 사이에 '**의존 관계**'가 있다고 표현합니다. 요소 사이의 의존이 너무 강하거나 여러 요소가 복잡하게 얽히면 시스템 전체의 유연성이 사라지고 변경이나 확장이 어려워집니다.

그러나 사람이 혼자서는 살 수 없는 것과 마찬가지로 모든 요소가 완전히 독립으로 움직일 수는 없습니다. 따라서 필요에 따라 요소 사이의 의존 관계를 잘 만들어야 합니다.

의존 관계와 그 영향

구체적인 예로, 동영상을 올리고 공유하는 애플리케이션을 떠올려 봅시다. 동영상을 올리는 UploadService 클래스는 동영상 정보를 담은 Video 클래스를 이용합니다(코드 5-1).

코드 5-1 UploadService 클래스는 Video 클래스에 의존

```
class Video(
    val title: String,
    val file: File
)
```

```
class UploadService {
    fun upload(video: Video) {
        /* ... */
    }
}
```

이러한 상황을 UploadService는 Video에 '의존한다' 또는 Video와 UploadService는 '의존 관계다'라고 표현합니다. 의존 관계는 다음과 같은 때에도 생깁니다.

- A 클래스가 B 클래스를 멤버로 가진다.
- A 클래스가 B 클래스의 함수나 속성을 참조한다.
- A 클래스가 B 클래스를 상속한다.
- A 클래스가 B 인터페이스를 구현한다.

클래스 사이뿐만 아니라 함수나 변수 등 작은 단위부터 디렉터리나 모듈처럼 큰 그룹 단위까지도 의존 관계가 생깁니다. 예를 들어, 한 그룹 안의 클래스나 함수가 다른 그룹 안의 클래스나 함수를 사용할 때 이들 그룹 사이에는 의존 관계가 있다고 말합니다.

문제는 의존 관계가 변경의 영향을 전파한다는 점입니다. 어떤 요소가 다른 요소에 의존하고 있을 때, 의존 대상인 요소가 변경되면 이를 사용하는 쪽도 함께 수정해야 할 가능성이 큽니다. 앞서 예에서 Video 클래스를 변경하면 UploadService도 변경해야 합니다. 이러한 의존 관계가 늘수록 영향은 연쇄적으로 확산되고 변경이 점점 더 어려워집니다. 그러므로 의존 관계를 잘 알고 적절하게 관리해야 합니다(그림 5-1).

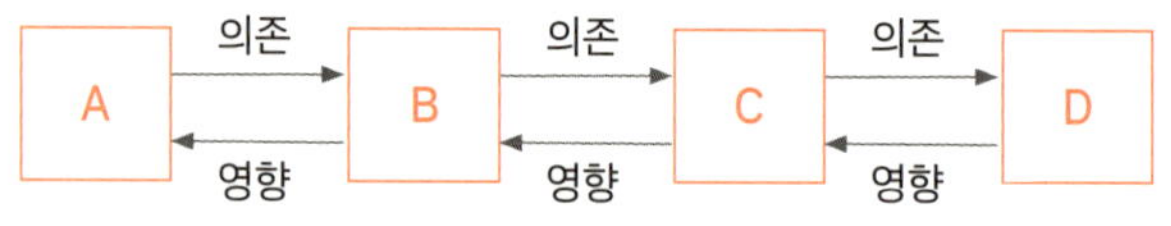

그림 5-1 의존과 그 영향 관계

그림으로 의존 관계 이해하기

클래스나 함수 자체를 읽는 것과 달리 의존 관계는 얼핏 봐서는 알 수 없습니다. 그러므로 클래스가 늘어나 복잡하다고 느낄 때는 클래스 다이어그램과 같은 그림을 그려 그들 사이의 관계를 확인합시다.

앞의 예를 다이어그램으로 나타내면 그림 5-2와 같습니다.

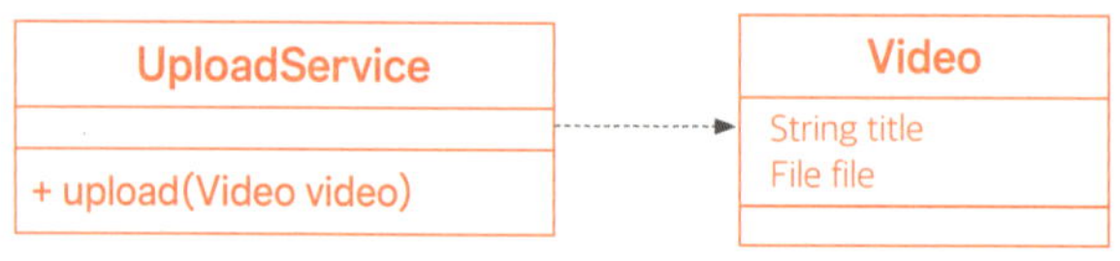

그림 5-2 클래스 다이어그램 예

이런 그림은 클래스뿐만 아니라 디렉터리나 모듈과 같은 그룹 단위로 그릴 수도 있습니다(그림 5-3).

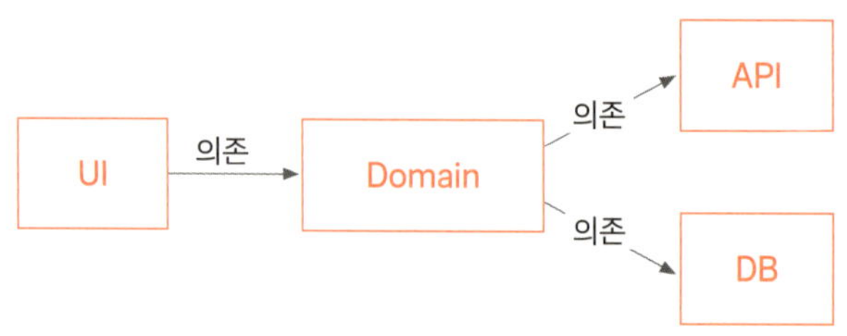

그림 5-3 그룹 사이의 의존 관계를 나타낸 예

의존 관계를 그림으로 나타내면 필요 없는 의존은 없는지 또는 원하지 않는 의존은 없는지를 확인할 수 있습니다.

5.2 의존 방향 검토하기

클래스나 모듈 사이에 의존 관계가 있을 때는 그 의존 방향을 신중하게 검토해야 합니다. 이 절에서는 의존 방향을 어떻게 정해야 할지 기본적인 고려 사항을 살펴봅니다.

순환 의존 피하기

의존 관계를 설계할 때는 의존 그래프가 순환하지 않도록 조심해야 합니다. 즉, A가 B에 의존할 때 B 역시 A에 의존하도록 해서는 안 됩니다(그림 5-4).

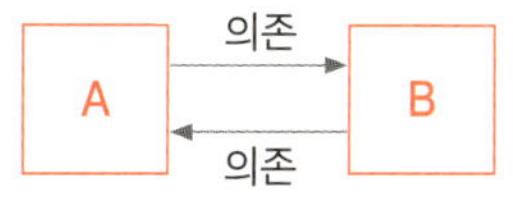

그림 5-4 순환 의존의 예

순환 의존을 왜 피해야 하는지 구체적인 예로 살펴봅시다.

클래스 사이의 순환 의존 없애기

여기서도 동영상을 올리고 공유하는 애플리케이션을 예로 듭니다. 이 애플리케이션 사용자와 사용자가 올린 동영상을 각각 도메인 객체로 만들었습니다(코드 5-2).

코드 5-2 순환 의존하는 클래스

```
class UploadedVideo(
    val id: String,
    val url: String,
    val owner: User
)

class User(
    val id: String,
    val name: String,
    val video: UploadedVideo?
)
```

UploadedVideo에서 User를 참조하고 User에서도 역시 UploadedVideo를 참조하므로 이는 순환 의존 관계를 이룹니다(그림 5-5).

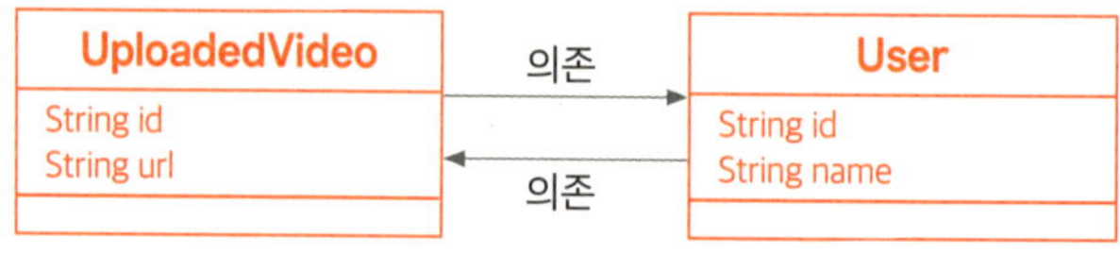

그림 5-5 코드 5-2의 클래스 다이어그램

이러한 구조를 그대로 사용해 인스턴스를 생성하려 하면 코드 5-3처럼 무한 루프에 빠집니다.

코드 5-3 사용자 클래스 인스턴스 생성하기

```
val user = User(
    id = "gildong",
    name = "Gildong",
    video = UploadedVideo(
        id = "video1",
        url = "video-url",
```

```
        owner = User(
            id = "gildong",
            name = "Gildong",
            video = UploadedVideo(/* ... */)    ← 무한 반복
        )
    )
)
```

여기서 UploadedVideo 안의 owner가 가진 video를 null과 같은 미설정으로 두면 되지 않느냐고 생각할 수도 있습니다. 그러나 그렇게 되면 video를 설정했을 때와 그렇지 않을 때가 어떻게 다른지를 알기 어렵습니다. 이 외에도 나중에 값을 설정하는 방식으로 회피할 수도 있으나 어느 쪽이든 심각한 문제가 있습니다.

또 하나 주의할 점은 역할의 중복입니다. 동영상과 사용자 정보가 모두 필요하다면 각자의 역할을 맡은 클래스를 조합해 목적을 달성하면 됩니다. 두 클래스가 서로를 품고 있을 필요는 없습니다.

이럴 때는 클래스 사이의 주종 관계나 어디에 이용할지를 잘 생각해 보고 순환 의존을 없애야 합니다. 예를 들어, 여러 사용자가 올린 동영상을 보는 플랫폼이라면 동영상 정보에 사용자 정보를 연결해야 합니다. 그러려면 다음처럼 사용자에서는 video 정보를 없앱니다(코드 5-4).

코드 5-4 사용자 클래스에서 video 삭제하기

```
class UploadedVideo(
    val id: String,
    val url: String,
    val owner: User
)

class User(
```

```
    val id: String,
    val name: String
)
```

이렇게 정리하면 동영상 정보와 사용자 정보가 모두 필요할 때는 UploadedVideo 클래스를 이용하고, 사용자 정보만 필요할 때는 User 클래스를 이용하면 되므로 각각의 역할이 분명합니다.

세 개 이상의 클래스가 서로 관계를 맺을 때는 더욱 조심해야 합니다. 클래스 수가 늘어나면 다음과 같이 여러 클래스를 거쳐 다시 원점으로 돌아오는 순환 관계가 발생할 수 있기 때문입니다(그림 5-6).

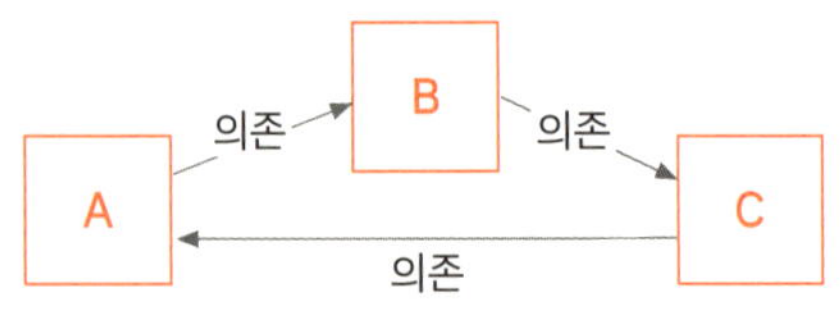

그림 5-6 클래스 세 개가 순환 의존

순환 의존에 빠졌다면 각 클래스의 역할을 다시 살피고 의존 관계를 없애도 될 곳이 어디인지 확인해야 합니다.

그룹 사이 순환 참조 피하기

순환 의존은 클래스 단위뿐만 아니라 디렉터리나 모듈 같은 그룹 단위에서도 피해야 합니다.

동영상을 올리고 시청하는 소프트웨어를 생각해 봅시다. 크게 올리기 기능과 시청 기능으로 나눌 수 있으므로 이를 각각의 그룹으로 나눠 보았습니다(그림 5-7).

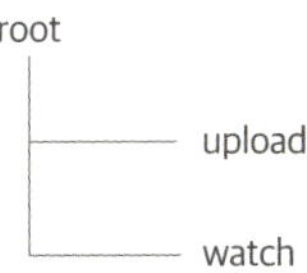

그림 5-7 동영상 시청 소프트웨어의 디렉터리 구조

클래스 의존 관계와 마찬가지로 이들 그룹 사이에도 순환 의존이 있어서는 안 됩니다. 그룹 사이에 순환 의존이 생기면 서로 영향을 끼칩니다. 시청 기능을 변경하면 올리기 기능에도 영향을 끼치고 이를 해결하고자 올리기 코드를 수정하면 이번에는 시청 기능 코드에 문제가 생기는 아주 취약한 코드가 될 수 있습니다(그림 5-8).

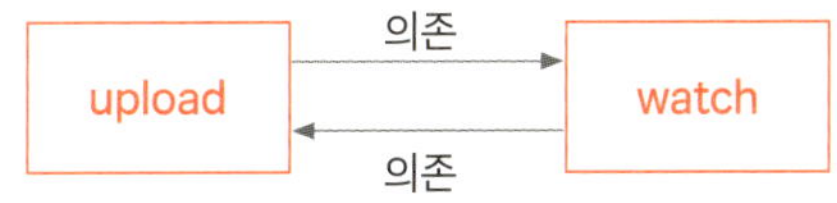

그림 5-8 올리기 기능과 시청 기능이 서로 순환 참조할 때

가장 이상적인 상태는 그룹 사이에 의존 관계가 전혀 없는 경우입니다. 서로 의존하지 않으면 영향을 주고받지 않으므로 각 그룹을 독립적으로 수정할 수 있습니다.

다만 현실적인 요구에 따라 한쪽에서 다른 쪽의 기능을 사용해야 할 때도 있습니다. 예를 들어, 동영상을 업로드하는 도중 미리 보기로 재생하고 싶다면 올리기 기능에서 시청 기능을 참조하는 구조가 자연스럽습니다. 이처럼 그룹 사이에 의존을 만들 때는 각 그룹의 의미와 역할에 맞아야 합니다(그림 5-9).

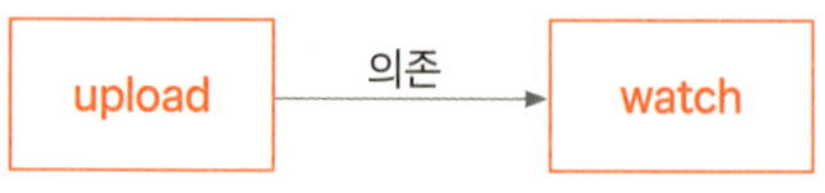

그림 5-9 올리기 기능이 시청 기능에 의존

또 다른 방법으로, 두 그룹이 공통으로 사용하는 기능을 별도의 공통 그룹으로 분리해도 좋습니다. 이렇게 하면 순환 의존을 피할 수 있고 영향을 끼치는 코드도 명확해집니다(그림 5-10).

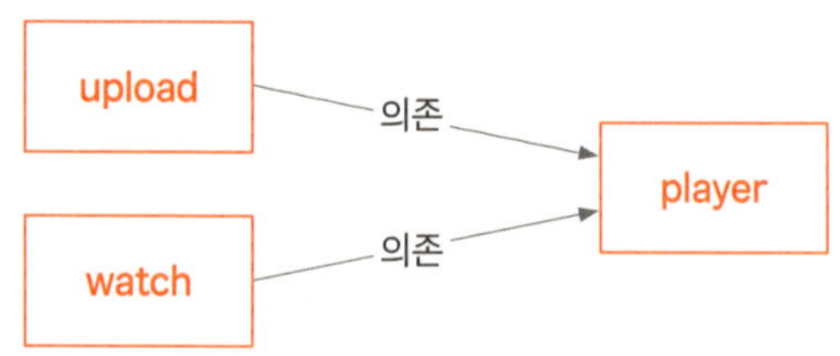

그림 5-10 올리기 기능과 시청 기능이 플레이어 기능에 의존

그룹 사이의 의존 관계는 발견하기 어렵고 순환 의존이 생기더라도 그 즉시 문제를 일으키지 않는 경우가 많습니다. 그렇더라도 주의해서 관찰하고 순환 의존을 피하여 각 그룹을 가능한 한 독립적으로 유지하는 것이 좋습니다. 이렇게 하면 여러 사람이 함께 개발할 때도 각자가 맡은 영역을 병행하여 개발을 진행할 수 있습니다. 더불어 특정 그룹을 분리하여 다른 프로젝트에 사용하거나 라이브러리로 공개하는 등 이식성 역시 좋아집니다. 그럼에도 그룹 사이에 의존 관계를 만들어야 할 때는 그 뜻과 미치는 영향을 잘 생각해야 합니다.

안정적인 대상에 의존하기

지금까지 설명한 대로 요소 A가 요소 B에 의존할 때, 요소 B를 변경하면 요소 A는 그 영향을 받습니다. 여기서 요소 B를 자주 변경한다면 어떻게 될까요? 요소 A 역시 자주 영향을 받아 몇 번씩 수정해야 할지도 모릅니다. 따라서 한 요소가 다른 요소에 의존할 때는 **가능한 한 안정된 대상**에 의존하는 편이 좋습니다. 여기서 말하는 안정이란 요소 사이에 영향을 끼칠 만한 변경이 잘 일어나지 않는 상태를 가리킵니다.

이 원칙은 모듈 사이의 의존 관계에서 더욱 중요합니다. 한 모듈을 수정하면 이 모듈에 의존하는 모듈도 다시 빌드해야 하기 때문입니다. 불안정한 모듈에 의존하면 많은 곳을 다시 빌드하거나 배포해야 하므로 빌드 성능에 영향을 줄 뿐 아니라 운용도 번거로워집니다.

어떤 요소가 자주 변경되고 어떤 요소가 비교적 안정적인지는 소프트웨어마다 다릅니다. 따라서 각 요소가 앞으로 얼마나 자주 변경될지를 어느 정도는 예측해야 합니다.

일반적으로 다루는 데이터 자체는 크게 달라지지 않더라도 UI는 자주 변경하곤 합니다. UI는 정기적으로 리뉴얼하거나 이곳저곳을 수정할 때가 잦기 때문입니다. 이런 특성을 고려한다면, UI가 데이터에 의존하도록 구조를 잡는 편이 합리적입니다. 이렇게 하면 UI만 독립하여 변경할 수 있습니다(그림 5-11).

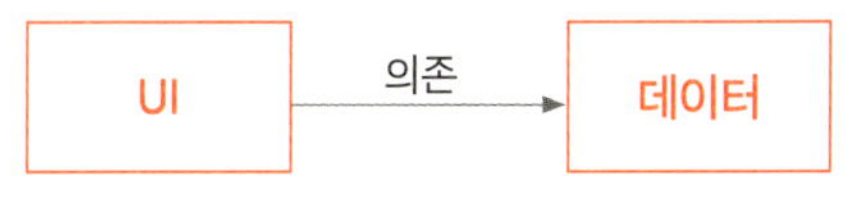

그림 5-11 UI가 데이터에 의존할 때

예: 범용 요소에 의존하기

코드에는 해당 소프트웨어만의 고유 기능을 구현하는 코드와 어떤 소프트웨어에서든 공통으로 필요한 범용 기능을 구현하는 코드가 있습니다. 이때는 **특정 소프트웨어 고유 요소가 범용 요소에 의존하는 형태**로 만들어야 합니다.

예를 들어, 사용자가 로그인해야 이용할 수 있는 서비스를 만든다고 가정해 보겠습니다. 이때는 인증 기능을 담당하는 '인증 인프라'가 필요합니다. 의존 방향은 서비스의 개별 기능에서 인증 인프라로 향해야 합니다. 인증 인프라는 여러 서비스에서 공통으로 사용하는 범용 기능이므로 변경이 드물어 비교적 안정적입니다. 더불어 인증 인프라가 특정 서비스에 의존하지 않도록 하면 다른 서비스에서도 재사용할 수 있습니다(그림 5-12).

그림 5-12 범용 인증 인프라에 의존하는 예

한 걸음 더 안정성 기준

특정 클래스나 모듈의 안정성을 판단할 때는 얼마나 자주 변경하는지와 더불어 얼마나 많은 요소에 의존하는지도 확인해야 합니다. 많은 요소에 의존할수록 영향을 받기 쉬우므로 불안정해집니다.

여기서는 디렉터리나 모듈처럼 여러 요소를 묶은 그룹의 안정성 기준인 **팬인**(fan-in)과 **팬아웃**(fan-out)을 소개합니다. 한 그룹을 이용하는 다른 그룹의 개수를 팬인, 한 그룹이 의존하는 다른 그룹의 개수를 팬아웃이라 합니다. 이 값으로 불안정성을 다음처럼 계산할 수 있습니다.

I(불안정성) = 팬아웃 ÷ (팬인 + 팬아웃)

이 값이 클수록 해당 그룹은 불안정하며, 1에 가까울수록 불안정한 상태를 의미합니다. 반대로 0에 가까울수록 안정적인 그룹입니다. 구체적인 예는 그림 5-13을 참고하세요.

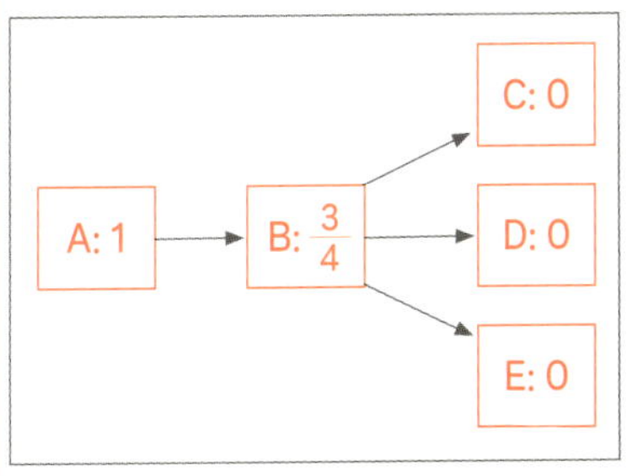

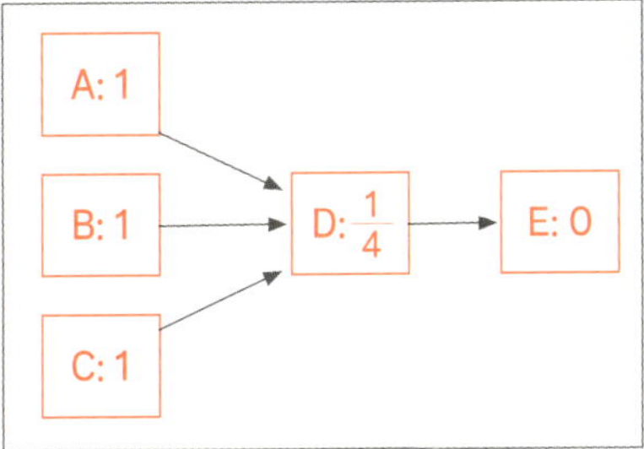

그림 5-13 불안정성

그림 5-13 왼쪽은 오른쪽 그림과 비교할 때 불안정인 그룹에 의존합니다. 왼쪽이 더 불안정한 이유는 B 그룹이 더 많은 그룹에 의존하기 때문입니다. 그런데 좌우 그래프 모두 최초 그룹의 불안정성이 1로 가장 불안정하지만 걱정하지 마세요. 해당 그룹을 참조하는 다른 그룹이 없다면 불안정하더라도 그 영향이 그룹 안에만 머무르므로 큰 문제는 생기지 않습니다.

중요한 점은 안정적인 그룹이 불안정한 그룹에 의존하지 않도록 하는 것입니다. 그림 5-14처럼 불안정성이 1/4인 그룹 B가 자신보다 더 불안정한 그룹 C에 의존한다면 프로그램 대부분이 불안정해집니다. 의존 그래프를 순서대로 봤을 때 **숫자가 점점 작아져야 좋습니다.**

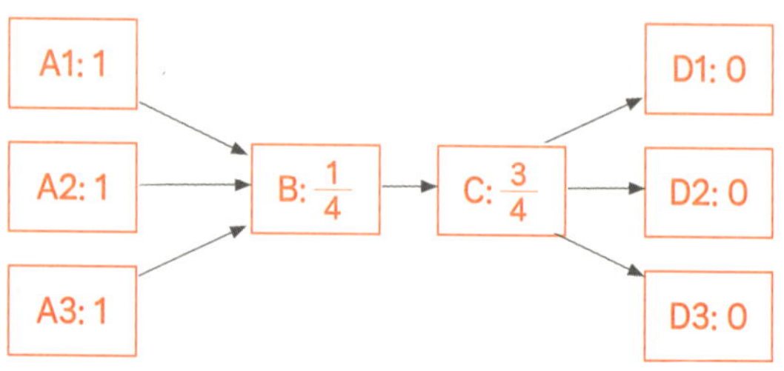

그림 5-14 많은 그룹이 불안정한 예

단, 이 값은 하나의 기준일 뿐입니다. 실제로 해당 그룹이 불안정한지는 그룹 자체의 변경 빈도나 의존하는 그룹의 변경 빈도에 따라 달라집니다.

한 그룹을 변경할 때 많은 그룹을 함께 변경해야 하거나 빌드 성능이 나쁘다면 이 불안정성을 계산하여 불안정한 그룹을 찾을 수 있습니다. 안정적인 그룹이 불안정한 그룹에 의존한다면 구조를 다시 짤 수는 없는지 확인하세요. 보통 많은 그룹에 의존하는 불안정한 그룹에는 다양한 책임이 있을 겁니다. 이럴 때는 작은 그룹 몇 개로 나누어 그룹 사이의 안정성을 개선할 수 있습니다. 이뿐만 아니라 잠시 후 설명할 추상 인터페이스를 활용하면 그룹 사이의 의존 방향을 보다 유연하게 제어할 수 있습니다.

5.3 추상에 의존하도록 하기

안정적인 대상에 의존해야 한다고는 했지만 현실의 대부분 구현은 언제든 변경될 수 있습니다. 이에 인터페이스로 추상 개념을 표현하여 더 안정적인 대상에 의존하는 방법을 알아보겠습니다.

추상과 구상

추상이란 무엇일까요? 메모장 앱을 예로 생각해 봅시다. 사용자가 입력한 텍스트를 관계형 데이터베이스에 저장합니다. 이대로 코드를 작성하면 코드 5-5처럼 될 겁니다.

코드 5-5 메모장 앱 코드 일부

```
class NoteService {
    private val db = NoteRelationalDatabase()

    fun save(text: String) {
        db.insert(text)
    }
}

class NoteRelationalDatabase {
    fun insert(text: String) {
        // 관계형 데이터베이스에 텍스트 저장하기
    }
}
```

코드 5-5에서는 다음처럼 NoteService 클래스가 NoteRelationalDatabase 클래스에 의존합니다.

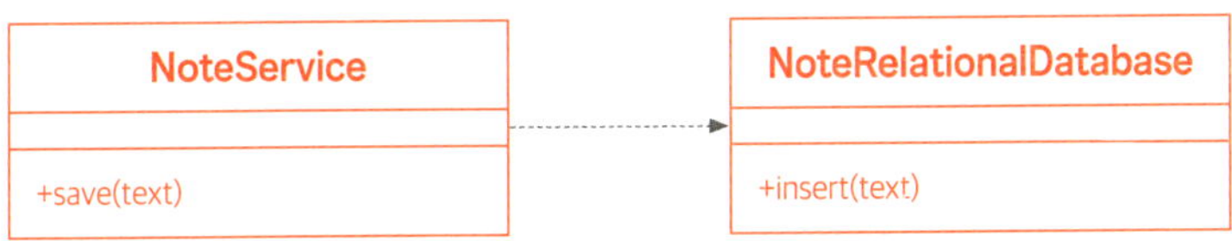

그림 5-15 코드 5-5의 클래스 다이어그램

여기서 NoteRelationalDatabase 클래스가 어느 정도 변경될 가능성이 있을지를 생각해 봅시다. 메모장 앱을 사용하는 사용자에게 중요한 것은 '어딘가에 저장한다'는 사실입니다. 구체적으로 관계형 데이터베이스를 사용한다는 점은 그리 중요하지 않고 텍스트 파일로 저장하든 어딘가 별도의 서버에 저장하든 아무런 문제가 되지 않습니다. 따라서 NoteRelationalDatabase 클래스를 다른 저장 방식으로 변경할 여지는 있습니다.

그러면 이보다 더 변경 가능성이 낮은 것은 무엇일까요? 이를 찾으려면 NoteService 클래스에 무엇이 필요한지를 생각해 보면 좋습니다. NoteService 클래스에 필요한 것은 데이터베이스가 아니라 실제로는 '어딘가에 저장'이라는 처리 자체가 아닐까요? 이때 '어딘가에 저장'처럼 사물에 대한 본질적인 특징이나 성질을 '**추상**'이라 합니다. 이와 달리 데이터베이스 같은 세부적인 구현 방법을 '**구상**'이라 합니다.

구상과 달리 추상은 좀처럼 변하지 않으므로 안정적이라고 할 수 있습니다. 그러므로 **구상이 아니라 추상에 의존하는 편이 바람직합니다**(표 5-1).

표 5-1 추상과 구상

	추상(abstraction)	구상(concretion)
뜻	처리나 기능의 본질적인 특징이나 성질	구체적인 구현이나 자세한 동작
변경 빈도	변경이 드묾	변경이 잦음
안정성	안정적임	안정성이 낮음
예	어딘가에 텍스트 저장하기	관계형 데이터베이스에 한 줄로 텍스트 저장하기

추상을 인터페이스로 표현하기

객체 지향 언어에서는 앞서 설명한 추상 개념을 인터페이스나 추상 클래스로 표현할 수 있습니다. 여기서는 '어딘가에 저장'이라는 처리를 NoteRepository라는 인터페이스로 정의하고 이를 NoteRelationalDatabase 클래스로 구현합니다. Repository는 저장소나 창고를 뜻하는 영어 단어로, 특정 구현에만 한정하지 않습니다.

코드 5-6 NoteRepository 인터페이스 준비하기

```
interface NoteRepository {
    fun save(text: String)
}

class NoteRelationalDatabase: NoteRepository {
    override fun save(text: String) {
        // 관계형 데이터베이스에 텍스트 저장하기
    }
}
```

NoteService 클래스는 NoteRelationalDatabase 클래스에 직접 의존하지 않고 NoteRepository 인터페이스에 의존하도록 합니다.

코드 5-7 NoteRepository 인터페이스 이용하기

```
class NoteService(
    private val repository: NoteRepository
) {
    fun save(text: String) {
        repository.save(text)
    }
}
```

이를 클래스 다이어그램으로 나타낸 모습이 그림 5-16입니다. NoteService 클래스와 NoteRelationalDatabase 클래스 모두 NoteRepository 인터페이스에 의존하므로 NoteService 클래스는 더 이상 NoteRelationalDatabase 클래스에 의존하지 않음을 알 수 있습니다.

그림 5-16 코드 5-6, 5-7의 클래스 다이어그램

조금 복잡하긴 하지만 NoteService 클래스가 추상적인 인터페이스에 의존하도록 만들면 몇 가지 이점을 얻을 수 있습니다. 여기서는 대표적인 두 가지를 살펴봅니다.

첫 번째 이점은 더 안정적인 추상 개념에 의존하면 구체적인 구현이 변경되더라도 영향을 받을 위험이 줄어든다는 점입니다. 예를 들어, 데이터베이스 이름이나 내부 스키마 같은 상세 구현이 달라지더라도 기본적으로 NoteService는 변하지 않습니다. 인터페이스가 이용하는 쪽의 요구 사항을 바탕으로 하는 한 구체적인 구현이 달라져도 이용하는 쪽의 코드를 수정할 필요는 없습니다.

다만 이 이점을 제대로 누리려면 구현할 때 인터페이스가 강하게 결합하지 않도록 주의해야 합니다. 구상 클래스 구현을 변경할 때마다 인터페이스도 변경해야 한다면 원래의 목적을 이루지 못합니다.

두 번째 이점은 인터페이스가 같다면 이를 전혀 다르게 구현한 코드로도 손쉽게 바꿀 수 있다는 점입니다. 앞서 설명한 대로 저장 방법을 변경할 가능성은 언제든 있습니다. 예를 들어 로컬 장치에 저장하던 데이터를 외부 서버로 옮기거나, 관계형 데이터베이스 대신 파일이나 키-값 기반 데이터베이스를 사용하는 경우도 흔합니다. 인터페이스를 사용하면 이를 이용하는 구현 클래스만 변경하면 되므로 NoteService 클래스는 그대로 유지할 수 있습니다.

구현을 바꿀 수 있다는 점은 테스트할 때도 큰 도움이 됩니다. 이 애플리케이션에서 중요한 것은 '어딘가에 저장한다'는 동작 자체이므로 테스트마다 실제 데이터베이스에 접근할 필요는 없습니다. 테스트할 때는 메모리에 저장하는 등 더 가벼운 구현으로 바꿀 수 있습니다. 이렇게 하면 테스트 시간을 절약할 수 있어 안정적으로 테스트할 수 있습니다. 자세한 내용은 '10.4 의존 코드를 테스트 대역으로 바꾸기'에서 살펴봅니다.

한 걸음 더 동적 자료형 언어와 인터페이스

자바스크립트와 같은 동적 자료형 언어에서는 인터페이스나 추상 클래스라는 언어 기능이 없거나 이를 사용하여 추상을 표현하는 방식이 일반적이지 않을 때도 있습니다. 그러나 언어 기능인 인터페이스를 이용하지 않더라도 추상 개념을 적용하면 좋습니다.

동적 자료형 언어에서는 자료형을 명시하지 않아도 머릿속에서는 이를 의식해야 합니다. 마찬가지로 언어 차원에서 인터페이스나 추상 클래스라는 구문을 사용하지 않더라도 추상 개념을 항상 의식해야 합니다. 객체를 만들 때 추상 개념을 바탕으로 함수나 속성, 즉 넓은 뜻의 인터페이스를 설계하면 더 안정적인 개념에 의존할 수 있습니다. 그 결과 더 튼튼한 소프트웨어를 개발하는 데 도움이 됩니다.

바깥에서 의존 관계 전달하기

코드 5-8처럼 NoteService 클래스 안에서 NoteRelationalDatabase 클래스의 인스턴스를 직접 생성해버리면 NoteService가 구체적인 구현에 직접 의존하게 됩니다. 이렇게 되면 테스트할 때 다른 구현으로 바꾸거나 상황에 따라 저장 방식을 교체하기가 어렵습니다.

코드 5-8 직접 구현 클래스에 의존해버린 예

```
class NoteService {
    private val repository: NoteRepository =
        NoteRelationalDatabase() ←— 구현에 직접 의존함
    fun save(text: String) {
        repository.save(text)
    }
}
```

이 문제는 코드 5-9처럼 NoteRepository의 인스턴스를 바깥에서 전달하면 바꾸기가 쉬워집니다. 예를 들어, 생성자를 사용하면 클래스를 초기화할 때 의존 관계를 전달받을 수 있습니다. 이처럼 바깥에서 의존 관계를 전달받는 것을 **의존성 주입**(dependency injection, DI)이라 합니다. 바깥에서 의존 관계를 전달받도록 하면 어떤 NoteRepository 인터페이스 구현을 사용할지를 이용할 때 정할 수 있습니다.

코드 5-9 NoteService 만들고 이용하기

```
fun main() {
    val noteRepository: NoteRepository = NoteRelationalDatabase()
    val noteService: NoteService = NoteService(noteRepository)
    noteService.save(/* ... */)
}

class NoteService(
    private val repository: NoteRepository
) {
    fun save(text: String) {
        repository.save(text)
    }
}
```

한 걸음 더 DI 컨테이너를 이용한 의존 관계 해결

NoteService를 사용하는 클래스에서도 다시 외부에서 NoteService를 전달하고 싶을 때가 있습니다. 이처럼 의존 관계가 많아질수록 직접 이들 인스턴스를 생성하여 주입하기란 번거롭습니다.

이런 의존성 주입을 지원하는 도구가 DI 컨테이너입니다. DI 컨테이너는 인스턴스 생성 방법과 의존 관계를 미리 등록해 두고, 필요한 객체를 요청하면 그에 맞는 인스턴스를 자동으로 생성해 줍니다. 또한 객체의 생명주기를 관리하거나 테스트할 때 의존 관계를 쉽게 교체하는 등 다양한 기능을 함께 제공합니다.

그룹 사이 의존 방향 바꾸기

정의한 인터페이스 위치를 올바르게 정하면 그룹 사이의 의존을 제어할 수 있습니다. 여기서 말하는 그룹이란 디렉터리나 모듈을 가리킵니다.

계속해서 메모장 애플리케이션을 예로 설명합니다. NoteService는 애플리케이션의 주요 로직을 담당하는 서비스이므로, 크게 보면 Domain 그룹에 속한다고 볼 수 있습니다. 이와 달리 NoteRelationalDatabase는 데이터와 관련한 객체이므로 Data 그룹에 속합니다(그림 5-17).

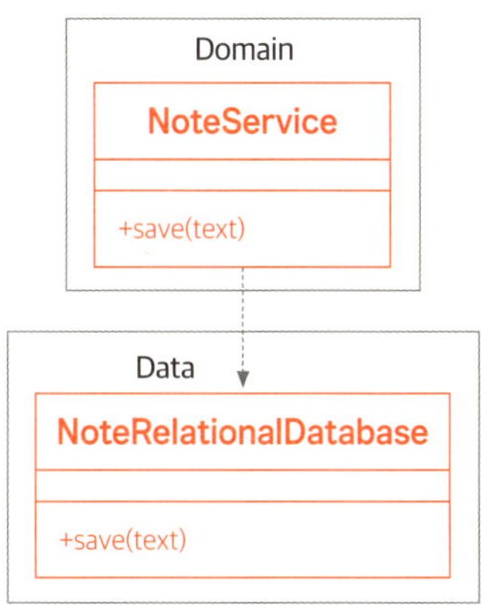

그림 5-17 Domain 그룹과 Data 그룹

여기서 NoteRepository 인터페이스는 Domain과 Data 중 어느 그룹에 넣어야 할까요? 인터페이스의 위치에 따라 의존 관계가 어떻게 달라지는지를 나타낸 것이 그림 5-18입니다.

이 그림을 보면 인터페이스의 위치에 따라 Domain 그룹과 Data 그룹의 의존 방향이 완전히 뒤바뀐 것을 알 수 있습니다. NoteRepository가 Data 그룹에 속할 때는 인터페이스를 만들기 전과 마찬가지로 Domain 그룹은 Data 그룹에 의존합니다. 이와 달리 Domain 그룹에 속할 때는 Data 그룹이 Domain 그룹에 의존하므로 의존 방향이 달라집니다.

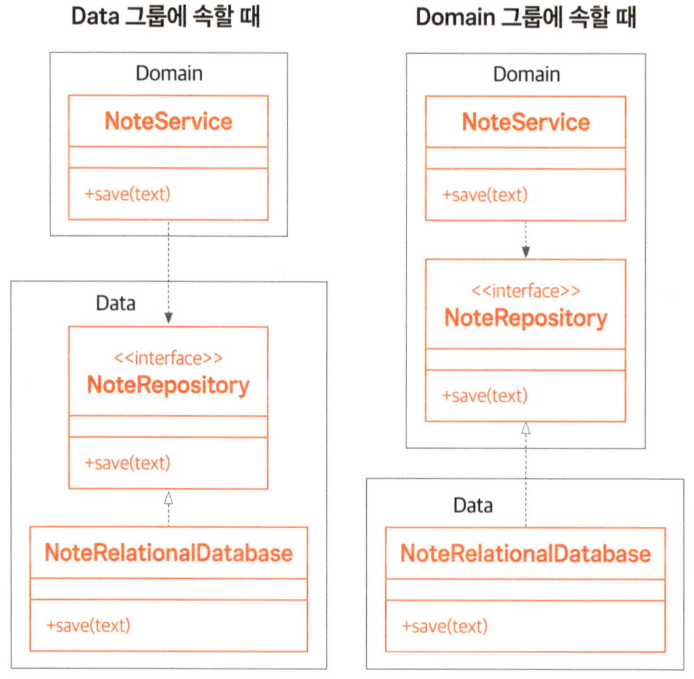

그림 5-18 인터페이스 위치와 의존 관계

이 기법을 사용하면 **임의의 그룹 사이에서 의존 방향을 바꿀 수** 있습니다. 예를 들어, Domain 그룹이 Data 그룹보다 안정적이라 판단한다면 Data 그룹이 Domain 그룹에 의존하는 형태가 바람직합니다. 이때 인터페이스를 Domain 그룹에 두면 Data 그룹은 Domain 그룹에 의존하면서도 Domain 그룹에서 Data 그룹을 호출할 수 있습니다.

의존 방향을 바꾸는 이유는 다양합니다. 더 안정적인 그룹에 의존하도록 하는 목적 이외에도 순환 의존을 피하거나 그룹을 다른 프로젝트에서 재사용하기 쉽게 만들기 위한 목적으로 의존 방향을 바꾸기도 합니다.

모듈 사이의 의존 관계를 정리하면 빌드 효율 역시 개선할 수 있습니다. 그림 5-19에서 보듯이 A 모듈이 B 모듈에, B 모듈이 다시 C 모듈에 의존하는 구조에서는 A 모듈을 빌드하려면 B 모듈과 C 모듈의 빌드가 모두 끝날 때까지 기다려야 합니다.

그림 5-19 직렬 의존

이때 그림 5-20처럼 B 모듈과 C 모듈의 의존 관계를 바꾸면 A 모듈과 C 모듈을 병렬로 빌드할 수 있습니다. 또한 C 모듈만 변경했다면 A 모듈이나 B 모듈을 다시 빌드할 필요도 없습니다. 인터페이스를 바꿔 테스트할 때도 인터페이스가 B 모듈에 있으므로 C 모듈을 빌드하지 않고도 테스트를 수행할 수 있다는 장점이 있습니다.

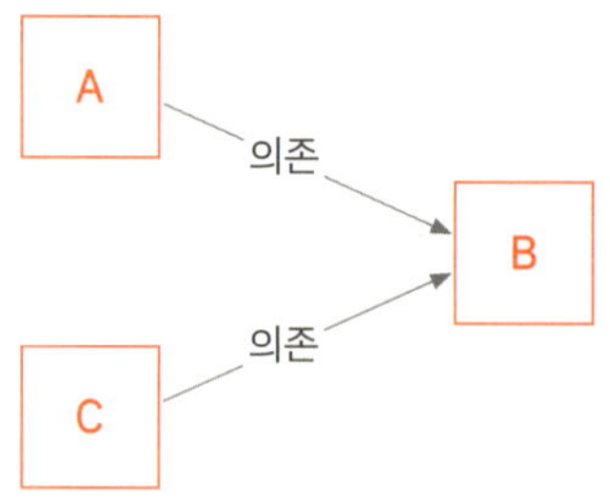

그림 5-20 B 모듈과 C 모듈의 의존 관계를 바꿈

이용하는 쪽에 인터페이스를 두는 방식은 인터페이스를 정의하는 접근법에도 긍정적인 변화를 가져옵니다. 앞서 더욱 안정적인 인터페이스를 정의하려면 구현하는 쪽 사정이 아니라 인터페이스를 이용하는 쪽의 요구를 반영해야 한다고 했습니다. 이용하는 쪽에 인터페이스를 두면 개발자는 자연스럽게 이용자 관점에서 인터페이스를 설계할 수 있습니다.

또한 인터페이스와 구현이 명확히 분리되므로 인터페이스에 의도하지 않은 내용이 구현하는 쪽 코드에 섞일 위험도 줄어듭니다. 그 결과 이용하는 쪽에서 볼 때 사용하기 쉽고 구현을 변경하더라도 쉽게 흔들리지 않는 튼튼한 인터페이스를 실현할 수 있습니다.

의존 방향을 바꾸는 목적

- 안정적인 그룹에 의존하도록 한다.
- 순환 참조를 피한다.
- 그룹의 재사용성을 높인다.
- 빌드 효율이나 유연성을 높인다.
- 이용하는 쪽의 요구를 바탕으로 인터페이스를 정의하기 쉬워진다.

한 걸음 더 의존성 역전 원칙

객체 지향 설계 원칙의 하나인 **의존성 역전 원칙**(dependency inversion principle, DIP)에서는 지금까지 설명한 것처럼 그룹 사이의 의존 관계를 바꿀 것을 권장합니다.

> **의존성 역전 원칙**[1]
>
> - 상위 모듈은 하위 모듈에 의존해서는 안 된다. 두 모듈 모두 '추상'에 의존해야 한다.
> - '추상'은 구체적인 구현에 의존해서는 안 된다. 구체적인 구현이 '추상'에 의존해야 한다.

여기서 말하는 상위 모듈이란 도메인 지식을 표현하고 애플리케이션의 목적을 실현하는 코드를 포함한 모듈을 가리킵니다. 이와 달리 하위 모듈이란 데이터 조작이나 UI 표현처럼 구체적인 구현을 담당하는 모듈을 의미합니다. 즉, 앞의 예에 비춰 보면 Domain 그룹은 Data 그룹에 직접 의존해서는 안 된다는 뜻으로, 추상을 통해 주고받는 것이 바람직합니다.

다만 인용한 참고 문헌에서는 자세히 다루지 않지만, 의존 방향을 굳이 바꿀 필요가 없을 때도 있습니다. 예를 들어, Data 그룹이 충분히 안정적이고 변경 빈도가 낮다면 Domain 그룹이 Data 그룹에 직접 의존하더라도 큰 문제는 없습니다. 의존성 역전 원칙(DIP)은 유연성과 안정성을 높이기 위한 하나의 지침일 뿐이며, 실제 적용 여부는 제품 특성이나 구체적인 요구 사항을 고려하여 결정해야 합니다.

인터페이스는 언제 만들까?

모든 객체에 대해 인터페이스를 정의할 필요는 없습니다. 인터페이스와 구현 클래스를 분리하면 코드가 복잡해집니다. 따라서 그만한 이득이 있는지를 신중하게 검토해야 합니다. 주요 판단 기준 세 가지는 다음과 같습니다.

1 출처: Martin, R. C. (2002). *Agile Software Development*. Pearson.

- 요구하는 안정성 수준이 어느 정도인가?
- 구현을 교체할 가능성이 있는가?
- 그룹 사이의 의존 방향을 바꿀 필요가 있는가?

추상을 바탕으로 하는 인터페이스를 만들면 안정성이 오르리라 기대하지만, 해당 클래스가 어느 정도 안정적이어야 하는지는 확인해야 합니다. 예를 들어, 참조하는 곳이 많지 않다면 과도하게 안정성을 추구할 필요는 없으므로 굳이 인터페이스를 사용하지 않아도 좋습니다. 이와 달리 많은 곳에서 사용해서 더 높은 안정성을 요구하는 대상이라면 인터페이스를 준비하는 것이 효과적입니다.

이와 함께 이미 충분히 안정적인 객체일 때도 인터페이스를 만들지 않아도 됩니다. 예를 들어, 도메인 객체는 그 목적이 도메인을 추상화하는 것이므로 대부분은 안정적입니다. 따라서 도메인 객체에 대해서는 인터페이스를 좀처럼 만들지 않습니다.

동시에 인터페이스를 통해 구현을 실제로 교체할 필요가 있는지도 확인해야 합니다. 앞서 메모장 앱 예에서 관계형 데이터베이스 이외의 구현으로 바꿀 가능성이 매우 낮고 테스트할 때도 구현 교체 없이 테스트할 수 있다면 인터페이스를 이용하여 추상화하는 이점은 크지 않습니다.

이와 달리 각 그룹의 의존 관계가 규칙을 따르지 않을 때는 이야기가 달라집니다. 예를 들어, 순환 참조를 피한다, 안정적인 것에 의존한다, 범용적인 것에 의존한다 등의 규칙을 따르지 못할 때는 인터페이스를 사용하여 의존 방향을 제어하는 것이 효과적입니다. 이처럼 의존 관계를 적절히 제어하면 시스템의 안정성과 유연성이 높아집니다.

5.4 결합도 낮추기

요소끼리 의존한다고 간단하게 표현하지만, 그 의존 정도는 상황에 따라 크게 다릅니다. 어떤 경우에는 매우 밀접하게 얽혀 있고, 어떤 경우에는 거의 독립적으로 존재하기도 합니다. 당연히 깊이 의존할 때가 변경에 따른 영향이 더 큽니다. 이처럼 어느 정도 의존하는지를 나타내는 지표로 '**결합도**(coupling)'가 있습니다. 결합도가 높을수록 요소들이 강하게 연결되어 있다는 뜻이므로 결합도를 낮게 유지하여 가독성과 유지보수성을 높여야 합니다. 결합도는 3.4절에서 살펴본 응집도와 관련이 깊은데, 응집도가 높을수록 결합도는 낮아지는 경향이 있습니다.

결합도 수준

요소 사이의 결합도 지표로 다음 여섯 가지 수준을 소개합니다. 이들은 요소 사이에 어떤 데이터를 어떤 방식으로 주고받는지를 기준으로 분류한 지표입니다. 위로 갈수록 결합도가 높고 아래로 갈수록 낮습니다.[2]

- 내용 결합
- 공통 결합
- 외부 결합
- 제어 결합
- 스탬프 결합
- 자료 결합

---

2 이 책에서는 'Myers, G. J. (1975). *Reliable Software Through Composite Design*. Petrocelli/Charter.'에서 소개한 결합도 정의를 바탕으로 설명합니다.
이들 여섯 가지 수준에 '메시지 결합(message coupling)'을 더한 일곱 가지 수준으로 설명할 때도 있습니다. 메시지 결합이란 인수를 전달하지 않는 함수 호출만으로 정보를 주고받는 상태를 의미합니다.

이제부터 각 결합도 수준의 정의와 특성을 순서대로 살펴보겠습니다. 예제에서는 함수나 클래스를 중심으로 설명하지만, 이러한 개념은 디렉터리나 모듈 사이의 결합도를 이해하는 데도 그대로 적용할 수 있습니다.

내용 결합

맨 처음 살펴볼 것은 결합도가 가장 높은 **내용 결합**(content coupling)입니다. 이는 **한 요소와 다른 요소가 내용을 공유하는 상태**를 가리키며 다음과 같을 때 발생합니다.

- 한 요소가 다른 요소의 코드를 직접 변경한다.
- 한 요소가 다른 요소 안에 외부적으로 선언하지 않은 데이터를 참조한다.
- 한 요소가 다른 요소의 실행 흐름으로 직접 점프한다.

다행스럽게도 오늘날의 프로그래밍 언어에서는 언어 자체가 이런 조작을 제한할 때가 많아 일반적인 애플리케이션에서는 내용 결합이 거의 일어나지 않습니다. 코틀린에서도 리플렉션이나 특별한 라이브러리를 사용하지 않는 이상 이런 조작은 수행하기 어렵습니다.

코드 5-10은 코틀린의 리플렉션 기능을 이용하여 Data 클래스의 private 변수인 value를 강제로 덮어쓰는 코드입니다.

코드 5-10 내용 결합한 코드

```
fun updatePrivateVariable() {
    val data = Data()
    val property = data::class.memberProperties
        .find { it.name == "value" } as KMutableProperty<*>
    property.isAccessible = true
    val updated = Value()
    property.setter.call(data, updated)
}
```

직접 변경할 수 없는 코드, 예를 들어 외부 라이브러리에 대해 어쩔 수 없이 이런 방법을 쓰기도 합니다. 그러나 기본적으로는 이러한 조작을 피하고 다른 해결 방법을 찾아야 합니다. 직접 관리하는 코드에 이런 상황이 생길 때는 공개할 인터페이스를 변경하든지 다시 설계해야 합니다.

공통 결합

두 번째로 결합도가 높은 것은 **공통 결합**(common coupling)입니다. 이는 여러 요소가 **전역으로 정의된 공통 데이터 구조에 접근할 수 있는 상태**를 가리킵니다.

예를 들어, 로그인이 필요한 애플리케이션에서는 로그인한 사용자의 데이터를 여러 화면에서 사용해야 하는 때가 흔합니다. 코드 5-11처럼 로그인 중인 사용자를 관리하는 LoginUserManager를 객체로 준비하면 어느 화면에서든 참조할 수 있습니다.[3]

이때 LoginScreen 클래스와 MyPageScreen 클래스는 전역 객체 LoginUserManager를 참조하므로 공통 결합이라 할 수 있습니다.

코드 5-11 공통 결합한 코드

```
object LoginUserManager {
    private var loginUser: User?

    fun updateLoginUser(user: LoginUser) {
        loginUser = user
    }

    fun getLoginUser(): User? {
        return loginUser
    }
```

3 코틀린 한 조각 9 '클래스와 객체'를 참고하세요.

```
}

class LoginScreen {
    fun login() {
        val user = // 로그인 처리하고 사용자 가져오기
            LoginUserManager.updateLoginUser(user)
    }
}

class MyPageScreen {
    fun showLoginUser() {
        val user = LoginUserManager.getLoginUser()
        // 사용자 정보 표시하기
    }
}
```

이처럼 여러 곳에서 동일한 데이터를 공유하고 싶을 때가 있을 겁니다. 또한 파일이나 데이터베이스에 접근할 때도 역시 비슷한 상황이 될 수 있습니다.

그러나 공통 결합은 모듈 사이의 결합도를 높이므로 가능하면 피해야 합니다. 공통 결합의 가장 큰 문제점은 값이 어디서 어떻게 변경될지 추적하기 어렵다는 점입니다. 어떤 코드가 해당 데이터에 의존하고 있는지 한눈에 파악하기 어렵고 의도하지 않은 내용으로 바뀔 위험도 큽니다.

이 문제를 완화하는 방법으로 '5.3 추상에 의존하도록 하기'에서 설명한 '의존성 주입'을 사용할 수 있습니다. LoginUserManager를 전역 객체에서 일반적인 클래스로 변경하고 LoginScreen 클래스와 MyPageScreen 클래스에는 LoginUserManager 클래스의 인스턴스를 생성자로 전달합니다.

코드 5-12 의존성 주입을 사용하여 공통 결합 완화하기

```
class LoginUserManager {
    // 생략, 코드 5-11과 같음
}

class LoginScreen(
    private val loginUserManager: LoginUserManager
) {
    fun login() {
        val user = // 로그인 처리하고 사용자 가져오기
        loginUserManager.updateLoginUser(user)
    }
}

class MyPageScreen(
    private val loginuserManager: LoginUserManager
) {
    fun showLoginUser() {
        val user = loginuserManager.getLoginUser()
        // 사용자 정보 표시하기
    }
}
```

이 방법을 이용하면 어떤 클래스가 어떤 클래스에 의존하는지가 명확해지므로 의존 관계를 추적하기 쉽습니다. 더불어 호출하는 쪽에서 사용할 인스턴스를 변경할 수 있습니다. 즉, 테스트할 때 다른 테스트용 인스턴스를 이용할 수 있고 동시에 재사용성도 높아집니다.

단, 같은 인스턴스를 여러 곳에서 사용하므로 의도하지 않은 덮어쓰기가 생길 위험은 여전합니다. 따라서 가능한 한 데이터 공유는 최소한으로 유지하는 것이 좋습니다. 자세한 내용은 '7.3 변경할 수 없는 데이터 사용하기'에서 다시 살펴봅니다.

외부 결합

세 번째 **외부 결합**(external coupling)은 **여러 요소가 전역으로 정의된 공통 변수에 접근할 수 있는 상태**를 가리킵니다. 공통 결합과 무척 닮았지만 공통 결합에서는 데이터 구조를 공통으로 다루는 데 비해 외부 결합에서는 정수나 문자열 같은 기본적인 값만을 공통으로 다룹니다. 공유하는 데이터가 복잡하지 않다는 면에서 다소 결합도가 낮지만 외부 결합한 모듈은 여전히 문제가 있을 때가 흔합니다.[4]

코드 5-13에서 calculateResult와 printResult에서 같은 전역 변수 result에 접근하므로 calculateResult와 printResult는 외부 결합했다고 표현합니다.

코드 5-13 외부 결합한 코드

```
var result: String = ""

fun main() {
    calculateResult()
    printResult()
}

fun calculateResult() {
    result = "updated"
}

fun printResult() {
    println(result)
}
```

이 코드에서는 printResult를 호출하기 전에 calculateResult를 호출해야 결

4 전역 변수를 직접 사용하는 상태를 공통 결합, 정해진 인터페이스를 사용하여 전역 상태를 주고받는 상태를 외부 결합이라 일컫는 문헌도 있습니다.

과를 올바르게 표시할 수 있습니다. 이처럼 각 구현의 내부 동작을 제대로 이해하지 못하면 이용할 수 없는 코드는 밀접하게 결합했다고 할 수 있으므로 피해야 합니다. 특히 넓은 범위에서 같은 전역 변수를 공유한다면 어디서 그 값이 달라질지 알 수 없으므로 처리가 어렵습니다.

여기서는 인수로 주고받는 편이 좋습니다. 이렇게 하면 나중에 소개할 자료 결합으로 바꿀 수 있습니다(코드 5-14).

코드 5-14 인수를 사용하여 공통 결합 피하기

```
fun main() {
    val result = calculateResult()
    printResult(result)
}

fun calculateResult(): String {
    return "updated"
}

fun printResult(result: String) {
    println(result)
}
```

또는 공통으로 이용할 변수의 범위를 좁히는 것도 효과적입니다. 즉, 클래스나 파일 단위의 private 변수로 만듭니다. 이렇게 하면 영향 범위를 하나의 클래스 또는 파일로 한정할 수 있습니다(코드 5-15).

코드 5-15 공통으로 이용하는 변수 범위 좁히기

```
private var share: String = ""

fun function1() {
    share = "function1"
```

```
}

fun function2() {
    share = "function2"
}
```

제어 결합

네 번째 **제어 결합**(control coupling)은 함수나 클래스에 **무엇을 해야 하는지를 정보로 전달하여 처리 흐름을 제어하는 관계**를 가리킵니다.

코드 5-16은 sendEmail( ) 함수에서 output( ) 함수로 제어용 값을 전달하여 조작하는데, 이와 같은 관계를 제어 결합이라 합니다.

코드 5-16 제어 결합한 코드

```
fun sendEmail() {
    output("Text", Target.Email)
}

fun output(text: String, target: Target) {
    when (target) {
        Target.Email -> /* 이메일 보내기 처리 */
        Target.Log ->   /* 로그 출력 처리 */
    }
}

enum class Target {
    Email,
    Log
}
```

제어 결합은 호출하는 쪽이 호출 대상의 내부 처리 방식을 알아야 한다는 점에서 결합도가 높다고 봅니다. 이 예에서는 호출하는 쪽이 'Target.Email을 사용하여 이메일을 보낸다.'라는 구체적인 로직을 이해해야 합니다. 더불어 sendEmail( ) 함수는 로그를 출력하기도 하는 output( ) 함수에 의존하므로 이메일 보내기와는 관계없는 로그 기능 변경에도 영향을 받을 수 있습니다. 이는 sendEmail( ) 함수 쪽에서는 필요 없는 의존입니다. 이런 점에서 제어 결합 역시 피하는 것이 바람직한 결합입니다.

덧붙여 코드 5-16은 논리 응집을 설명한 코드 3-31과 똑같습니다. 이는 제어 결합과 논리 응집이 깊은 관계이며 논리 응집된 함수를 호출하면 제어 결합이 생긴다는 뜻입니다.

응집도를 다룰 때 보았듯이 관계성이 낮은 처리는 함수를 나누어 만들어야 합니다. 이렇게 하면 호출하는 쪽이 간단해지고 필요 없는 대상에 대한 의존도 함께 줄일 수 있습니다.

스탬프 결합

요소 사이, 구체적으로는 함수의 인수로 **구조체나 클래스를 주고받을 때**를 **스탬프 결합**(stamp coupling)이라 합니다. 일반적으로 자주 사용하는 결합 형태로, 필요 없는 정보까지 전달될 수 있고 공유하는 데이터 구조가 변경되면 영향을 받을 수 있다는 점에서 다음 설명할 자료 결합보다 결합도가 높습니다.

코드 5-17의 process( ) 함수와 printUserName( ) 함수는 User 클래스를 주고받으므로 스탬프 결합입니다.

코드 5-17 스탬프 결합한 코드

```
class User(
    val name: String,
    val email: String
)
```

```
fun process() {
    printUserName(User("name", "email@example.com"))
}

fun printUserName(user: User) {
    println(user.name)
}
```

자료 결합

마지막으로 알아볼 **자료 결합**(data coupling)은 **요소 사이에 숫자나 문자열 등 기본값만 주고받을 때**를 말합니다. 필요 없는 파라미터는 주고받지 않으므로 스탬프 결합보다 결합도가 더 낮습니다.

코드 5-18은 문자열만 전달하도록 코드 5-17을 수정한 코드로, 자료 결합에 해당합니다.

코드 5-18 자료 결합한 코드

```
fun process() {
    val user = User("name", "email@example.com")
    printUserName(user.name)
}

fun printUserName(name: String) {
    println(name)
}
```

스탬프 결합보다 자료 결합 쪽이 결합도가 낮지만 모든 스탬프 결합을 자료 결합으로 변경하면 인수가 지나치게 많아지거나 전달해야 할 정보의 의미가 불분명해질 수 있습니다. 특정 정보를 하나의 개념으로 묶어 다뤄야 할 경우에는 스탬프 결합을 허용하는 편이 더 자연스럽습니다. 더불어 필요 없는 데이터를 전달하지 않으려면 필요한 데이터만 모은 새로운 클래스를 정의하는 것도 좋은 방법입니다.

결합도 구분하여 사용하기

결합도가 낮을수록 각각의 코드를 독립해서 변경할 수 있으므로 바람직합니다. 그러나 결합도를 지나치게 낮추려 하면 코드 양이 늘어나거나 번거로워지곤 합니다. 그러므로 **요소 사이의 관계에 따라 적절한 결합도를 선택**하는 것이 중요합니다.

요소 사이에 밀접한 관계가 있을 때는 제어 결합이나 스탬프 결합을 이용할 수 있습니다. 예를 들어, 단일 클래스 안의 프라이빗 함수끼리는 결합도를 낮게 유지하지 않아도 됩니다. 이와 달리 관계가 옅은 내용이라면 가능한 한 낮은 결합도가 되도록 설계합시다. 이렇게 하면 변경의 영향 범위를 좁힐 수 있고 유연성이나 코드 재사용성 역시 높일 수 있습니다.

6장

좋은 코드 작성 원칙과 교훈

• • •

지금까지 많은 개발자가 좋은 코드를 고민하며 다양한 원칙과 교훈을 남겼습니다. 그러나 모든 원칙을 언제나 그대로 적용할 수 있는 것은 아닙니다. 각 원칙이 의도하는 바나 배경을 정확하게 이해하고 어떤 원칙을 어떻게 적용할지 적절하게 선택해야 합니다.

6.1 KISS 원칙: 간단하게 유지하기

KISS 원칙이란 "Keep It Simple, Stupid. 간단하게 둬, 바보야."의 줄임말로, 시스템을 개발할 때는 **복잡하게 하지 말고 간단하게 유지해야 한다**는 뜻입니다.[1] 간단한 코드는 이해하기 쉽고 유지보수성과 확장성도 뛰어납니다.

숫자 세 개를 더하는 함수를 생각해 봅시다. 가장 단순한 구현은 코드 6-1처럼 숫자 세 개를 그대로 더하는 것입니다.

코드 6-1 정수 세 개를 더하는 함수

```
fun sum(a: Int, b: Int, c: Int): Int {
    return a + b + c
}
```

또 다른 방법으로는 정수 세 개를 리스트로 만들고 이를 for 문으로 하나씩 더하는 방식도 있습니다(코드 6-2).

코드 6-2 for 문으로 정수 세 개를 더하는 함수

```
fun sum(a: Int, b: Int, c: Int): Int {
    var sum = 0
    for (num in listOf(a, b, c)) {
        sum += num
    }
    return sum
}
```

리스트에 있는 숫자를 더하는 다른 방법으로 sum() 함수를 사용할 수도 있

1 "Keep It Simple Stupid."처럼 쉼표를 빼고 표기하거나 "Keep It Short and Simple. 짧고 간단하게."처럼 표현하기도 합니다.

습니다. sum( ) 함수는 리스트의 모든 요소를 더하는 함수로, 다음 코드는 앞선 for 문과 결과가 같습니다(코드 6-3).

코드 6-3 sum( ) 함수로 정수 세 개를 더하는 함수

```
fun sum(a: Int, b: Int, c: Int): Int {
    return listOf(a, b, c).sum()
}
```

인수의 개수가 많거나 개수가 정해지지 않았을 때는 for 문이나 sum( ) 함수를 이용하는 편이 편할 수도 있습니다. 그러나 인수가 세 개라고 정해졌다면 단순히 더하는 방식이 가장 이해하기 쉽습니다.

처음 생각한 구현 방법이 최선일 때는 그리 흔치 않습니다. 처음 아이디어가 떠올랐을 때 다른 해결 방법은 없는지 생각하고 여러 선택지를 비교해 보세요. 그런 다음, 가장 간단하고 이해하기 쉬운 방법을 선택하세요.

짧다고 해서 반드시 이해하기 쉬운 것은 아니라는 점에도 주의해야 합니다. 다소 길더라도 단순한 코드가 더 좋을 때도 있습니다. 코드가 간단한지는 다른 사람이나 나중에 자신이 다시 읽었을 때 짧은 시간 안에 이해할 수 있는지를 기준으로 판단하는 것이 바람직합니다.

이 원칙은 코드뿐 아니라 기능이나 UI 디자인을 결정할 때도 도움이 됩니다. 편리하리라는 생각에 하나의 소프트웨어에 지나치게 많은 기능을 넣으면 사용자가 볼 때 복잡하고 이해하기 어려울 수 있습니다. 개발자는 많은 기능을 추가하여 가치를 올리고 싶겠지만, 실은 간단할수록 더 좋을 때도 있습니다. 필요 없는 것은 없애고 간단하게 유지하도록 많은 시간과 노력을 들여야 합니다.

이와 함께 간단한 소프트웨어는 개발자가 유지보수하기도 쉽습니다. 요컨대, 기능이나 디자인을 간단하게 유지하면 사용자와 개발자 모두에게 좋습니다.

6.2 YAGNI 원칙: 필요할 때 비로소 구현하기

YAGNI 원칙은 "You Ain't Gonna Need It. 그건 필요 없을 거야."를 줄인 말로, **필요할 때까지는 구현하지 않는 것이 좋다**는 뜻입니다. KISS 원칙과도 깊은 관계가 있는데, 필요한 최소한의 구현에 머무르면 코드를 간단하게 유지할 수 있습니다.

코드를 작성하다 보면 나중에 필요할 것 같다는 이유로 무언가를 더 만들려는 유혹에 빠지기 쉽습니다. 그러나 대부분 이런 예측은 빗나가기 마련으로, 전혀 다른 기능이 필요해지는 경우가 많습니다. 이러면 추가로 구현해 둔 부분이 쓸모없어질 뿐 아니라 실제로 필요한 것이 무엇인지도 알 수 없어 코드가 점점 복잡해집니다.

예를 들어, 화면에 사각형을 그려야 한다고 합시다. 이때 타원(oval)도 그릴 수 있으면 편리하리라는 생각에 코드 6-4처럼 열거형 Shape를 준비했다고 합시다. 준비는 해 두었지만, 실제로는 타원을 그릴 일이 없어 계속 사각형만 그립니다.

코드 6-4 사용하지 않는 타원을 정의

```
fun renderShape(shape: Shape, width: Int, height: Int) {
    when (shape) {
        Shape.RECTANGLE -> /* 사각형 그리기 */
        Shape.OVAL ->      /* 타원 그리기 */
```

```
    }
}

enum class Shape {
    RECTANGLE,
    OVAL
}
```

그런데 예상과는 달리 나중에 필요한 것은 타원이 아니라 둥근 모서리를 가진 사각형이었습니다. 게다가 이 둥근 모서리의 반지름은 외부에서 지정해야 합니다. 이때 미리 추가해 두었지만 사용하지 않던 OVAL이 오히려 방해가 됩니다. 이를 억지로 수용하려 하면 코드 6-5처럼 복잡해질 수 있습니다.

코드 6-5 둥근 모서리 사각형을 그릴 수 있도록 변경하기

```
fun renderShape(shape: Shape, width: Int, height: Int) {
    when (shape) {
        is Shape.Rectangle -> /* 사각형 그리기 */
        is Shape.Oval ->      /* 타원 그리기 */
    }
}

sealed interface Shape {
    class Rectangle(val radius: Int = 0): Shape

    object Oval: Shape
}
```

sealed 인터페이스는 enum과 비슷하지만 각 멤버에 서로 다른 자료형을 지정할 수 있습니다. 여기서는 renderShape( ) 함수에 Rectangle 또는 Oval을 인수로 전달하여 전달받은 정보를 바탕으로 도형을 그립니다. 그러나 실제 요구사항을 보면 타원은 전혀 필요 없으므로 코드 6-6이면 충분합니다.

코드 6-6 실제로 필요했던 함수

```
fun renderRectangle(width: Int, height: Int, radius: Int = 0) {
    /* ... */
}
```

처음에 잘못 예측하는 바람에 필요 이상으로 코드가 복잡해졌습니다. 여기서는 Oval을 삭제하면 되지만, 정말로 Oval을 사용하지 않는지 확인해야 하므로 번거롭습니다. 이와 달리 항상 필요한 최소한의 코드만 작성했다면 이후 변경이나 기능 추가에 유연하게 대응할 수 있습니다. 더불어 작고 간단한 코드는 오작동을 줄이는 데도 도움이 됩니다.

코틀린 한 조각 ⑪ sealed 인터페이스와 enum의 차이

인터페이스에 sealed라는 키워드를 붙이면 해당 인터페이스를 구현할 수 있는 클래스를 같은 패키지 안으로 제한합니다. 즉, 사용하는 쪽에서 새로운 구현을 임의로 추가할 수 없습니다. 그 결과 코틀린 컴파일러는 이 인터페이스를 구현한 모든 클래스를 알 수 있으므로 when 식에서 모든 경우를 처리했는지를 확인할 수 있습니다(코드 6-7).

코드 6-7 sealed 인터페이스에 when 식 사용하기

```
fun renderShape(shape: Shape, width: Int, height: Int) {
    when (shape) {
        is Shape.Rectangle -> /* 사각형 그리기 */
        is Shape.Oval ->      /* 타원 그리기 */
                    └─ 모든 경우를 포함하므로 else 절은 필요 없음
    }
}
```

이처럼 모든 경우를 포괄할 수 있다는 특징은 enum과 닮았지만 enum은 모든 멤버가 똑같은 구조입니다. 이와 달리 sealed 인터페이스는 구현마다 속성이나 기능이 다른 멤버를 지정할 수 있으므로 더 유연합니다.

6.3 DRY 원칙: 중복 지식 줄이기

DRY 원칙이란 "Don't Repeat Yourself. 반복하지 마라."의 줄임말로, **같은 정보나 같은 코드는 중복하지 말라**는 원칙입니다. 같은 코드가 중복되면 수정이나 변경해야 할 때 모든 코드를 수정해야 합니다.

예를 들어, 파일 1과 파일 2를 읽어야 한다고 합시다. 이때 코드 6-8처럼 함수가 두 개라면 어떨까요?

코드 6-8 파일 1과 파일 2를 읽는 함수

```
/**
 * file1.txt를 읽고 내용을 String으로 반환한다.
 * 파일이 없다면 빈 문자열을 반환한다.
 */
fun readFile1(): String {
    val file = File("file1.txt")
    if (!file.exists()) {
        return ""
    }
    return file.readText()
}

/**
 * file2.txt를 읽고 내용을 String으로 반환한다.
 * 파일이 없다면 빈 문자열을 반환한다.
 */
fun readFile2(): String {
    val file = File("file2.txt")
    if (!file.exists()) {
        return ""
    }
    return file.readText()
}
```

이 두 개의 함수는 파일 이름 외에는 전부 똑같아 대부분이 중복입니다. 이런 중복이 있을 경우 파일을 읽는 방법이나 존재 여부를 확인하는 방식이 바뀌면 두 곳 모두를 수정해야 합니다. 두 곳 정도라면 큰 문제가 아닐 수도 있지만 이런 중복 코드가 많아지면 그만큼 수정은 어렵습니다.

이럴 때는 코드 6-9처럼 파일 이름을 인수로 받는 공통 함수를 만들면 됩니다.

코드 6-9 파일을 읽는 공통 함수

```
/**
 * file1.txt를 읽고 내용을 String으로 반환한다.
 * 파일이 없다면 빈 문자열을 반환한다.
 */
fun readFile1(): String {
    return readFile("file1.txt")
}

/**
 * file2.txt를 읽고 내용을 String으로 반환한다.
 * 파일이 없다면 빈 문자열을 반환한다.
 */
fun readFile2(): String {
    return readFile("file2.txt")
}

/**
 * 지정한 파일을 읽고 내용을 String으로 반환한다.
 * 파일이 없다면 빈 문자열을 반환한다.
 */
private fun readFile(fileName: String): String {
    val file = File(fileName)
    if (!file.exists()) {
        return ""
    }
```

```
    return file.readText()
}
```

이렇게 중복을 없애면 이후에는 한 곳만 변경하면 되므로 새로운 파일을 읽어야 할 때도 같은 함수를 재사용할 수 있습니다.

DRY 원칙은 비교적 이해하기 쉽고 적용도 간단해 보이지만, 모든 비슷한 코드를 무조건 공통화하라는 뜻은 아닙니다. 코드를 공통화할 때는 이것이 정말로 같은 정보, 같은 코드인지를 주의 깊게 확인해야 합니다. 얼핏 코드에서는 닮은 듯이 보이지만 실제로는 본질이 다를 때가 흔합니다. 이처럼 실제로는 다른 것을 억지로 공통화하면 거꾸로 코드가 복잡해지거나 유지보수가 어려워지는 원인이 됩니다.

예를 들어, 계정 등록 처리와 로그인 처리 둘 다 이메일 주소와 비밀번호가 필요한데, 일부 처리가 같다고 해서 코드 6-10처럼 하나의 함수로 만들면 위험합니다.

코드 6-10 계정 등록과 로그인을 함께 처리하는 함수

```
/**
 * 로그인을 처리한다.
 * [requireCreateAccount]가 true라면 계정을 생성한다.
 * 성공이라면 true, 실패라면 false를 반환한다.
 */
fun loginAccount(
    email: String,
    password: String,
    requireCreateAccount: Boolean
): Boolean {
    if (requireCreateAccount) {
        if (getAccount(email) != null) {
            return false
```

```
        }
        createAccount(email, password)
    } else {
        if (!validateAccount(email, password)) {
            return false
        }
    }
    startSession()
    return true
}
```

제어용 플래그를 이용한 분기가 있으므로 '3.4 응집도 높이기'에서 살펴본 논리 응집 상태임을 알 수 있습니다. 여기서 함수 인수는 비슷하지만 처리 대부분은 다르므로 이는 같은 내용이 아닙니다. 앞서 설명한 것처럼 이럴 때는 공통화하지 않고 나누어 관리해야 합니다(코드 6-11).

코드 6-11 계정 등록과 로그인을 각각의 함수로 따로 처리하기

```
/**
 * 계정을 등록한다.
 * 성공이라면 true, 실패라면 false를 반환한다.
 */
fun registerAccount(email: String, password: String) {
    if (getAccount(email) != null) {
        return false
    }
    createAccount(email, password)
    startSession()
    return true
}

/**
 * 로그인을 처리한다.
 * 성공이라면 true, 실패라면 false를 반환한다.
```

```
 */
fun loginAccount(email: String, password: String) {
    if (!validateAccount(email, password)) {
        return false
    }
    startSession()
    return true
}
```

계정 등록 처리와 로그인 처리를 나누더라도 공통으로 수행하는 세션 시작 처리는 이미 startSession( ) 함수로 분리했으므로 DRY 원칙을 잘 따른다고 볼 수 있습니다.

실제로는 같지 않은 것을 억지로 공통화하면 제어용 플래그가 있어야 하거나 처리가 복잡해집니다. 따라서 명확한 목적을 바탕으로 분할했는지 우연 응집 상태는 아닌지 점검해야 합니다.[2] 아울러 공통화가 고민일 때는 다음 질문을 던져 보세요.

- 공통 부분에 짧고 알기 쉬운 이름을 붙일 수 있는가?
- 공통 부분만으로 해당 코드의 뜻을 이해하고 설명할 수 있는가?
- 공통 부분에 복잡한 분기가 생기지는 않는가?
- 공통 부분에 플래그 등을 전달하여 외부에서 제어하지는 않는가?

한 걸음 더 DRY 원칙 적용 대상

DRY 원칙은 코드 중복을 피하는 데만 국한되지 않습니다. 데이터베이스 스키마, 테스트 항목, 빌드 시스템, 문서 등 다양한 지식 분야에서도 중복을 줄여야 합니다. 특히 같은 데이터를 여러 곳에서 관리하면 데이터 무결성이 손상될 가능성이 커집니다. 자세한 내용은 '7.4 데이터는 한 곳에서 관리하기'에서 알아봅니다.

2 우연 응집에 대해서는 '3.4 응집도 높이기' 절의 '함수의 응집도 수준' 항을 참고하세요.

6.4 바퀴 재발명: 같은 것 만들지 않기

이미 있는 코드를 사용하지 않고 비슷한 것을 직접 만들면 단순히 비용뿐만 아니라 예상치 못한 문제가 생길 염려까지 함께 늘어납니다. 예전부터 잘 굴러가던 바퀴를 굳이 다시 개발할 필요는 없다는 뜻에서 이를 '**바퀴 재발명**'이라 합니다.

프로그래밍 언어 기능 사용하기

프로그래밍 언어나 각종 프레임워크에는 편리한 기능이 많습니다. 따라서 가능하다면 이러한 기능을 적극적으로 활용하는 편이 좋습니다.

예를 들어, 코틀린에는 리스트를 다루는 다양한 함수가 있습니다. 리스트에 포함된 문자열을 쉼표로 구분한 하나의 문자열로 변환할 때는 joinToString( ) 함수면 충분합니다(코드 6-12).

코드 6-12 리스트에 포함된 문자열을 쉼표 구분 문자열로 변환하기

```
val list = listOf("apple", "banana", "cherry")
val formattedString = list.joinToString()
```

["apple, banana, cherry"]

물론 for 문으로 직접 처리할 수도 있습니다(코드 6-13).

코드 6-13 for 문으로 리스트에 포함된 문자열을 쉼표 구분 문자열로 변환하기

```
val list = listOf("apple", "banana", "cherry")
var formattedString = ""
for ((index, item) in list.withIndex()) {
    formattedString += if (index == 0) {
        item
```

```
    } else {
        ", $item"
    }
}
```

코틀린에 익숙한 개발자라면 joinToString() 함수를 사용한 코드는 알기 쉽고 간단합니다. 이와 달리 for 문을 사용한 코드는 동작을 정확하게 이해하기까지 다소 시간이 걸립니다.

직접 작성한 코드를 줄일 수 있다면 그만큼 버그가 생길 가능성도 줄어듭니다. 앞의 예처럼 for 문을 직접 구현하다 보면 마지막에 필요 없는 쉼표가 남는 실수를 저지를 수 있습니다. 구현하고자 하는 내용이 사용하는 언어나 프레임워크에 있는 기능은 아닌지 코드를 작성하기 전에 먼저 확인해 봅시다.

라이브러리 사용하기

기술적인 문제에 맞닥뜨렸을 때는 먼저 기존 라이브러리를 사용할 수 있는지부터 검토합시다. 자주 접하는 문제를 해결한 코드를 오픈 소스 소프트웨어(OSS)로 공개하는 개발자가 많습니다. 물론 유료 라이브러리로 제공하기도 합니다. 이처럼 해결하고 싶은 기술 문제를 누군가가 이미 해결했을지도 모릅니다.

무료로 이용할 수 있는 라이브러리는 많습니다. 그러나 이를 이용할 때 생기는 문제는 이용자가 책임지는 것이 일반적입니다. 더불어 라이브러리를 이용한다는 것은 직접 만든 프로젝트가 해당 라이브러리에 의존한다는 뜻으로, 라이브러리 변경에 영향을 받습니다.

따라서 라이브러리를 사용하기 전에는 그 코드를 믿을 수 있는지, 유지보수는 계속되는지 등을 확인해야 합니다. 구체적으로는 다음과 같은 정보를 확인해 보는 것이 좋습니다.

- 인터페이스가 안정적이며 극단적인 변경이 잦지 않은가?
- 버그 수정이나 기능 개선 등 프로젝트 진행이 얼마나 활발한가?
- 코드 품질은 높은가?
- 문서는 충실히 제공되는가?
- 커뮤니티의 논의와 지원이 활발한가?
- 얼마나 많은 사용자가 이용하는가?

신뢰도를 충분히 확인하고 라이브러리를 사용하도록 합시다. 많은 제품에서 사용하는 라이브러리는 품질도 높고 이를 이용하면 직접 만들 때보다 빠르게 개발할 수 있습니다. 이처럼 라이브러리를 사용할 때는 장점과 위험 모두를 고려해야 합니다.

한 걸음 더 '재발명'의 장점

기본적으로는 가능한 한 이미 존재하는 코드를 활용하는 편이 빠르고 확실하게 개발을 진행할 수 있습니다. 그럼에도, 이미 있는 시스템을 흉내 내어 직접 코드를 작성해 보면 프로그래밍 실력을 향상하는 데 많은 도움이 됩니다. 평소 이용하던 코드를 자기 손으로 꼭 재현해 보기를 바랍니다.

또한 이미 있는 코드보다 더 좋은 아이디어가 있다면 이를 시험해 보는 것도 좋습니다. 오픈 소스라면 커뮤니티에서 서로 의논하거나 개선한 코드를 제안할 수도 있습니다. 새로운 라이브러리로 공개해 보는 것도 좋습니다.

프로젝트 안에 같은 목적의 코드가 없는지 확인하기

직접 만든 프로젝트 내부에서도 같은 목적으로 이미 만든 코드가 없는지 확인하세요. 이미 만든 코드를 다시 구현하는 것은 낭비일 뿐 아니라 코드 중복도 생기는데, 이는 DRY 원칙 위반입니다.

6.5 망치를 든 사람에게는 모든 것이 못처럼 보인다

영어 속담에 "If all you have is a hammer, Everything looks like a nail. **망치를 든 사람에게는 모든 것이 못처럼 보인다.**"라는 말이 있습니다. 문제 해결 방법을 하나만 안다면 결국은 이 방법을 쓰게 되고 다른 해결 방법은 떠올리지 못할 때를 지적하는 표현입니다. 즉, 사용할 수 있는 것이 망치뿐이라면 망치를 사용해서는 안 되는 작업에도 이 도구를 사용해버린다는 뜻입니다. 예를 들어, 창틀에 유리를 끼우는 섬세한 작업에 망치를 사용하면 결국 유리를 깨고 말 것입니다. 소프트웨어 개발에서도 흔히 보는 장면으로, 하나의 문제에도 다양한 해결 방법을 떠올리고 상황에 맞게 적용할 수 있어야 합니다.

예를 들어, 특정 조건에서 함수를 빨리 끝내는 '**조기 반환**(early return)'은 자주 쓰는 접근법입니다. 대부분 한눈에 함수를 파악하기 쉽고 읽기도 쉬운 코드를 만들 수 있습니다. 코드 6-14는 조기 반환을 사용한 파일 저장 함수입니다. 파일이 없다면 바로 함수를 끝내므로 이후 처리가 명확하고 알기 쉽습니다.

코드 6-14 조기 반환을 활용한 함수

```
fun saveFile(file: File) {
    if (!file.exists()) {
        return
    }

    /* 파일 저장하기 */
}
```

단, 항상 이 패턴을 사용하지는 못합니다. 예를 들어, 코드 6-15는 이미지 또는 동영상을 저장하는 함수입니다. 이미지나 동영상이 아닌 파일을 입력하면 오류가 발생합니다. 이럴 때는 조기 반환을 사용하면 코드 흐름을 알기 어렵고 지원하는 파일 형식을 파악하기 어렵습니다.

코드 6-15 이미지나 동영상을 저장하는 함수 - 조기 반환을 사용할 때

```
fun saveFile(file: File) {
    if (isImage(file)) {
        saveImageFile(file)
        return
    }
    if (isVideo(file)) {
        saveVideoFile(file)
        return
    }
    error("unexpected type: $file")
}
```

여기서는 조기 반환을 사용하지 않는 편이 좋습니다. when 식을 사용하여 다음처럼 포괄적으로 코드를 작성하는 편이 이해하기 쉽습니다(코드 6-16).

코드 6-16 이미지나 동영상을 저장하는 함수 - 조기 반환을 사용하지 않을 때

```
fun saveFile(file: File) {
    when {
        isImage(file) -> saveImageFile(file)
        isVideo(file) -> saveVideoFile(file)
        else -> error("unexpected type: $file")
    }
}
```

조기 반환은 예외를 빠르게 없애 고려해야 할 경우를 줄일 수 있습니다. 단, 각각의 경우가 같은 수준으로 중요하거나 모든 경우를 포괄해야 할 때는 조기 반환을 사용하면 오히려 코드 내용을 알기 어렵습니다.

지금까지 소개한 많은 원칙과 기법은 효과적일 때와 그렇지 않을 때가 있습니다. 잘못된 곳에 적용하면 문제가 더 커질 수 있습니다. 따라서 이 원칙과 기법의 배경과 목적을 정확하게 이해한 뒤, 지금 선택한 해결책이 눈앞에 있는 문제를 해결하는 제일 나은 방법인지, 또 다른 방법은 없는지 충분히 검토해야 합니다. 이때 올바르게 판단하려면 평소부터 하나의 문제를 푸는 다양한 방법을 준비해 두는 편이 좋습니다.

6.6 은 탄환은 없다

'은 탄환'이란 서양 문화에서 마녀 같은 초자연적인 존재도 단번에 쓰러뜨릴 수 있는 특별한 무기를 말합니다. 소프트웨어 개발 맥락에서는 이 말이 변하여 무엇이든 해결하는 만능 해법을 '은 탄환'이라 합니다. 그러나 실제로 '은 탄환'은 없으며 모든 문제를 한순간에 해결할 수 있는 만능 방법은 없다는 현실을 지적하는 표현이 "**은 탄환은 없다**"라는 교훈입니다.

이 교훈은 모든 문제에 효과가 있는 단 하나의 해결 방법은 없다는 뜻에서 '망치를 든 사람에게는 모든 것이 못처럼 보인다'라는 생각과 닮았습니다. 그러나 "은 탄환은 없다"라는 말은 도구나 기술 선택만으로는 해결할 수 없는 본질적인 어려움이 존재한다는 점을 더욱 강조합니다.

프레데릭 브룩스는 그의 저서 『맨먼스 미신(Mythical Man-Month)』에서 소프트웨어 개발의 어려움을 '본질적인 어려움'과 '우연한 어려움'으로 나눈 다음, 많은 기술 혁신에서 후자는 줄었지만 전자는 거의 해결하지 못했다고 주장합

니다.[3]

- **본질적인 어려움**: 소프트웨어 개발의 근본적인 어려움. 해결하고자 하는 문제를 추상화하고 그 복잡한 개념을 구조화하는 것
- **우연한 어려움**: 소프트웨어 개발에서 부차적으로 생기는 어려움. 앞서 추상화한 개념이나 구조를 메모리 공간과 속도 제약 내에서 프로그래밍 언어로 표현하는 것

때로는 뛰어난 언어, 프레임워크, 도구가 소프트웨어의 모든 문제를 해결할 듯이 보이곤 합니다. 물론 개발 효율도 오르고 구현 부담이 적을 수는 있습니다. 그러나 소프트웨어의 본질적인 어려움은 해결하고 싶은 문제를 추상화하고 이 복잡한 개념을 구조화하는 데 있습니다. 예를 들어, 요구 사항 속에서 적절한 도메인 표현을 찾거나 어떤 알고리즘을 사용하여 문제를 해결할지 고민하는 일이 이에 해당합니다.

이를 바탕으로 저는, 개발하고 싶은 대상이 복잡할수록 어떤 도구를 사용하더라도 소프트웨어 개발은 본질적으로 복잡할 수밖에 없다고 생각합니다. 그렇다고 비관적인 것만은 아닙니다. 다양한 개발 도구가 등장한 오늘날에는 이전과 비교할 때 우연한 어려움보다 문제 그 자체의 어려움, 즉 소프트웨어의 부차적인 복잡함이 아닌 눈앞에 놓인 문제의 어려움과 더 자주 마주합니다.

본질적인 어려움에 대처하려면 복잡한 요구 사항을 간단하게 정리할 수 없는지, 더 간편하게 실현할 방법은 없는지, 이미 있는 자원으로 실현할 수 있는지 등 다양한 가능성을 고민해야 합니다. 새로운 언어나 프레임워크를 배우고 이를 익숙하게 다룰 수 있다고 끝난 것이 아닙니다. 여러분이 해결해야 할 문제는 눈앞에 있습니다. 문제를 깊이 이해하고 넓은 관점에서 최적의 설계를 고안하는 자세야말로 더 뛰어난 개발자가 되는 지름길입니다.

---

3 출처: 프레더릭 브룩스, 『맨먼스 미신』, 강중빈 역, 인사이트, 2015(원본 출판 1975년). 이 정의는 출처를 참고로 필자의 해석을 더해 간결하게 정리한 것입니다.

한 걸음 더 생성형 AI로 본질적인 어려움을 없앨 수 있을까?

2020년대 초부터 널리 퍼진 생성형 AI가 다양한 문제를 해결하는 데 활용되고 있습니다. 그렇다면 생성형 AI는 소프트웨어의 본질적인 어려움을 해결하는 근본 대책이 될 수 있을까요?

해결하고 싶은 문제를 추상화하고 그 복잡한 개념을 구조화하는 작업에서 생성형 AI는 뛰어난 능력을 발휘합니다. 엄청난 양의 학습 데이터를 바탕으로 개별 상황에 대해서도 제안하고 지원합니다. 이 점은 지금까지 등장했던 프레임워크나 도구와 비교할 수 없을 정도입니다.

그러나 적어도 이 책 집필 시점에는 본질적인 어려움을 완전히 해결하는 수준에는 이르지 못했고 앞으로도 어떻게 될지 모릅니다. 개발자는 표현하고 싶은 내용을 AI에 자세히 전달해야 하는데, 이 자체가 소프트웨어 설계 작업의 중요한 단계라 할 수 있습니다. 더불어 AI가 제안한 설계에 문제가 없는지 역시 사람이 판단해야 합니다.

현 시점에서 생성형 AI는 보조 수단으로 활용하는 것이 최적입니다. 생성형 AI의 답변을 올바르게 판단할 수 있도록 개발자는 문제의 본질을 더 적극적으로 바라보고 소프트웨어 설계를 더 깊이 고민해야 합니다.

7장

어이없는 실수를 안 하려면

• • •

사람은 아무리 주의를 기울여도 실수를 저지르기 마련입니다. 코드를 작성할 때도 문법을 잘못 쓰거나 구현 과정에서 빠뜨린 부분 때문에 다양한 버그가 발생합니다. 그렇기 때문에 가능한 한 틀리지 않는 코드, 설령 틀리더라도 곧바로 알아차릴 수 있는 코드를 작성해야 합니다.

7.1 매직 넘버 피하기

숫자를 이름 있는 상수로 바꾸기

코드 7-1은 부가 가치세를 포함한 가격을 계산하는 함수입니다. 이 코드에는 실수하기 쉬운 부분이 숨어 있습니다. 어디일까요?

코드 7-1 부가세 포함 가격을 계산하는 함수

```
fun getPriceIncludingTax(priceExcludingTax: Int): Int {
    return (priceExcludingTax * 1.1).toInt()
}
```

코드 안에 1.1이라는 숫자가 보이는데, 이것이 세율임을 이해하려면 함수 이름이나 코드로 추측해야 합니다. 이처럼 프로그램 안에 직접 기술한 숫자 중 그 뜻을 바로 알 수 없는 것을 **매직 넘버**라 합니다. '넘버'라고 표현했지만 문자열 등도 마찬가지입니다.

매직 넘버를 사용하면 그 값이 무엇인지 잘못 이해할 수 있습니다. 이와 함께 뜻이 같은 값을 여러 곳에 직접 작성하면 변경할 때 빠트릴 염려가 있어 버그의 원인이 됩니다.

이러한 매직 넘버는 이름을 붙인 상수로 만들면 훨씬 읽기 쉬운 코드가 됩니다. 이뿐만 아니라 세율이 달라져 수정해야 할 때도 한 곳만 수정하면 되므로 유지보수성이 좋아집니다(코드 7-2).

코드 7-2 매직 넘버에 이름 붙이기

```
const val TAX_RATE = 0.1
```

```
fun getPriceIncludingTax(priceExcludingTax: Int): Int {
    return (priceExcludingTax * (1 + TAX_RATE)).toInt()
}
```

숫자를 열거형으로 바꾸기

매직 넘버는 상수뿐 아니라 열거형(enum)으로 대체할 수도 있습니다.

코드 7-3은 주문을 나타내는 클래스로, 주문 상황을 정수로 저장합니다. 1은 새로운 주문, 2는 입금 확인, 3은 발송 완료를 뜻합니다. 개발자가 이 모든 정수의 뜻을 기억하기란 쉬운 일이 아닙니다. 게다가 0이나 4처럼 의도하지 않은 값을 사용할 위험도 있습니다.

코드 7-3 주문 상태를 숫자로 표현한 예

```
class Order(
    val id: String,
    val status: Int // 1: 새로운 주문, 2: 입금 확인, 3: 발송 완료
)
```

이럴 때는 status 변수를 열거형으로 바꾸면 좋습니다. 열거형을 사용하면 각각에 이름을 붙일 수 있고 다양한 주문 상태를 포괄적으로 표현할 수 있습니다(코드 7-4).

코드 7-4 주문 상태를 열거형으로 나타내기

```
class Order(
    val id: String,
    val status: OrderStatus
)

enum class OrderStatus {
```

```
    NEW,
    PAID,
    SHIPPED
}
```

이렇게 하면 정수와 연결된 뜻이 무엇인지 기억하지 않아도 되므로 코드를 한결 쉽게 읽을 수 있습니다.

더불어 열거형을 사용한 코드는 선택지가 늘거나 줄더라도 수정하기 쉽습니다. 주문 이력을 예로 들면, 이후 '취소 완료'라는 상태를 추가하고 싶다고 합시다. 열거형이 아닌 정수를 사용했다면 '취소 완료'로 사용할 정수가 아직 사용 전임을 확인해야 합니다. 게다가 추가한 다음, 호출하는 모든 곳에서 '취소 완료' 상태가 올바르게 처리되는지 확인하는 일도 번거롭습니다. 어떤 숫자가 주문 상태를 나타내고 어떤 숫자가 다른 정보를 가리키는지를 구별하기 어렵기 때문입니다. 그러나 열거형을 사용하면 새로운 요소를 추가하거나 사용하는 곳을 확인하는 일도 간단합니다.

매직 넘버 숨기지 않기

코드 7-5는 사용자 이름을 가져오는 함수로, 사용자를 찾지 못했다면 "Unknown"을 반환합니다.

코드 7-5 사용자가 없다면 "Unknown" 문자열을 반환하는 함수

```
fun getUserName(userId: String): String {
    val user = database.findUser(userId)
    if (user == null) {
        return "Unknown"
    }
    return user.name
}
```

getUserName( ) 함수가 반환하는 값을 단순히 화면에 표시하는 것뿐이라면 "Unknown"이라도 문제없습니다. 그러나 사용자 유무에 따라 다르게 작동해야 한다면 "Unknown"이라는 문자열을 이용해 분기해야 합니다. 예를 들어, 코드 7-6에서는 사용자를 찾지 못했다면 텍스트를 회색으로 설정합니다.

코드 7-6 **사용자 유무에 따라 다르게 작동하는 예**

```
fun renderUserName(userId: String) {
    val name = getUserName(userId)
    textView.text = name
    if (name == "Unknown") {
        textView.color = Color.Gray
    }
}
```

이런 코드는 유지보수하기 어렵습니다. 코드를 변경할 때 이런 움직임을 눈치채지 못하는 바람에 의도하지 않은 버그를 만들곤 합니다. 또한 일부러 사용자 이름을 "Unknown"으로 했다면 사용자가 있음에도 텍스트를 회색으로 바꿉니다. 이처럼 값이 없거나 오류 등으로 가져오지 못할 때는 특수한 고정값을 사용하는 것이 아니라 값이 없음을 뜻하는 null을 사용하거나 해당 상태를 나타내는 별도의 객체를 정의하면 좋습니다(코드 7-7).

코드 7-7 **사용자가 없을 때는 null 사용하기**

```
fun getUserName(userId: String): String? {
    val user = database.findUser(userId)
    return user?.name
}

fun renderUserName(userId: String) {
    val name = getUserName(userId)
    textView.text = name ?: "Unknown"
```

```
    if (name == null) {
        textView.color = Color.Gray
    }
}
```

사용자 이름과 사용자의 존재 여부는 근본적으로 다른 정보입니다. 이를 하나의 문자열로 억지로 정리하려 하면 나중에 찾기 어렵습니다. 다른 정보 안에 중요한 정보를 숨기지 않도록 하세요.

코틀린 한 조각 ⑫ null 허용 자료형을 안전하게 처리하는 safe call 연산자

코틀린에서는 ?.이라는 safe call 연산자를 사용하면 null 허용 자료형(코틀린 한 조각 4 'null 허용 자료형' 참고)에 간결하고 안전하게 접근할 수 있습니다. 예를 들어, 코드 7-8에서는 value가 null이면 결과인 result도 null이 됩니다. 이처럼 언어가 제공하는 기능을 활용하면, null 처리로 인한 실수를 줄이고 코드의 의도도 더 분명하게 표현할 수 있습니다.

코드 7-8 safe call 연산자로 null 확인하기

```
fun sample(value: String?) {      ← null 허용 자료형
    val result = value?.length    ← value가 null이면 result도 null
}
```

7.2 자료형 제한 활용하기

프로그래밍에서는 문자열, 정수, 날짜 등 다양한 자료형(type)을 다룹니다. 이 자료형을 잘못 사용하면 예상하지 못한 문제가 발생할 수 있습니다. 예를 들어 정수끼리는 더할 수 있지만, 날짜와 정수를 그대로 더할 수는 없습니다.

이처럼 코드를 작성할 때는 다루는 데이터의 자료형을 항상 염두에 두어야 합니다.

자바, 코틀린, C#과 같은 정적 언어에서는 자료형이 올바른지를 컴파일할 때 확인합니다. 예를 들어, 날짜와 정수를 더하고자 할 때 잘못된 자료형을 사용하려 하면 컴파일 오류가 발생합니다.

동적 언어는 실행할 때 자료형을 확인하므로 형이 다르다면 실행 중 오류가 발생합니다. 다만 루비나 파이썬처럼 타입 주석으로 미리 자료형을 확인하는 동적 언어도 많습니다. 자바스크립트도 동적 언어지만, 이를 확장한 타입스크립트를 사용하면 자료형을 확인할 수 있습니다.

이처럼 자료형 확인을 활용하여 정확하게 자료형을 나타낸다면 이른 단계에서 잘못된 곳을 찾을 수 있습니다.

값 범위 제한하기

자료형은 변수, 인수, 반환값의 범위를 좁히는 일종의 제약으로 생각할 수 있습니다. 예를 들어, 포괄 자료형(코틀린에서는 Any)보다 숫자(Number) 쪽이 범위가 좁고 숫자보다도 정수(Int) 쪽이 범위가 더 좁습니다(그림 7-1).

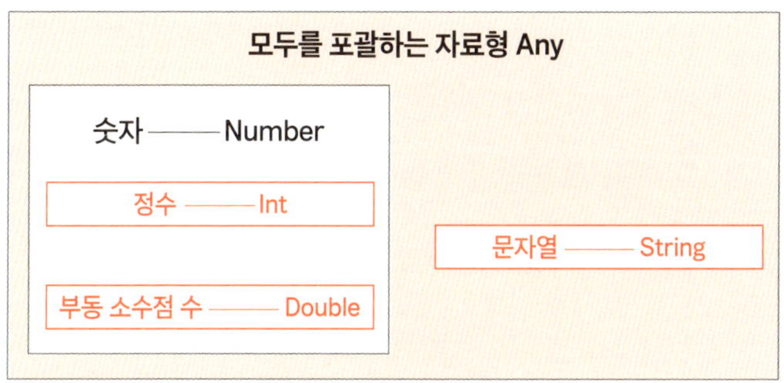

그림 7-1 자료형의 값 범위

변수, 인수, 반환값의 범위를 고려하여 필요한 최소 범위의 자료형을 이용합시다. 이렇게 하면 오작동을 막을 수 있어 코드가 더 안전해집니다.

문자열이나 정수처럼 미리 준비한 자료형으로 데이터를 표현하지 못할 때는 필요한 자료형을 직접 정의할 수 있습니다. 예를 들어 요일을 받아 그 생략형을 반환하는 함수를 살펴봅시다(코드 7-9).

코드 7-9 전달받은 요일의 생략형을 반환하는 함수

```
fun getAbbreviatedWeekday(weekday: String): String {
    return when (weekday) {
        "Sunday" -> "Sun"
        "Monday" -> "Mon"
        "Tuesday" -> "Tue"
        "Wednesday" -> "Wed"
        "Thursday" -> "Thu"
        "Friday" -> "Fri"
        "Saturday" -> "Sat"
        else -> throw IllegalArgumentException(
            "Invalid weekday: $weekday"
        )
    }
}
```

이 함수의 인수는 String이므로 요일 이외의 문자열도 전달받을 수 있고 이렇게 되면 실행할 때 오류가 발생합니다. 요일 문자열만 유효하다는 것을 안다고 하더라도 "Sanday"처럼 철자가 틀리거나 "sunday"처럼 대소문자를 잘못 입력해도 의도하지 않은 오류를 일으킵니다. 즉, 이 함수는 사용할 때 실수하기 쉽습니다.

이럴 때는 코드 7-10처럼 열거형(enum)을 이용하여 값을 정의합니다.

코드 7-10 지정할 수 있는 요일을 열거형으로 표현하기[1]

```
enum class Weekday {
    SUNDAY,
    MONDAY,
    TUESDAY,
    WEDNESDAY,
    THURSDAY,
    FRIDAY,
    SATURDAY
}

fun getAbbreviatedWeekday(weekday: Weekday): String {
    return when (weekday) {
        Weekday.SUNDAY -> "Sun"
        Weekday.MONDAY -> "Mon"
        Weekday.TUESDAY -> "Tue"
        Weekday.WEDNESDAY -> "Wed"
        Weekday.THURSDAY -> "Thu"
        Weekday.FRIDAY -> "Fri"
        Weekday.SATURDAY -> "Sat"
    }
}
```

getAbbreviatedWeekday() 함수의 인수로 열거형을 사용하면 잘못된 값을 전달하더라도 컴파일할 때 오류가 발생합니다. 즉, 잘못된 인수 때문에 실행할 때 오류가 발생하지는 않습니다. 실행할 때 문제가 생기는 것보다는 컴파일할 때 오류가 발생하는 편이 미리 확인할 수 있어 수정하기도 쉽습니다.

문자열은 이론상 무한한 값을 가질 수 있지만 열거형은 미리 정의한 요소로만 범위를 한정합니다. 요일처럼 값의 개수가 정해졌다면 열거형으로 정의하는 편이 좋습니다.

1 환경에 따라서는 직접 열거형을 정의하지 않고 java.time.DayOfWeek를 이용하기도 합니다.

데이터베이스나 외부 서비스, 사용자 입력으로 요일 문자열을 전달할 때는 이 방법을 그대로 적용하기 어려울 수도 있습니다. 이럴 때는 문자열을 받자마자 열거형으로 변환하고, 프로그램 내부에서는 가능한 한 열거형만 사용하도록 합시다. 문자열을 다루는 범위를 최소화하면 오류가 발생할 가능성도 그만큼 줄어듭니다.

한 걸음 더 열거형에 값 지정하기

일부 프로그래밍 언어에서는 열거형의 각 요소에 값을 직접 지정할 수 있습니다. 예를 들어, 요일을 나타내는 열거형 자체에 그 생략형을 지정할 수 있습니다. 이럴 때는 getAbbreviatedWeekday( ) 같은 함수를 따로 만들 필요가 없습니다(코드 7-11).

코드 7-11 열거형에 요일 생략형 지정하기

```
enum class Weekday(val abbreviation: String) {
    SUNDAY("Sun"),
    MONDAY("Mon"),
    TUESDAY("Tue"),
    WEDNESDAY("Wed"),
    THURSDAY("Thu"),
    FRIDAY("Fri"),
    SATURDAY("Sat")
}
```

열거형에 값을 지정할지, 별도의 함수를 둘지는 그때마다 다릅니다. 값이 열거형의 의미와 강하게 묶였다면 열거형에 값을 지정하는 편이 좋습니다. 이와 달리 해당 값이 열거형 자체 정의와 독립적으로 변경될 가능성이 있다면 단일 책임 원칙[2]에 따라 별도의 함수로 분리하는 편이 바람직합니다.

2 단일 책임 원칙은 '3.1 함수와 클래스 나누기' 절의 '코드를 변경하는 이유는 단 한 가지' 항을 참고하세요.

사용자 정의 자료형 만들기

문자열이나 정수 같은 기본 자료형만으로는 표현할 수 없거나 언어나 라이브러리에서 직접 제공하지 않는 정보를 다뤄야 때는 사용자 정의 자료형을 만들 수 있습니다.

예를 들어, 2025년 5월처럼 연월을 다룰 때가 있습니다. 이를 프로그램에서는 "2025/05"와 같은 문자열로 정한다고 해도 개발자가 "202505"나 "2025-05"처럼 다른 형식을 사용할 염려가 있습니다. 일반적인 Date 자료형으로 다룰 수도 있지만 Date 자료형은 날짜나 시각까지 포함하므로 때에 따라서는 방해가 될 수도 있습니다. 이럴 때는 다음 코드 7-12처럼 사용자 정의 자료형을 정의합니다.

코드 7-12 연월을 표현하는 자료형[3]

```
class YearMonth(
    val year: Int,
    val month: Int
)
```

전용 자료형을 사용하면 이것이 연월을 의미한다는 점이 명확합니다. 이런 자료형은 '2.4 코드로 도메인 지식 표현하기'에서 알아본 도메인 객체로 다룰 수 있습니다. 즉, 자료형을 만들 때 값이 올바른지 확인하거나 표시용 문자열을 만드는 함수를 추가할 수도 있습니다(코드 7-13).

코드 7-13 연월 로직을 YearMonth 클래스에 추가하기

```
class YearMonth(
    val year: Int,
```

3 환경에 따라서는 java.time.YearMonth를 이용할 수도 있습니다.

```
    val month: Int
) {
    init {
        require(1 <= month && month <= 12) {
            "month는 1~12 범위로 지정해 주세요."
        }
    }
    fun getDisplayText(): String {
        return "$year년 $month월"
    }
}
```

이 외에도 몇 개월 후, 몇 개월 전처럼 덧셈, 뺄셈을 구현할 수도 있습니다. 이처럼 연월과 관련한 로직을 정의한 자료형에 추가하면 코드 중복도 피하고 자료형의 역할도 분명해집니다.

코틀린 한 조각 ⑬ require( ) 함수

require( ) 함수는 전달한 조건이 false라면 인수에 문제가 있다는 뜻으로 IllegalArgumentException 예외를 던집니다. 이를 이용하면 처리 전에 입력값이 올바른지 검증할 수 있습니다.

한 걸음 더 안전하게 인스턴스 생성하기

코드 7-13에서는 월을 나타내는 month에 1~12가 아닌 값을 지정하면 실행 시 오류가 발생하도록 했습니다. 이 동작은 month를 프로그램에서 명시적으로 지정할 때는 문제가 되지 않지만, 사용자 입력처럼 외부에서 값을 전달받는 상황에서는 예상하지 못한 오류로 이어질 수 있습니다.

이러한 위험을 줄이고자 제약을 만족하지 않을 때는 null을 반환하는 함수를 따로 준비합니다. 이처럼 인스턴스 생성을 담당하는 함수를 **팩토리 함수**라 합니다. 팩토리 함수를 도입할 때는 외부에서 직접 생성자를 호출하지 못하도록 생성자를 private으로 설정합니다. 이렇게 하면 잘못된 값으로 인스턴스가 만들어지는 것을 막을 수 있습니다(코드 7-14, 코드 7-15).

코드 7-14 제약을 만족하지 않는다면 null을 반환하는 팩토리 함수

```
class YearMonth private constructor(
    val year: Int,
    val month: Int
) {
    companion object {
        fun createOrNull(
            year: Int,
            month: Int
        ): YearMonth? {
            return if (1 <= month && month <= 12) {
                YearMonth(year, month)
            } else {
                null
            }
        }
    }
}
```

코드 7-15 코드 7-14 호출하기

```
val yearMonth1 = YearMonth.createOrNull(2025, 5)   // yearMonth(2025, 5)

val yearMonth2 = YearMonth.createOrNull(2025, -5)  // null
```

코틀린 한 조각 ⑭ 동반 객체

동반 객체(companion object)는 클래스마다 하나씩 정의할 수 있는 특별한 객체로, 이를 이용하면 해당 클래스와 관련한 함수나 속성을 선언할 수 있습니다. 정의한 함수나 속성은 '클래스_이름.함수_이름()' 또는 '클래스_이름.속성_이름' 형태로 호출합니다. 코드 7-14와 같은 팩토리 함수 정의 외에도 상수 저장이나 유틸리티 함수 정의에 사용합니다. 자바나 스위프트의 static 멤버와 역할이 비슷합니다.

무효 상태 피하기

실제로는 있을 수 없는 상태지만, 코드로는 표현할 수 있다면 오류가 생기기 쉽습니다. 자료형을 올바르게 사용하면 이러한 무효 상태(invalid state)를 예방할 수 있습니다.

코드 7-16은 동영상을 재생하는 플레이어 클래스의 예입니다. 초기화가 끝났는지를 나타내는 isInitialized와 재생 중인지를 나타내는 isPlaying 두 가지 플래그가 있습니다.

코드 7-16 동영상 재생 상태를 두 개의 플래그로 관리하기

```
class Player {
    var isInitialized: Boolean = false
        private set

    var isPlaying: Boolean = false
        private set

    fun init(url: String) {
        /* 생략: 플레이어 초기화 처리하기 */
        isInitialized = true
    }

    fun play() {
```

```
        if (!isInitialized) {
            return
        }
        /* 생략: 재생 처리하기 */
        IsPlaying = true
    }
}
```

논리적으로는 최초에 초기화를 수행하고 그 뒤에 재생하므로 isInitialized가 false인데도 IsPlaying이 true일 수는 없습니다. 그럼에도, 두 플래그가 독립적인 지금 데이터 구조로는 가능한 형태입니다. 이런 상태가 발생한다면 예상치 못한 움직임을 보일 겁니다.

이럴 때는 코드 7-17처럼 열거형(enum)을 사용하여 가능한 상태를 열거형으로 표현하면 좋습니다.

코드 7-17 동영상 재생 상태를 열거형으로 관리하기

```
enum class PlayerState {
    UNINITIALIZED,
    INITIALIZED,
    PLAYING
}

class Player {
    var state: PlayerState = PlayerState.UNINITIALIZED
        private set

    fun init(url: String) {
        /* 생략: 플레이어 초기화 처리하기 */
        state = PlayerState.INITIALIZED
    }

    fun play() {
```

```
        if (state == PlayerState.UNINITIALIZED) {
            return
        }
        /* 생략: 재생 처리하기 */
        state = PlayerState.PLAYING
    }
}
```

처음부터 있을 수 없는 상태를 표현하지 못하도록 하면, 코드가 더 엄격해지고 구조도 단순해집니다. 그 결과 테스트를 할 때나 오류 발생 시 확인해야 하는 경우의 수도 최소한으로 줄일 수 있습니다.

일어날 수 있는 오류 열거하기

자료형을 이용한 제한은 일반적인 값뿐 아니라 오류를 표현할 때도 유용합니다. 코틀린이나 자바를 비롯한 많은 언어에서는 오류를 나타내는 방법으로 예외(Exception 또는 Throwable)를 던집니다. 예를 들어, 코드 7-18은 사용자가 입력한 사용자 이름을 검증하는 함수로, 조건을 만족하지 않으면 예외를 던집니다.

코드 7-18 예외를 이용하여 사용자 이름을 검증하는 함수

```
fun validateUserName(name: String) {
    if (name.isEmpty()) {
        throw IllegalArgumentException("이름을 입력하세요.")
    }
    if (name.length > 100) {
        throw IllegalArgumentException(
            "사용자 이름은 최대 100자까지입니다."
        )
    }
}
```

던져진 예외는 호출하는 쪽에서 try-catch로 잡아 처리합니다. 코드 7-19는 코드 7-18을 호출하여 검증에 성공하면 서버로 사용자 이름을 보내고 실패하면 사용자에게 오류 메시지를 표시합니다.

코드 7-19 던져진 예외 잡기

```
fun saveUserName(name: String) {
    try {
        validateUserName(name)
        sendUserName(name)
    } catch (e: IllegalArgumentException) {
        showMessage(e.message)
    }
}
```

이 방법은 간단하지만, 던져질 수 있는 예외의 종류가 많아지면 모든 경우를 파악해 적절히 처리하기가 어렵습니다. 필요한 예외를 놓치거나 원인이 다른 오류를 구별하지 못한 채 같은 방식으로 처리할 위험도 있습니다. 또 한 가지, 예외를 던지는 위치와 이를 잡는 위치가 멀리 떨어져 있으면, 코드의 흐름을 한눈에 이해하기도 쉽지 않습니다.

일어날 수 있는 오류를 구별해 호출한 쪽에서 처리해야 할 때는 자료형을 사용하여 명시적으로 처리를 분기하는 방법을 사용합니다. 예를 들어, 코드 7-18은 열거형을 사용한 코드 7-20으로 바꿔 쓸 수 있습니다.

코드 7-20 열거형을 사용하여 사용자 이름을 검증하는 함수

```
enum class UserNameValidationResult {
    ERROR_EMPTY,
    ERROR_TOO_LONG,
    SUCCESS
}
```

```
fun validateUserName(name: String): UserNameValidationResult {
    if (name.isEmpty()) {
        return UserNameValidationResult.ERROR_EMPTY
    }
    if (name.length > 100) {
        return UserNameValidationResult.ERROR_TOO_LONG
    }
    return UserNameValidationResult.SUCCESS
}
```

호출하는 쪽에서는 반환된 열거형 값을 기준으로, 오류 종류에 따라 서로 다른 처리를 수행합니다(코드 7-21).

코드 7-21 **코드 7-20 호출하기**

```
fun saveUserName(name: String) {
    val validationResult = validateUserName(name)
    when (validationResult) {
        UserNameValidationResult.ERROR_EMPTY ->
            showMessage("이름을 입력하세요.")
        UserNameValidationResult.ERROR_TOO_LONG ->
            showMessage("사용자 이름은 최대 100자까지입니다.")
        UserNameValidationResult.SUCCESS ->
            sendUserName(name)
    }
}
```

이 방식은 발생할 수 있는 오류의 종류를 열거형으로 명확히 드러내므로, 호출하는 쪽에서 보더라도 '어떤 오류가 발생했는가?'를 한눈에 알 수 있습니다. 그 결과, 오류의 원인이나 가능성을 혼동할 위험이 줄어듭니다.

라이브러리나 프레임워크가 예외를 던질 때도 있습니다. 이럴 때도 가능한 한 이른 단계, 즉 라이브러리나 프레임워크를 호출한 지점에서 예외를 잡아 명시적인 자료형으로 변환하면 오류를 더 안전하고 알기 쉽게 다룰 수 있습니다.

한 걸음 더 예외를 사용하는 편이 좋은 경우

앞에서는 예외 대신 자료형을 사용하여 오류를 표현하는 방법을 소개했지만, 모든 오류를 자료형으로 다루어야 하는 것은 아닙니다. 특히 호출한 쪽의 구현 실수 때문에 생긴 오류나 회복이 불가능한 오류라면 예외를 던지고 이를 호출한 쪽에서 굳이 잡지 않는 편이 낫습니다.

얼핏 보면 예외를 잡지 않고 내버려 두는 것에 거부감을 느낄지도 모릅니다. 그러나 예외가 발생했을 때 이를 그대로 두고 애플리케이션을 강제로 종료하면, 구현상의 문제를 빠르게 드러내고 수정하도록 유도할 수 있습니다. 또한 개발자가 의도하지 않은 상태로 애플리케이션을 계속 가동하면 나중에 더 큰 문제가 생길 가능성도 있습니다. 이런 점에서 예외를 잡지 않고 즉시 종료하도록 두는 선택에도 분명한 이점이 있습니다.

구별된 공용체 자료형 사용하기

여러 가지 자료형 중 '어느 것이든' 담을 수 있는 자료형을 '**공용체**(union)' 자료형이라 합니다. 예를 들어, 정수 또는 문자열 어느 쪽이든 넣을 수 있는 자료형이 이에 해당합니다. 더불어 공용체 자료형 가운데 현재 담긴 값이 어떤 자료형인지 명확히 구분할 수 있는 것을 '**구별된 공용체**(discriminated union)' 자료형이라 합니다. '이름 붙인 공용체(tagged union)'나 '직접 공용체' 자료형이라 부르기도 합니다.

코틀린에서는 sealed 인터페이스나 sealed 클래스, 스위프트에서는 열거형 associated values를 사용하여 구별된 공용체 자료형을 표현합니다. 이런 특수

한 자료형을 활용하면 더 엄격하게 무효 상태를 없앨 수 있습니다.[4]

예를 들어, 사용자 데이터를 가져오는 상황을 생각해 봅시다. 성공하면 사용자 데이터를 반환하고, 실패하면 오류 정보를 반환해야 합니다. 코드 7-22처럼 사용자와 오류를 모두 null 허용 자료형으로 갖는 클래스로 표현하면 어떻게 될까요?

코드 7-22 성공, 실패를 null 허용 자료형으로 정의하기

```
class UserFetchResult(
    val user: User?,
    val error: ErrorType?
)
```

성공이라면 user에 값을 넣고 실패라면 error에 값을 넣는 자료형입니다. 논리적으로는 양쪽 모두 값이 들었거나 양쪽 모두 값이 없을 수는 없습니다.

그러나 코드만 놓고 보면 이런 상태도 표현할 수 있습니다. 그 결과, 이런 자료형을 사용할 때는 발생하지 않아야 할 경우까지 염두에 두고 코드를 작성해야 합니다(코드 7-23).

코드 7-23 조건 분기에 무효 상태도 포함

```
val result: UserFetchResult = fetchUser()
when {
    result.error != null -> {
        // 오류일 때 처리하기
    }
    result.user != null -> {
        // 성공일 때 처리하기
    }
```

4 덧붙여 코틀린에는 구별된 공용체 자료형 이외에 일반적인 공용체 자료형을 표현하는 기능은 없습니다. 또한 언어에 따라서는 구별된 공용체 자료형 자체를 제공하지 않는 경우도 있습니다.

```
    else -> {
        // 정상적인 경우라면 여기까지 도달하지 못함
    }
}
```

코틀린에서는 코드 7-24처럼 sealed 인터페이스를 사용하면 UserFetchResult를 Success 또는 Error로 정의할 수 있습니다.

코드 7-24 sealed 인터페이스로 성공과 오류 표현하기

```
sealed interface UserFetchResult {
    class Success(val user: User) : UserFetchResult

    class Error(val error: ErrorType) : UserFetchResult
}
```

sealed 인터페이스를 사용하면 코드 7-25처럼 when 식을 조합하여 가능한 자료형을 컴파일할 때 포괄적으로 확인할 수 있습니다. 실제로는 일어나지 않는 조건이라면 무시해도 되고, 특정 경우를 빠뜨리면 컴파일 오류가 발생하므로 처리 누락을 예방할 수 있습니다.

코드 7-25 when 식으로 sealed 인터페이스 판별하기

```
when (val result: UserFetchResult = fetchUser()) {
    is UserFetchResult.Success -> {
        // 성공일 때 처리하기
    }
    is UserFetchResult.Error -> {
        // 실패일 때 처리하기
    }
}
```

이처럼 언어가 제공하는 자료형 기능을 적절히 활용하면, 더 안전하고 명확한 코드를 작성할 수 있습니다. 언어에 따라서는 더 복잡한 자료형도 정의할 수 있습니다. 단, 이를 사용할 때는 목적에 맞는지를 꼭 확인하세요. 생각 없이 특수한 자료형을 마구 사용하면 쓸데없이 코드가 복합해질 염려가 있습니다. 요컨대, 언어가 제공하는 기능 사용이 목적이 되어서는 안 됩니다. 더 읽기 쉽고 안전하고 유지보수하기 쉬운 코드를 목표로 하세요.

{ 7.3 변경할 수 없는 데이터 사용하기 }

프로그래밍에서는 다양한 데이터를 다루는데, 그중 만든 후에도 값을 변경할 수 있는 데이터를 **뮤터블**(mutable)이라 합니다. 이와 달리 일단 만들면 값을 변경할 수 없는 데이터를 **이뮤터블**(immutable)이라 합니다. 이 절에서는 뮤터블과 이뮤터블의 차이점과 각각 언제 사용하는지를 알아봅니다.

뮤터블과 이뮤터블의 차이

코드 7-26은 사용자를 나타내는 클래스로, 모든 속성을 var로 정의했기 때문에 인스턴스를 생성한 다음에도 값을 바꿀 수 있습니다.[5] 따라서 이 클래스는 뮤터블이라 할 수 있습니다.

코드 7-26 뮤터블 클래스와 이용 방법

```
class User(
    var id: String,
    var name: String
```

5 코틀린에서 val은 덮어쓰기 불가능, var는 덮어쓰기 가능 변수를 뜻합니다(코틀린 한 조각 3 '클래스의 생성자와 속성 선언하기' 참고).

```
)

val user = User(id = "id", name = "user name")
user.name = "updated"
```

이와 달리 코드 7-27에서는 모든 속성을 val로 정의했으므로 나중에 값을 바꿀 수 없는 이뮤터블이 됩니다. 속성을 다른 값으로 바꾸고 싶다면 새로운 인스턴스를 만들어야 합니다.

코드 7-27 이뮤터블 클래스와 이용 방법

```
class User(
    val id: String,
    val name: String
)

val user = User(id = "id", name = "user name")
user.name = "updated" ←— 컴파일 오류
```

한 걸음 더 이뮤터블과 읽기 전용

코틀린에는 변경할 수 있는 MutableList와 읽기 전용인 List가 있습니다.[6] 이 List는 얼핏 변경할 수 없는 이뮤터블 객체처럼 보이지만, 엄밀하게 말하면 다릅니다. 참조 대상이 뮤터블이라면 읽기 전용으로 받아도 내용을 변경할 수 있으므로 조심해야 합니다.

예를 들어, 코드 7-28처럼 MutableList를 List 형으로 변환하더라도 참조 대상인 원본 mutableList를 변경하면 list에도 그 결과가 그대로 반영됩니다.

6 이 밖에도 변경 가능과 읽기 전용 조합 예로는 MutableMap과 Map, MutableSet과 Set 등을 들 수 있습니다.

코드 7-28 뮤터블 리스트와 읽기 전용 리스트

```
val mutableList: MutableList = mutableListOf(1, 2, 3)
val list: List<Int> = mutableList
mutableList.add(4)
println(list) ←── 1, 2, 3, 4
```

이를 피하려면 toList() 함수로 리스트를 복사해야 합니다. 이렇게 하면 이 리스트를 이뮤터블로 다룰 수 있습니다(코드 7-29).

코드 7-29 리스트 복사하기

```
val mutableList: MutableList = mutableListOf(1, 2, 3)
     ┌──────── 리스트를 복사해서 만듦
val list: List<Int> = mutableList.toList()
mutableList.add(4)
println(list) ←── 1, 2, 3
```

이 차이를 이해하지 못하면 예상하지 못한 시점에 값이 바뀌거나 버그가 생길 수 있습니다. 따라서 이뮤터블과 읽기 전용의 차이를 명확히 인식하고 사용해야 합니다.

데이터를 나타내는 자료형은 이뮤터블로

데이터를 나타낼 때는 기본적으로 뮤터블보다는 이뮤터블로 하는 편이 실수도 줄이고 튼튼하고 안전한 프로그램을 만들 수 있습니다. 특히 뮤터블 데이터를 여러 곳에서 사용한다면 예상치 못한 문제를 일으킬 수 있습니다.

예를 들어, 코드 7-30처럼 변경할 수 있는 User 클래스와 이를 저장하는 UserStore 클래스가 있다고 합시다.

코드 7-30 뮤터블 User 클래스와 이를 저장하는 UserStore 클래스

```
class User(
    var id: String,
    var name: String
)

class UserStore {
    val user = User(id = "id", name = "user name")
}
```

User 클래스는 언제 어디서든 값을 변경할 수 있으므로 이를 여러 곳에서 참조하며 마구 변경하면 '어디서, 어떻게 변경했는지'를 추적하기가 무척 어렵습니다. 즉, 의도하지 않은 변경이 발생하더라도 어디인지를 특정하지 못할 때가 흔합니다.

데이터를 나타내는 클래스를 이뮤터블로 만들면 이런 문제를 상당 부분 해결할 수 있습니다. 코드 7-31에서는 이뮤터블인 User 클래스를 이용하고 사용자 이름 변경은 UserStore 클래스의 updateName( ) 함수가 담당하도록 설계를 바꾸었습니다.

코드 7-31 이뮤터블 User 클래스와 이를 저장하는 UserStore 클래스

```
class User(
    val id: String,
    val name: String
)

class UserStore {
    var user = User(id = "id", name = "user name")
        private set

    fun updateName(name: String) {
```

```
        user = User(id = user.id, name = name)
    }
}
```

이렇게 하면 updateName() 함수로만 사용자 이름을 변경합니다. 그러므로 '어디서 이름을 변경했는지'를 쉽게 추적할 수 있어 디버깅도 쉬워집니다.

UserStore에는 덮어쓸 수 있는 var로 지정한 멤버가 있으므로 User() 함수의 반환값은 상황에 따라 달라집니다. 따라서 이 클래스는 뮤터블이라 할 수 있습니다. 애플리케이션 상태는 사용자 입력이나 외부 통신에 따라 변할 수밖에 없으므로 뮤터블 객체를 적절하게 사용해야 합니다. 데이터 그 자체는 이뮤터블로 유지하고 변할 수 있는 상태를 다루는 곳을 제한하면 어디서 데이터가 변경되는지를 쉽게 알 수 있으므로 안전한 설계를 실현할 수 있습니다.

한 걸음 더 이뮤터블과 다중 스레드

여러 스레드를 사용하는 환경에서는 리소스 경쟁에 특히 주의해야 합니다. 여러 개의 스레드가 동시에 같은 데이터를 수정하려 하면 경합 상태(race condition)가 발생해 의도하지 않은 덮어쓰기나 데이터 무결성 손상이 일어날 수 있습니다. 이러한 문제를 방지하려면 상호 배제 제어 같은 적절한 동기화 기법이 필요합니다.

반면 객체가 이뮤터블이라면 일단 객체를 만든 다음에는 다시 변경할 수 없으므로 스레드가 여러 개일 때 생길 수 있는 위험을 상당히 줄일 수 있습니다.

한 걸음 더 이뮤터블 객체의 단점

안전성이라는 관점에서는 이뮤터블 객체가 무척 도움이 됩니다. 그러나 값을 변경할 때마다 매번 새로운 인스턴스를 만들어야 한다는 특성 때문에 환경에 따라서는 인스턴스를 만드는 데 드는 비용이 늘어나 가비지 컬렉션(GC) 부하가 커질 수 있습니다.

대부분 환경에서는 어느 정도 비용이 들더라도 안전을 중시하는 편이 좋습니다. 그러나 짧은 시간에 많은 인스턴스를 만들어야 할 때나 이 때문에 성능이 떨어질 것으로 예상할 때는 오히려 뮤터블 객체를 사용하는 편이 좋을 때도 있습니다.

코틀린 한 조각 ⑮ 데이터 클래스와 copy( ) 함수

코틀린에서는 데이터를 표현하는 클래스로 데이터 클래스를 사용할 수 있습니다. 데이터 클래스에는 다양한 편의 기능이 있는데, 그중 하나가 copy( ) 함수입니다. copy( )는 일부 속성만을 변경한 새로운 객체를 만드는 함수입니다. 앞서 살펴본 UserStore 클래스는 코드 7-32처럼 다시 작성할 수 있습니다.

코드 7-32 데이터 클래스 copy( ) 함수 사용하기

```
data class User(
    val id: String,
    val name: String
)

class UserStore {
    private var user = User(id = "id", name = "user name")

    fun getUser(): User {
        return user
    }

    fun updateName(name: String) {
        user = user.copy(name = name)
    }
}
```

범위가 좁다면 뮤터블도 사용 가능

이뮤터블 데이터를 사용하면 코드가 안전하고 유지보수성이 좋아진다고 했습니다. 그러나 모든 상황에서 이뮤터블을 너무 철저히 지키려 하면 오히려 코드를 읽기 어려울 수 있습니다.

예를 들어, 매월 결제하는 프리미엄 회원과 일반 회원에게 서로 다른 메뉴 항목을 표시해야 하는 경우를 생각해 봅시다(그림 7-2).

일반 회원	프리미엄 회원
메뉴	메뉴
프리미엄 회원 가입	회원 정보
회원 정보	결제 정보

그림 7-2 일반 회원과 프리미엄 회원에게 표시할 메뉴

이런 요구 사항을 이뮤터블 리스트만으로 구현하면 코드 7-33처럼 리스트를 생성하고 결합하는 처리가 계속 이어져 가독성이 떨어질 수 있습니다.

코드 7-33 뮤터블 리스트를 사용하지 않을 때

```
fun createMenu(isPremium: Boolean): List<String> {
    val list1 = if (isPremium) {
        listOf()
    } else {
        listOf("프리미엄 회원 가입")
    }
    val list2 = list1 + listOf("회원 정보")
    val list3 = list2 +
        if (isPremium) listOf("결제 정보") else listOf()
    return list3
}
```

이럴 때는 오히려 뮤터블 리스트를 사용하여 코드 7-34처럼 작성하는 편이 읽기가 편합니다.

코드 7-34 뮤터블 리스트를 사용할 때

```
fun createMenu(isPremium: Boolean): List<String> {
    val mutableList = mutableListOf<String>()
    if (!isPremium) {
        mutableList.add("프리미엄 회원 가입")
    }
    mutableList.add("회원 정보")
    if (isPremium) {
        mutableList.add("결제 정보")
    }
    return mutableList
}
```

여기서는 함수 내부에서만 뮤터블 리스트를 사용하고 반환값은 덮어쓸 수 없는 List로 변환합니다. 이처럼 뮤터블 데이터를 사용하는 범위가 좁다면 '어디서 어떻게 데이터가 변하는지 알 수 없다'는 문제가 생기지 않습니다. 따라서 이럴 때는 가독성이 높은 뮤터블 데이터를 사용하는 편이 좋습니다. 각각의 장점과 단점을 비교하고 상황에 맞게 구분하여 사용하도록 합시다.

한 걸음 더 리스트 빌더 함수

코틀린에 있는 buildList라는 빌더 함수를 이용하면 간단하게 리스트를 만들 수 있습니다. buildList를 사용하면 뮤터블 리스트(MutableList)가 존재하는 범위를 더 좁힐 수 있습니다.

코드 7-33과 코드 7-34는 buildList를 이용하여 코드 7-35 처럼 다시 작성할 수 있습니다.[7]

7 코틀린에는 이 외에도 listOfNotNull로 리스트를 만드는 방법 등이 있습니다.

코드 7-35 빌더 함수를 사용할 때

```
fun createMenu(isPremium: Boolean): List<String> {
    return buildList {
        if (!isPremium) add("프리미엄 회원 가입")
        add("회원 정보")
        if (isPremium) add("결제 정보 ")
    }
}
```

7.4 데이터는 한곳에서 관리하기

같은 데이터가 여러 곳에 있다면 데이터 일관성을 유지하기 어렵고 버그가 생길 위험이 커집니다. 그러므로 같은 데이터는 가능한 한 한곳에서 관리해야 합니다. 이를 '**단일 진실 공급원**(single source of truth)' 원칙이라 합니다. 이뿐만 아니라 DRY 원칙[8]에서도 코드뿐 아니라 데이터 중복을 피할 것을 권장합니다.

같은 데이터는 한곳에

쇼핑몰 사이트에서 배송지 주소를 표현하는 방법을 예로 들어 봅시다. 코드 7-36처럼 사용자 정보를 저장하는 User 클래스, 배송지 주소 정보를 저장하는 Address 클래스, 양쪽을 잇는 UserDetail 클래스를 만들었습니다. 사용자 한 사람이 여러 개의 주소를 등록할 수 있도록 주소 정보는 리스트로 관리합니다.

8 DRY 원칙은 '6.3 DRY 원칙: 중복 지식 줄이기' 절을 참고하세요.

코드 7-36 사용자와 배송지 주소를 관리하는 클래스

```
class User(
    val id: String,
    val name: String,
    val email: String
)

class Address(
    val id: String,
    val userId: String,
    val userName: String,
    val address: String
)

class UserDetail(
    val user: User,
    val addresses: List<Address>
)
```

이 코드에서는 User 클래스와 Address 클래스 양쪽에 사용자 ID와 이름을 저장하므로 중복이 발생합니다. 그 결과 사용자 이름을 변경할 때 한쪽만 변경하게 되면 데이터 불일치가 생길 수 있습니다.

그러므로 가능한 한 같은 데이터는 한곳에서만 관리하도록 합시다. 사용자 ID와 이름은 User 클래스에만 저장해도 충분합니다(코드 7-37).

코드 7-37 중복 데이터 삭제하기

```
class User(
    val id: String,
    val name: String,
    val email: String
)
```

```
class Address(
    val id: String,
    val address: String
)

class UserDetail(
    val user: User,
    val addresses: List<Address>
)
```

데이터베이스나 파일에 저장할 때도 마찬가지로, 같은 정보를 여러 곳에 저장해서는 안 됩니다.

캐시 중복에 조심하기

실제 개발에서는 읽은 데이터를 멤버 변수로 저장하는, 즉 캐시를 이용할 때가 흔합니다. 예를 들어, 코드 7-38처럼 가져온 사용자 정보를 클래스 내부에 멤버 변수로 캐싱하곤 합니다.

코드 7-38 여러 곳에서 사용자 정보를 캐싱하는 예

```
class UserCache(
    private val userRepository: UserRepository
) {
    var user: User? = null

    fun refresh() {
        user = userRepository.getUser()
    }
}
```

캐시를 이용할 때는 엄밀히 말하면 **원래 데이터와 캐시 데이터에 중복이 발생**한 상태입니다. 그러다 보니 원래 데이터를 변경해도 캐시가 바뀌지 않는

문제가 생길 수 있습니다. 예를 들어, 사용자가 자기 표시 이름을 변경했음에도 이전 이름이 그대로 표시될지도 모릅니다.

게다가 여러 곳에서 캐시를 저장한다면 데이터 동기화가 더 어렵습니다. 모든 곳에서 동기화 처리를 수행하지 않으면 어떤 캐시가 최신 값인지 구별하기 어려우므로 오작동의 원인이 됩니다.

엄격하게 단일 진실 공급원 원칙을 따르기란 쉽지 않습니다. 이상적으로는 항상 원본 데이터를 참조해야 합니다. 그러나 데이터베이스나 네트워크에 자주 접근하면 성능 저하나 통신량 증가라는 문제가 생기므로 어딘가에 캐싱하는 쪽이 현실적인 선택지일 때도 흔합니다.

필요 없는 곳에서는 캐시를 피하고 최소한의 곳에 데이터를 저장하거나 데이터를 저장한 곳을 명확하게 해야 합니다. 이렇게 하면 데이터 동기화에 따른 위험을 줄일 수 있습니다.

7.5 상태 변경과 정보 조회 분리하기

함수에는 주로 두 가지 역할이 있습니다. 하나는 상태 변경하기, 다른 하나는 정보 조회하기입니다. 하나의 함수가 상태 변경과 정보 조회를 동시에 담당하면 의도가 흐려지고 코드가 복잡해져 버그가 발생할 위험이 커집니다. 가능한 한 상태를 변경하는 함수와 정보를 조회하는 함수를 분리해, 가독성을 높이고 코드를 더 안전하게 유지하도록 합시다.

명령-쿼리 분리 원칙

명령-쿼리 분리 원칙(command query separation, CQS)은 상태를 변경하는 조작(명령)과 정보를 가져오는 조작(쿼리)을 명확하게 분리하라고 합니다.

예를 들어, 코드 7-39는 프로그램을 실행할 때 걸리는 시간을 측정하는 Timer 클래스입니다.

코드 7-39 프로그램 실행 시간을 측정하는 클래스

```
class Timer {
    private var startTimeMillis: Long = 0

    fun start() {
        startTimeMillis = System.currentTimeMillis()
    }

    fun getDurationMillis(): Long {
        val currentTimeMillis = System.currentTimeMillis()
        val durationMillis = currentTimeMillis - startTimeMillis
        startTimeMillis = currentTimeMillis
        return durationMillis
    }
}
```

start() 함수로 측정을 시작하고 getDurationMillis() 함수로 걸린 시간을 얻습니다. 그런데 getDurationMillis() 함수는 걸린 시간을 반환할 뿐 아니라 startTimeMillis를 현재 시각으로 업데이트하기도 합니다. 이는 명령-쿼리 분리 원칙 위반입니다.

실제로 getDurationMillis() 함수를 여러 번 연속으로 호출하면 그때마다 startTimeMillis가 초기화되어 올바른 경과 시간을 얻을 수 없습니다. 이러한 동작은 코드를 꼼꼼하게 읽지 않으면 알 수 없으므로 잘못 사용할 위험이 큽

니다.

이를 피하려면 상태 변경과 정보 조회는 서로 다른 함수에서 수행해야 합니다. 여기서는 다시 측정을 시작할 때 start() 함수를 호출하면 되므로 getDurationMillis() 함수에서 상태를 변경하는 부분은 삭제합니다(코드 7-40).

코드 7-40 상태 변경과 정보 조회 분리하기

```
class Timer {
    private var startTimeMillis: Long = 0

    fun start() {
        startTimeMillis = System.currentTimeMillis()
    }

    fun getDurationMillis(): Long {
        return System.currentTimeMillis() - startTimeMillis
    }
}
```

이 Timer 클래스를 반복해서 사용하려면, 한 번 측정이 끝난 뒤 다음 측정을 시작할 때는 getDurationMillis() 함수를 호출할 때마다 start() 함수도 함께 호출해야 합니다. 그러다 보니 어떨 때는 이전 코드가 더 편리해 보이기도 합니다. 하지만 코드가 조금 길어지더라도 의도가 명확하고 올바르게 동작하는 코드가 더 바람직합니다.

한 걸음 더 처음부터 상태 변경 없애기

상태가 변하는 조작은 분리해야 한다고 했는데, 애초에 상태가 변하는 조작 자체를 줄일 수 있다면 버그가 생길 가능성도 함께 줄어듭니다.

예를 들어, 코드 7-40의 Timer 클래스에서 start() 함수를 삭제하고 측정을 시작할 때마다 Timer 인스턴스를 새로 만드는 방법도 좋습니다. 이렇게 하면 의도하지 않은 시점에 start() 함수를 호출하여 값을 초기화하는 일을 막을 수 있습니다(코드 7-41).

코드 7-41 start() 함수를 삭제한 Timer 클래스[9]

```
class Timer {
    private val startTimeMillis: Long =
        System.currentTimeMillis()

    fun getDurationMillis(): Long {
        return System.currentTimeMillis() -
            startTimeMillis
    }
}
```

명령-쿼리 분리 원칙의 예외

상태 변경과 정보 조회를 일부러 하나의 함수로 처리하는 편이 더 바람직할 때도 있습니다. 예를 들어, 사용자 정보를 가져오는 처리에서 정보가 없다면 새로 등록하는 일련의 동작까지를 요구 사항이라고 합시다(코드 7-42).

코드 7-42 사용자가 없다면 새로 등록하는 함수

```
fun getOrRegisterUser(id: String): User {
```

9 단순히 특정 처리에 걸리는 시간을 잴 때는 코틀린의 measureTimeMillis() 함수를 사용합니다.

```
    val user = Api.getUser(id)
    if (user != null) {
        return user
    }
    return Api.registerUser(id)
}
```

이때 사용자 정보를 가져오는 처리와 새로 등록하는 처리를 서로 다른 함수로 분리하면 호출하는 쪽에서 매번 이 일련의 동작을 구현해야 합니다. 그러나 이는 하나의 요구 사항을 여러 곳에서 반복 구현하게 되므로 DRY 원칙 위반입니다. 이럴 때는 명령-쿼리 분리 원칙을 지키지 않는 편이 더 낫습니다.

다만 상태 변경과 정보 조회 양쪽을 동시에 담당하는 함수라면 이름만으로도 이를 알 수 있도록 합시다. 코드 7-42의 getOrRegisterUser라는 이름을 보면 이 함수로 상태까지 변경할 수 있다는 사실을 바로 알 수 있습니다. 이와 달리 이름이 단순히 getUser였다면 개발자는 사용자 등록 기능이 있다는 사실을 모른 채 사용할지도 모릅니다.

이처럼 상태 변경과 정보 조회가 밀접하게 연결된다면 하나로 정리하는 편이 좋을 때도 있습니다. 단, 이 함수가 여러 가지를 처리한다는 사실이 분명하도록 적절한 함수 이름을 붙이세요.

8장

코드는 작성보다 변경이 더 어렵다

• • •

작성한 코드라도 요구 사항이 달라지면 새로운 기능을 추가하거나 코드를 변경해야 합니다. 이뿐만 아니라 발견한 문제에도 대처해야 합니다. 그런데 코드를 변경하고 나면 처음 코드를 작성했을 때보다 더 읽기 어려운 코드가 되는 경우도 적지 않습니다.

{ 8.1 보이 스카우트 규칙: 왔을 때보다 더 깨끗하게 }

새로운 코드를 추가하기 전에 새 코드를 추가해도 괜찮은 상태인지 먼저 확인하세요. 바람직한 상태가 아니라면 코드를 추가하기 전이나 추가하면서 동시에 깨끗하게 정리하도록 합시다. 이처럼 **이전보다 코드를 깔끔하게 유지하는 것**을 캠프장에 왔을 때보다도 더 깨끗하게 하고 떠난다는 보이 스카우트 정신을 본떠 '**보이 스카우트 규칙**'이라 합니다.

이전에 작성한 코드에 개선할 수 있는 부분이 없는지 살펴보는 것도 중요합니다. 어느 정도 시간이 흐르고 나서 다시 보면 이전 코드 중 이해하기 어려운 부분이나 문제점을 찾을 수 있을지도 모릅니다. 프로그래밍 언어에 새로운 기능이 추가되거나 새로운 라이브러리가 등장하면 이전보다 더 좋은 방법이 생길 수도 있습니다. 이러한 작은 개선을 거듭하면 읽기 쉽고 튼튼한 소프트웨어를 만들 수 있습니다.

단, 개선에만 너무 집중하다 보면 원래 목적을 잊기도 합니다. 특히 대규모 리팩터링과 기능 개발을 함께 진행하면 여러 부분을 한꺼번에 변경하게 되고 결국 되돌릴 수 없는 상태에 이를 수도 있습니다. 여기서 말하는 '보이 스카우트 규칙'이란 작은 부분을 함께 수정하거나 새롭게 변경하여 코드를 깨끗하게 유지하는 것을 일컫습니다. 넓은 범위에 이르는 개선은 따로 시간을 들여 먼저 끝내든지, 당장 하기 어렵다면 나중에 꼭 처리하도록 메모를 남기도록 합시다.

8.2 백지상태에서 코드 바라보기

코드를 추가하거나 변경할 때 기존 코드에 너무 얽매이면 무엇이 최적인지를 놓칠 수 있습니다. 이처럼 눈앞의 정보에 판단이 무의식적으로 쏠리는 것을 **닻 내림 효과**(anchoring effect)라 합니다. '8.1 보이 스카우트 규칙: 왔을 때보다 더 깨끗하게'에서도 살펴봤듯이 기존 코드가 항상 최선은 아닐 수 있다는 사실을 잊지 마세요. 작성할 때는 가장 좋아 보였던 코드도 사양이나 환경이 달라지면 그대로 사용할 수 없기도 합니다. 그러므로 항상 백지상태에서 바라봐야 합니다. 지금 처음부터 코드를 작성한다면 어떤 코드가 가장 나을지를 떠올리세요.

기존 코드 변경하기

채팅 앱을 예로 살펴봅시다. 먼저 지정한 상대에게 텍스트 메시지를 보내는 기능이 있을 겁니다. 코드 8-1은 서버로 메시지를 보내고 송신이 성공인지 실패인지를 UI에 표시합니다.

코드 8-1 메시지를 보내고 결과를 표시하는 함수

```
fun sendMessage(text: String, targetUserId: String) {
    val result = api.sendMessage(text, targetUserId)
    if (result.isSucceeded) {
        showInformationToast("보냈습니다.")
    } else {
        showErrorToast("보내기에 실패했습니다.")
    }
}
```

여기서 텍스트가 아닌 이미지도 보내고 싶습니다. 단 텍스트와 이미지는 동시에 보낼 수는 없고 하나만 보낼 수 있습니다.

지금까지 작성한 코드를 살려 코드 8-2처럼 이미지를 보내는 코드를 작성했습니다. 어떻나요?

코드 8-2 이미지도 보낼 수 있도록 수정하기

```
fun sendMessage(
    text: String,
    image: Image?,
    targetUserId: String
) {
    val result = if (image != null) {
        api.sendImage(image, targetUserId)
    } else {
        api.sendMessage(text, targetUserId)
    }
    if (result.isSucceeded) {
        showInformationToast("보냈습니다.")
    } else {
        showErrorToast("보내기에 실패했습니다.")
    }
}
```

함수 안에 분기가 늘어 상당히 읽기 어려운 코드가 되었습니다. 또한 함수 인수만 보면 텍스트와 이미지를 동시에 보낼 수 있을 것 같습니다. 그러나 실제로는 이미지를 지정했을 때는 텍스트를 무시합니다.

코드 전체를 읽지 않아도 함수 이름과 인수를 보면 내용을 예상할 수 있도록 설계해야 합니다. 여기서는 텍스트용과 이미지용 함수를 나누는 편이 좋습니다. 결과 표시를 공통화하고 싶다면 이 부분만 함수로 분리하면 됩니다(코드

8-3).[1]

코드 8-3 텍스트 보내기와 이미지 보내기를 별도의 함수로

```
fun sendTextMessage(text: String, targetUserId: String) {
    val result = api.sendMessage(text, targetUserId)
    showMessageSendResult(result)
}

fun sendImageMessage(image: Image, targetUserId: String) {
    val result = api.sendImage(image, targetUserId)
    showMessageSendResult(result)
}

fun showMessageSendResult(result: MessageSendResult) {
    if (result.isSucceeded) {
        showInformationToast("보냈습니다.")
    } else {
        showErrorToast("보내기에 실패했습니다.")
    }
}
```

지금까지 만든 코드에 억지로 새 기능을 추가하면 착각하기 쉬운 코드가 되기도 합니다. 이상적인 상태를 실현하려면 기존 코드를 변경할 필요는 없는지부터 확인하세요.

변경할 부분을 최소화하는 데만 신경을 쓰다 보면 이러한 구조 변경을 떠올리기 어렵습니다. 일단 기존 코드는 잊고 더 나은 코드를 찾도록 합시다. 더불어 작성한 코드와 그 주변을 포괄적으로 바라보고 개선할 점은 없을지 확인합시다.

1 코드 공통화와 그 해제는 뒤에서 설명할 '공통 부분 뽑아내기/공통화 그만두기' 항에서 자세히 다룹니다.

코드 나누기

기능 추가와 함께 코드를 추가했을 때 하나의 함수나 클래스가 너무 커진다면 코드 나누기를 검토해야 합니다.

그림 8-1처럼 상품 목록을 표시하는 화면을 구현하는 예를 살펴봅시다. 이를 코드로 바꾸면 코드 8-4처럼 됩니다.

상품 목록
상품 1
상품 2
상품 3
…

그림 8-1 상품 목록

코드 8-4 상품 목록 표시하기

```
fun showProductList(products: List<Product>) {
    showTitle("상품 목록")
    for (product in products) {
        showProduct(product)
    }
}
```

그런 다음, 이 목록의 추가 기능으로 최근 구매한 상품을 맨 위에 표시하고자 합니다(그림 8-2). 최근 구매한 상품과 그 외 상품은 서로 다른 섹션이며 각각에 제목이 있습니다. 이와 함께 최근에 구매한 상품이 없다면 최근 구매 상품 섹션은 표시하지 않습니다. 코드 8-5는 이 모두를 하나의 함수로 구현한 예입니다.

상품 목록
최근 구매한 상품
상품 1
상품 2
그 외 상품
상품 3
상품 4
상품 5
…

그림 8-2 최근 구매한 상품과 전체 상품

코드 8-5 최근 구매한 상품 표시하기

```
fun showProductList(
    recentlyPurchasedProducts: List<Product>,
    otherProducts: List<Product>
```

```
) {
    showTitle("상품 목록")
    if (recentlyPurchasedProducts.isNotEmpty()) {
        showHeader("최근 구매한 상품")
        for (product in recentlyPurchasedProducts) {
            showProduct(product)
        }
    }
    showHeader("그 외 상품")
    for (product in otherProducts) {
        showProduct(product)
    }
}
```

이렇게 하면 점점 함수가 커지고 읽기도 어려워집니다. 이럴 때는 코드 8-6 처럼 함수 분할을 검토합니다.

코드 8-6 함수 나누기

```
fun showProductList(
    recentlyPurchasedProducts: List<Product>,
    otherProducts: List<Product>
) {
    showTitle("상품 목록")
    showRecentlyPurchasedProductList(recentlyPurchasedProducts)
    showOtherProductList(otherProducts)
}

private fun showRecentlyPurchasedProductList(
    products: List<Product>
) {
    if (products.isEmpty()) {
        return
    }
```

```
    showHeader("최근 구매한 상품")
    for (product in products) {
        showProduct(product)
    }
}

private fun showOtherProductList(products: List<Product>) {
    showHeader("그 외 상품")
    for (product in products) {
        showProduct(product)
    }
}
```

함수를 나누면 '최근 구매 상품'과 '그 외 상품'으로 상품 목록이 두 개 섹션으로 구성된다는 것을 쉽게 알 수 있습니다.

코드를 추가할 때는 처음 작성할 때보다 하나의 함수나 클래스가 너무 커지지 않도록 주의해야 합니다. '3장 큰 문제는 나누어 생각하기'에서 설명한 것처럼 변경한 후의 코드가 관심사 단위로 나뉘었는지, 단일 책임 원칙[2]을 잘 지키는지, 높은 응집도[3]를 유지하는지 확인하세요.

거꾸로 코드를 삭제할 때는 의미를 잃은 함수나 클래스가 남아 있지 않은지 확인하세요. 예를 들어, 코드 8-7처럼 단순히 다른 함수를 호출하기만 하는 함수라면 삭제하는 편이 좋습니다.

코드 8-7 다른 함수를 호출하기만 하는 함수

```
fun showProduct(product: Product) {
    listView.showProduct(product)
}
```

---

2 단일 책임 원칙은 '3.1 함수와 클래스 나누기' 절의 '코드를 변경하는 이유는 단 한 가지' 항을 참고하세요.

3 응집도는 '3.4 응집도 높이기' 절을 참고하세요.

공통 부분 뽑아내기/공통화 그만두기

코드 8-6은 최근 구매한 상품 섹션과 그 외 상품 섹션으로 나뉘며, 두 섹션 모두 제목을 표시하고 상품 목록을 출력한다는 공통점이 있습니다. 따라서 이 공통 부분을 뽑아내면 코드 8-8처럼 작성할 수 있습니다.

코드 8-8 섹션을 만드는 코드 뽑아내기

```
fun showProductList(
    recentlyPurchasedProducts: List<Product>,
    otherProducts: List<Product>
) {
    showTitle("상품 목록")
    if (recentlyPurchasedProducts.isNotEmpty()) {
        showProductListSection(
            "최근 구매한 상품",
            recentlyPurchasedProducts
        )
    }
    showProductListSection("그 외 상품", otherProducts)
}

private fun showProductListSection(
    header: String,
    products: List<Product>
) {
    showHeader(header)
    for (product in products) {
        showProduct(product)
    }
}
```

추가하려는 코드가 기존 코드와 실질적으로 같다면 DRY 원칙[4]을 바탕으로 공통화를 검토해 볼 만합니다.

다만 공통화한 코드를 변경해야 할 때는 공통화를 유지하는 것이 오히려 부담이 되기도 합니다. 예를 들어, 앞서 만든 공통화 코드에 그림 8-3처럼 최근 구매한 상품에 구매한 날짜를 표시해 볼까요? 그리고 그 외 상품 섹션에는 상품 설명을 추가로 표시합니다. 공통화를 유지한 채로 이를 구현하면 코드 8-9처럼 됩니다.

상품 목록
최근 구매한 상품
상품 1 12/24 구매
상품 2 2/24 구매
그 외 상품
상품 3 상품 설명 3
상품 4 상품 설명 4
상품 5 상품 설명 5
...

그림 8-3 상품 목록

코드 8-9 구매 날짜와 상품 설명 표시하기

```
fun showProductList(
        recentlyPurchasedProducts: List<Product>,
        otherProducts: List<Product>
    ) {
    showTitle("상품 목록")
    if (recentlyPurchasedProducts.isNotEmpty()) {
        showProductListSection(
            "최근 구매 상품",
            recentlyPurchasedProducts,
            true
        )
    }
    showProductListSection(
        "그 외 상품",
        otherProducts,
        false
    )
}

private fun showProductListSection(
```

4 DRY 원칙은 '6.3 DRY 원칙: 중복 지식 줄이기' 절을 참고하세요.

```
    header: String,
    products: List<Product>,
    shouldShowLastPurchasedDate: Boolean
    ) {
        showHeader(header)
        for (product in products) {
            val description =
            if (shouldShowLastPurchasedDate) {
                "${product.lastPurchasedDate} 구매"
            } else {
                product.description
            }
        showProduct(product, description)
    }
}
```

이렇게 되면 showProductListSection( ) 함수가 점점 복잡해집니다. 또한 플래그로 내부 동작을 제어하므로 논리 응집[5] 형태이기도 합니다. 이럴 때는 공통화를 그만두고 섹션별로 구현하는 편이 간단합니다(코드 8-10).

코드 8-10 최근 구매 상품과 그 외 상품 섹션을 나누어 구현하기

```
fun showProductList(
    recentlyPurchasedProducts: List<Product>,
    products: List<Product>
) {
    showTitle("상품 목록")
    showRecentlyPurchasedProductList(recentlyPurchasedProducts)
    showOtherProductList(products)
}

private fun showRecentlyPurchasedProductList(
    products: List<Product>
```

5 논리 응집은 '3.4 응집도 높이기' 절의 '함수의 응집도 수준' 항을 참고하세요.

```
) {
    if (products.isEmpty()) {
        return
    }

    showHeader("최근 구매 상품")
    for (product in products) {
        showProduct(
            product,
            "${product.lastPurchasedDate} 구매"
        )
    }
}

private fun showOtherProductList(products: List<Product>) {
    showHeader("그 외 상품")
    for (product in products) {
        showProduct(product, product.description)
    }
}
```

무엇을 공통화할 것인지는 상황에 따라 다릅니다. 코드를 다시 작성할 때는 새롭게 공통화할 부분이 있는지, 또는 기존 공통화를 해제해야 할 부분은 없는지를 그때그때 신중하게 검토하세요.

한 걸음 더 함수를 나누지 않는 해결 방법

코드 8-10처럼 함수를 나누는 방식도 좋지만, 인수 등을 잘 설계하면 공통화를 유지할 수 있는 경우도 있습니다. 코드 8-11에서는 showProductListSection() 함수의 인수로 사용할 ProductUiItem을 따로 정의하여 섹션 표시 처리를 공통으로 유지합니다.

코드 8-11 ProductUiItem을 정의하여 공통화 유지하기

```
fun showProductList(
    recentlyPurchasedProducts: List<Product>,
    otherProducts: List<Product>
) {
    showTitle("상품 목록")
    if (recentlyPurchasedProducts.isNotEmpty()) {
        val recentlyPurchasedProductUiItems =
            recentlyPurchasedProducts.map { product ->
                ProductUiItem(
                    product,
                    "${product.lastPurchasedDate} 구매"
                )
            }
        showProductListSection(
            "최근 구매한 상품",
            recentlyPurchasedProductUiItems
        )
    }

    val otherProductUiItems =
        otherProducts.map { product ->
            ProductUiItem(
                product,
                product.description
            )
        }
    showProductListSection(
        "그 외 상품",
        otherProductUiItems
    )
}

private fun showProductListSection(
    header: String,
```

```
    items: List<ProductUiItem>
) {
    showHeader(header)
    for (item in items) {
        showProduct(item.product, item.description)
    }
}

class ProductUiItem(
    val product: Product,
    val description: String
)
```

이름과 주석도 변경하기

코드를 변경할 때는 함수 이름이나 클래스 이름 등 여러 이름이 변경된 구현 내용에 여전히 어울리는지를 다시 확인하세요. 더불어 코드에 적은 주석도 필요하다면 수정합니다. 이름이나 주석 변경을 게을리하여 실제 구현과 차이가 생긴다면 코드를 잘못 이해하거나 버그가 생기기 쉽습니다. 특히 변경한 코드를 참조하는 곳과 같은 주변 코드는 빠트리기 쉬우므로 꼼꼼하게 확인해야 합니다.

8.3 조금씩 수정하기

새로운 기능을 추가하거나 기존 기능을 변경, 개선, 디버깅, 리팩터링할 때도 대규모 변경을 한꺼번에 진행하는 데는 위험이 따릅니다. 예기치 못한 버그가 섞일 수 있고 이 버그가 언제 드러날지도 알기 어려우며 그 결과 수정하는 데도 시간이 걸립니다. 따라서 코드를 변경할 때는 가능한 한 조금씩 적용해 나가는 것이 위험을 줄이는 방법입니다.

태스크 나누기

대규모 기능을 새롭게 개발하거나 기존 기능을 변경할 때는 더 작은 태스크로 나눌 수 없는지 검토합시다. 나눈 각 태스크 구현이 끝날 때마다 올바르게 작동하는지, 버그는 없는지 확인합니다. 이렇게 하면 문제나 개선점을 더 이른 단계에서 찾을 수 있으며 수정도 한결 쉽습니다.

예를 들어, 사용자가 프로필 이미지를 변경하는 기능을 생각해 봅시다. 장치에 저장된 이미지를 새 프로필 이미지로 올리는 기능입니다. 그리고 올리기 전에 사진 자르기와 같은 간단한 편집 기능도 함께 제공하고자 합니다. 이때 구현 단계를 크게 이미지 편집 기능과 올리기 처리, 두 가지로 나눌 수 있습니다. 이를 더 자세하게 구분하면 다음처럼 태스크를 나눌 수 있습니다.

1단계: 이미지 편집 기능 구현

1. 편집 화면 UI 구현
2. 이미지 편집 처리 구현
3. 편집 후 이미지 저장 처리 구현

2단계: 이미지 올리기 처리 구현

1. 올리기 화면 UI 구현
2. 이미지 올리기 처리 구현
3. 오류 표시 구현

얼핏 더 번거로워진 듯 보이지만 급할수록 돌아가라는 말처럼 꾸준하게 하나씩 진행하는 편이 확실하게 변경을 끝낼 수 있고 목적도 빨리 달성할 수 있습니다. 이때 중요한 것은 각 단계가 끝날 때마다 동작을 확인할 수 있는 상태를 유지하는 것입니다. 그래야 버그나 사용자 경험 개선점을 빠르게 찾아낼 수 있습니다.

더불어 태스크를 작게 나누면 코드 리뷰 부담을 줄일 수도 있습니다. 코드 리뷰는 '11.2 코드 리뷰하기'에서 자세히 알아봅니다.

New라는 이름은 피하기

코드에 변경 내용을 반영할 때는 기존 코드를 남겨둔 채로 새로운 코드를 추가하면서 조금씩 진행할 때가 흔합니다. 이럴 때는 새 코드와 기존 코드를 명확히 구분할 수 있도록 하세요.

원래 라이트 모드밖에 없었던 UI에 다크 모드를 추가 구현할 때를 생각해 볼까요? 라이트 모드에서는 배경이 흰색, 문자나 아이콘이 검은색이있지만 다크 모드에서는 배경이 검은색, 문자나 아이콘이 흰색입니다. 단, 모든 화면을 한꺼번에 바꾸려면 수정할 양이 너무 많으므로 화면마다 적용하기로 했습니다. 지금까지 아이콘은 getIcon( )이라는 함수로 가져왔으니 다크 모드에서는 아이콘을 가져올 때 getNewIcon( )이라는 함수를 이용하려 합니다(코드 8-12). 이렇게 하면 알기 쉬운 코드일까요?

코드 8-12 아이콘을 가져오는 기존 함수와 새 함수

```
fun getIcon(id: String): Icon {
    /* ... */
}

fun getNewIcon(id: String): Icon {
    /* ... */
}
```

그러나 new라는 단어는 애매하기도 하고 다음과 같은 문제를 일으키기도 합니다.

1. 이전 함수에서 어떤 부분이 새로워졌는지 알 수 없다.

getNewIcon이라는 이름만으로는 getIcon과 어떻게 달라졌는지를 알 수 없습니다. 차이를 알려면 각각의 구현을 직접 비교해야 합니다.

2. 새로운 아이콘이나 새로운 것을 가리키는 아이콘 등 다른 뜻으로 오해할 수 있다.

new가 수식하는 대상이 여러 가지일 수 있어 잘못 해석할 위험이 있습니다.

3. 기존 함수만을 봤을 때 새로운 함수가 있는지를 눈치채기 어렵다.

getIcon( )이라는 함수만으로는 getNewIcon( ) 함수가 있는지를 알기 어렵습니다.

4. 새로운 함수가 더 필요할 때 이름 짓기가 곤란하다.

예를 들어, 라이트 테마와 다크 테마 외에도 여러 가지 테마를 준비하고 사용자 마음대로 선택할 수 있도록 하고 싶습니다. 이때 이미 getNewIcon( )이라는 함수가 있다면 이외 새로운 함수에는 어떤 이름을 붙여야 할까요? 당연히 getNewNewIcon( )과 같은 이름은 혼란스러울 뿐이고 어울리지도 않습니다.

마찬가지 이유로 getIcon2라는 이름도 피해야 합니다. getIcon3을 만들 수 있다는 점에서 4번 문제를 피할 수는 있지만 1번이나 3번 문제는 여전합니다.

새로운 코드를 추가할 때는 그 차이를 알 수 있도록 이름을 지어야 합니다. 예를 들어, 기존 함수 이름을 getLightModeIcon으로 변경하고 다크 모드에 대응할 함수는 getDarkModeAwareIcon이라고 지으면 두 가지를 명확하게 구분할 수 있습니다. aware란 '상태를 알고 대응한다'는 의미이므로 라이트/다크 모드에 따라 달라진다는 의도를 드러냅니다. 이름이 getDarkModeIcon이라면 항상 다크 모드용 색만 반환하는 것처럼 보이므로 조심해야 합니다. 이와 함께 필요하다면 주석으로 이런 관계를 설명하면 좋습니다(코드 8-13).

코드 8-13 새로운 함수와 이전 함수의 차이를 알기 쉽게 표현하기

```
/**
 * 언제나 라이트 모드용 아이콘을 반환한다.
 * 다크 모드에서는 이 대신 [getDarkModeAwareIcon]을 사용한다.
 */
fun getLightModeIcon(id: String): Icon {
    /* ... */
}

/**
 * 라이트 모드일 때는 라이트 모드용 아이콘을,
 * 다크 모드일 때는 다크 모드용 아이콘을 반환한다.
 */
fun getDarkModeAwareIcon(id: String): Icon {
    /* ... */
}
```

모든 화면에서 다크 모드 적용이 끝나 getLightModeIcon( ) 함수가 필요 없어지면 이를 삭제할 수 있습니다. 이와 함께 getDarkModeAwareIcon이라는 이름은 getIcon으로 바꿔도 됩니다.

오래된 함수를 더는 사용하지 않을 때, 비추천을 뜻하는 deprecated나 폐지를 뜻하는 obsoleted라는 단어를 오래된 함수 이름에 추가하는 것도 좋은 방법입니다. 이렇게 하면 새 코드에서 가장 어울리는 이름을 이용할 수 있습니다. 또한 주석으로 전환 방법을 남기거나 어노테이션 등으로 비추천임을 명시할 수 있다면 함께 사용해도 좋습니다(코드 8-14).

코드 8-14 오래된 함수 이름 바꾸기

```
/**
 * 언제나 라이트 모드용 아이콘을 반환한다.
 * 다크 모드를 적용하고자 앞으로는 [getIcon]을 사용한다.
 */
fun getIconDeprecated(id: String): Icon {
    /* ... */
}

/**
 * 라이크 모드일 때는 라이트 모드용 아이콘을,
 * 다크 모드일 때는 다크 모드용 아이콘을 반환한다.
 */
fun getIcon(id: String): Icon {
    /* ... */
}
```

8.4 필요 없어진 코드 삭제하기

기능 추가나 변경 또는 기능 삭제 덕분에 필요 없어진 코드가 있다면 즉시 삭제합시다. 사용하지 않는 코드를 남겨두면 유지보수성 측면에서 쓸데없는 비용만 늘릴 뿐입니다.

예를 들어, 새로운 기능을 추가할 때 오래된 코드가 아직 필요한지를 판단하지 못하면 의미 없는 수정이 함께 발생하기 쉽습니다. 또한 오랫동안 사용하지 않고 테스트도 하지 않는 코드는 언젠가 작동하지 않게 됩니다. 이런 사실을 모른 채 호출하면 생각하지도 못한 버그로 이어질 수 있습니다.

나중에 한꺼번에 삭제하려 하면 '어디부터 어디까지가 필요 없는 코드였는지'를 다시 확인해야 해서 번거롭습니다. 필요 없는 코드라고 판단하자마자 즉시 삭제하는 것이 비용을 줄이는 확실한 방법입니다.

'언젠가는 필요할 거야.'라며 필요 없어진 코드를 남겨두고 싶을지도 모릅니다. 그러나 YAGNI 원칙[6]에서도 설명했듯이 앞으로 다시 사용할지를 예측하기란 어렵고 예상을 빗나갈 때도 흔합니다. 정말로 필요할 때 다시 구현하는 편이 오히려 원활하게 진행할 수 있습니다. 게다가 Git과 같은 버전 관리 시스템을 사용하면 언제든지 이전 구현을 확인할 수 있습니다.[7]

사용하지 않는 코드를 주석 처리하여 남겨두는 방법도 좋지 않습니다. 작동하는 코드 사이에 주석 처리한 코드가 있으면 필요한 코드와 구분하기 번거로워 가독성이 크게 떨어집니다.

필요 없어진 코드는 삭제하고 다시 필요할 때는 과거 구현을 참고해 새롭게 작성하는 것이 이상적입니다. 이 과정에서 더 나은 아이디어나 최신 기술을 반영할 수도 있습니다. 항상 코드를 필요 최소한으로 유지하면 소프트웨어 전체의 유지보수성을 높은 수준으로 유지할 수 있습니다.

6 YAGNI 원칙은 '6.2 YAGNI 원칙: 필요할 때 비로소 구현하기' 절을 참고하세요.

7 Git은 '11.1 Git으로 버전 관리하기' 절을 참고하세요.

9장

아키텍처 고민하기

아키텍처란 구조나 설계를 뜻하는 말입니다. 소프트웨어 개발에서는 소프트웨어 전체를 대상으로 하는 설계를 가리킬 때 사용합니다. 소프트웨어 규모가 커질수록 전체를 관통하는 방침이나 규칙을 정해두는 편이 나중에 편해집니다.

9.1 계층 정리하기

규모가 큰 소프트웨어를 개발할 때 코드를 대략적으로 분류하고 각각에 서로 다른 역할을 부여하면, 전체 구조를 파악하기 쉬워지고 개별 코드를 변경하기 쉬워집니다. 이는 '4장 코드 정리하기'에서 살펴본 **비슷한 것을 그룹화하기**라는 작업을 애플리케이션 전체를 대상으로 조감하며 진행하는 작업입니다.

먼저 애플리케이션 안에서 수행하는 기술적 역할을 바탕으로 코드를 분류해 봅니다. 이처럼 기술적 역할을 기준으로 분류한 각각을 **계층** 또는 **레이어**라 부릅니다.

계층 인식하기

소프트웨어를 몇 가지 계층으로 분류하려면 먼저 해당 소프트웨어에 어떤 구성 요소가 필요한지부터 파악해야 합니다. 예를 들어, 외부 서버에서 데이터를 가져와 이를 화면에 표시하는 애플리케이션이라면 UI 부분과 서버와의 통신 부분으로 나눌 수 있습니다. 이때 이 소프트웨어는 UI와 통신 두 가지 계층으로 나뉘었다고 합니다. 여기서는 서버에서 데이터를 가져오는 부분을 API Client라고 표기합니다.

구성 요소

- UI
- API Client

또 다른 예로, 데이터베이스에 정보를 저장하고 이를 클라이언트 애플리케이션과 같은 다른 시스템에 제공하는 서버를 개발할 때라면 데이터베이스와의 연결 부분(DB)과 외부로 정보를 보내는 부분(API Server)으로 나눌 수 있습니다.

구성 요소

- API Server
- DB

조금 더 복잡한 예로, 외부 서버에서 가져온 데이터를 장치 데이터베이스에 캐시로 저장하고 이를 화면에 표시하는 예를 생각해 볼까요? 이번에는 서버와의 통신 부분(API Client), 데이터베이스를 이용한 캐시(DB), UI 계층이 있어야 합니다.

여기에 더해, 캐시가 있을 때는 이를 우선 사용하고 캐시의 유효 기간을 확인하는 데이터 관리 로직도 있어야 합니다. 따라서 이러한 데이터 관리 전문 계층을 준비해도 좋습니다. 이처럼 데이터를 관리하는 계층을 저장소(Repository) 계층이라 부릅니다.

구성 요소

- UI
- Repository
- API Client
- DB

이처럼 소프트웨어를 구성하는 요소마다 계층을 만들고 코드 또한 이 분류에 맞게 정리합시다. 각 계층에 명확한 역할을 부여하면 어떤 코드를 어디에 작성해야 하는지에 대한 명확한 기준이 생기고, 코드를 읽을 때도 어느 부분을 살펴봐야 할지 쉽게 예상할 수 있습니다.

분류한 코드는 디렉터리를 나누어 관리해도 좋습니다. 모듈로 분리할 수도 있습니다. 이뿐만 아니라 범용 코드라면 공유 라이브러리로 관리하여 다른 애플리케이션이나 플랫폼에서도 이용할 수 있도록 하는 것도 좋은 방법입니다.

도메인 계층/비즈니스 계층

화면 그리기 역할을 맡은 UI 계층이나 다른 시스템과 통신, 데이터베이스 연결 등의 데이터 계층 외에도 도메인 고유의 지식이나 애플리케이션 고유의 로직을 다루는 계층을 둘 수 있습니다. 이 계층을 각각 **도메인 계층**과 **비즈니스 계층**이라 부릅니다. 구체적인 정의는 상황에 따라 다르지만, 일반적으로 도메인 계층은 '2.4 코드로 도메인 지식 표현하기'에서 소개한 도메인 객체를 포함하며 비즈니스 계층은 '3.1 함수와 클래스 나누기'에서 살펴본 애플리케이션 서비스를 포함합니다. 비즈니스 계층과 도메인 계층을 나누지 않고 하나의 계층으로 구성할 때도 있습니다.

사용자가 글이나 사진을 올리고 공유하는 소셜 네트워크 서비스(SNS)를 예로 들어 봅시다. 이러한 서비스에는 다음과 같은 애플리케이션 고유 로직이 있습니다.

- 사용자는 다른 사용자를 팔로우할 수 있으나 팔로우한 사용자를 블록하면 더 이상 팔로우할 수 없다.
- 글이나 사진을 올린 사용자는 누가 이 글이나 사진을 볼 수 있을지 공개 범위를 설정할 수 있고 이를 보는 사용자는 허가된 글이나 사진만 볼 수 있다.

이러한 로직은 애플리케이션 고유이므로 비즈니스 계층에 두는 것이 좋습니다. 복잡한 로직이 많은 애플리케이션에서는 도메인 지식이나 비즈니스 관련 로직을 다른 계층과 분리하면 읽기 쉽고 유지보수성이 좋아집니다. 더불어 이러한 주요 부분에 초점을 두고 테스트를 진행하기도 쉬워집니다.

애플리케이션이 매우 간단하고 고유 로직이나 복잡한 도메인 지식이 필요 없는 경우라면 도메인 계층이나 비즈니스 계층이 없어도 괜찮습니다. 예를 들어, 데이터베이스 정보를 화면에 표시하기만 하는 애플리케이션이라면 데이터베이스 계층과 UI 계층만으로도 충분합니다.

계층 사이의 의존 관계와 데이터 흐름 정하기

애플리케이션을 구성하는 요소를 정리했다면 다음으로 이들 사이의 관계를 규칙으로 정해야 합니다. 구체적으로는 각 계층 사이의 의존 관계와 데이터 흐름을 정합니다. 예를 들어, 데이터베이스(DB) 정보를 바탕으로 화면에 정보를 표시한다면 UI 계층이 데이터베이스 계층에 의존하는 형태입니다. 즉, UI 쪽에서 데이터베이스 정보를 가져오는 데이터 흐름입니다(그림 9-1).

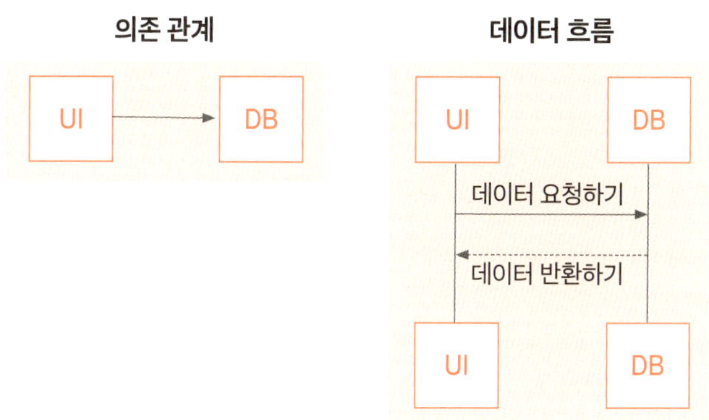

그림 9-1 UI 계층과 데이터베이스(DB) 계층의 의존 관계와 데이터 흐름 예

서버에서 데이터를 가져오고 도메인 계층이 존재하는 애플리케이션이라면 다음 그림 9-2와 같은 의존 관계와 데이터 흐름일 겁니다.

의존 관계

데이터 흐름

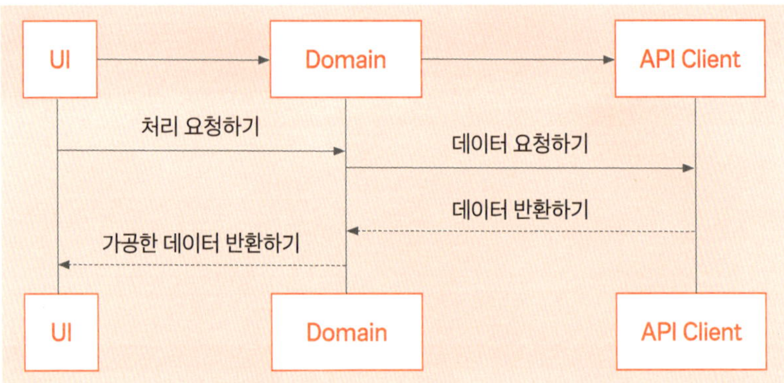

그림 9-2 UI 계층, 도메인 계층, API Client 계층의 의존 관계와 데이터 흐름 예

계층 사이의 의존 관계를 정할 때 조심할 점은 '5장 얽힌 의존 관계 풀기'에서 살펴본 클래스나 모듈 사이의 의존 관계를 정할 때와 마찬가지입니다. 계층 사이의 순환 참조는 피해야 합니다. 더불어 잘 변경되지 않고 안정적인 계층에 의존하도록 해야 합니다. 의존 방향과 데이터 흐름이 거꾸로라면 '5.3 추상에 의존하도록 하기'에서 소개한 방법을 이용하여 의존 방향을 제어하거나 콜백 함수나 비동기 데이터 스트림[1]을 사용하여 호출한 곳으로 이벤트를 전달할 수 있습니다.

계층 사이의 의존 관계를 명확히 하고 정해진 의존 그래프를 벗어난 의존이

1 비동기로 데이터를 주고받는 구조의 하나입니다. ReactiveX나 Kotlin Coroutines의 Flow 등이 있습니다.

생기지 않도록 하면 코드가 간단해지고 전체 모습을 이해하기도 쉽습니다. 예를 들어, 서버의 데이터와 데이터베이스의 데이터를 집약하는 저장소 계층을 준비하여 UI가 직접 서버나 데이터베이스에 접근하지 않고 반드시 저장소를 이용하도록 합니다. 이렇게 하면 알기 쉬운 데이터 흐름을 실현할 수 있습니다(그림 9-3).

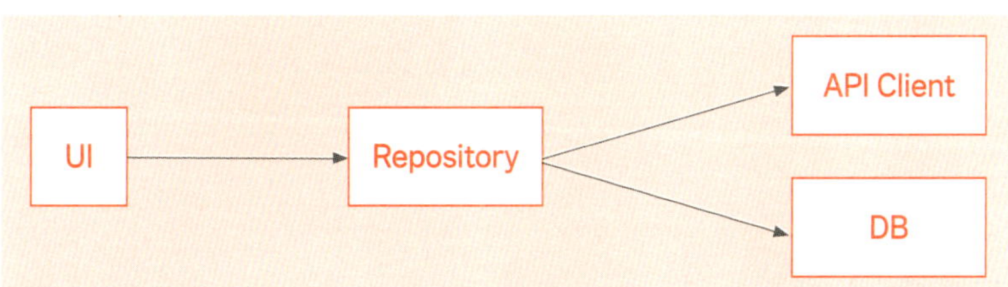

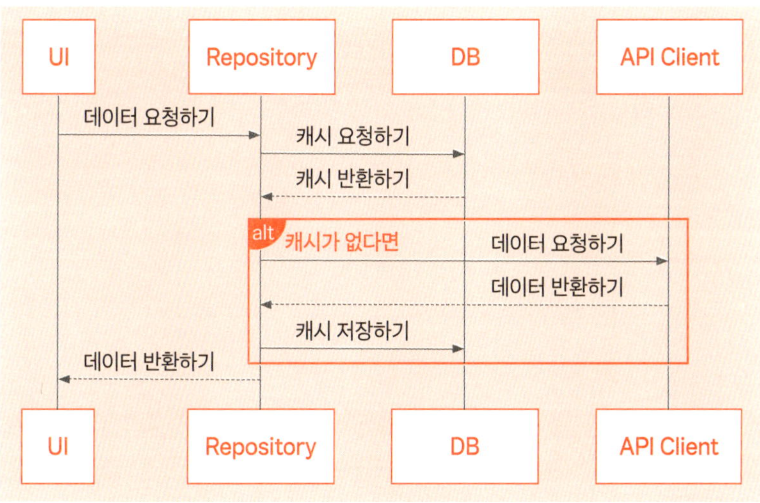

그림 9-3 저장소 계층이 있을 때 의존 관계와 데이터 흐름 예

계층 사이에 어떤 데이터를 다룰지는 미리 정하는 것이 좋습니다. 예를 들어, 계층 사이에는 이뮤터블(변경 불가능) 객체만을 주고받고, 비동기로 데이터를 주고받을 때는 특정 라이브러리를 사용한다는 식입니다. 이처럼 계층 사이의 규칙을 명확히 정해두면 유지보수하기 쉬운 일관성 있는 구조를 유지할 수 있습니다.

계층 표현 방법

계층 표현 방법에는 디렉터리를 사용하는 방법과 모듈을 사용하는 방법이 있습니다. 디렉터리로 계층을 분리하는 편이 간단하긴 하지만, 모듈을 사용하면 더 명확하게 계층 사이의 경계를 나누고 의존 방향을 강제할 수 있다는 이점이 있습니다. 특히 여러 사람이 함께 개발하는 환경에서 계층 사이의 경계를 분명히 하고 싶을 때는 모듈을 사용하면 효과적입니다.[2]

명확하게 분리하고 싶은 계층만 모듈로 나누고 세세한 계층은 디렉터리로 표현하는 방법도 있습니다. 예를 들어, UI 계층과 그 밖의 계층을 명확하게 분리하고 싶을 때는 그림 9-4처럼 UI 모듈과 데이터 모듈로 나누는 방법도 있습니다.

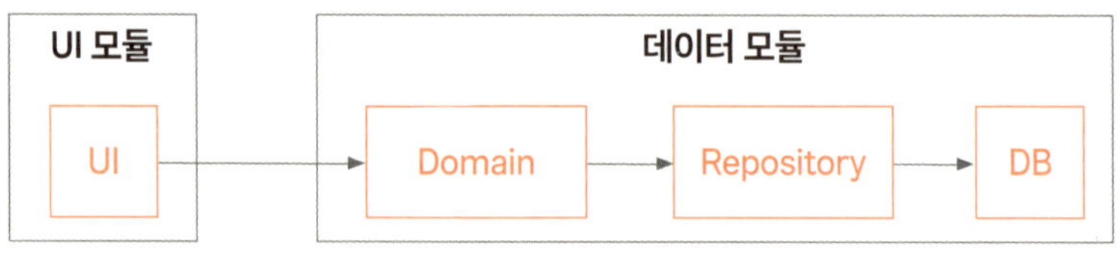

그림 9-4 UI 모듈과 데이터 모듈로 나누기

2 디렉터리와 모듈을 어떻게 구분하여 사용하는지는 '4장 코드 정리하기'를 참고하세요.

9.2 계층 구성 아이디어

아키텍처는 개발하는 소프트웨어에 따라 다릅니다. 개발할 대상이 다르다면 필요한 요소도 달라지고 팀이 다르다면 규칙도 달라집니다. 그러므로 개발 대상과 개발 체제를 기준으로 적절한 아키텍처를 검토해야 합니다.

이와 함께 범용적으로 활용되는 다양한 계층 구성 아이디어나 패턴도 있습니다. 아키텍처를 설계할 때 참고하면 도움이 됩니다. 단, 기존 접근법을 억지로 적용하려 하면 구조가 너무 복잡해지거나 거꾸로 구성이 충분하지 못할 수도 있습니다. 개발하려는 대상을 정확하게 이해하고 필요한 내용을 잘 선택하도록 합시다.

여기서는 대표적인 사고방식을 중심으로 두 가지 범용적인 계층 구성 아이디어를 살펴봅니다.

계층화 아키텍처

계층화 아키텍처(layered architecture)는 애플리케이션 안의 역할을 기준으로 소프트웨어를 여러 개의 계층으로 나누는 사고방식입니다. 예를 들어 UI 계층, 비즈니스 계층, 저장소 계층, 데이터 계층과 같이 네 가지로 나눌 수 있습니다. 단, 프로젝트가 얼마나 복잡한지에 맞춰 계층을 통합하여 줄이거나 반대로 추가할 수도 있습니다(그림 9-5).

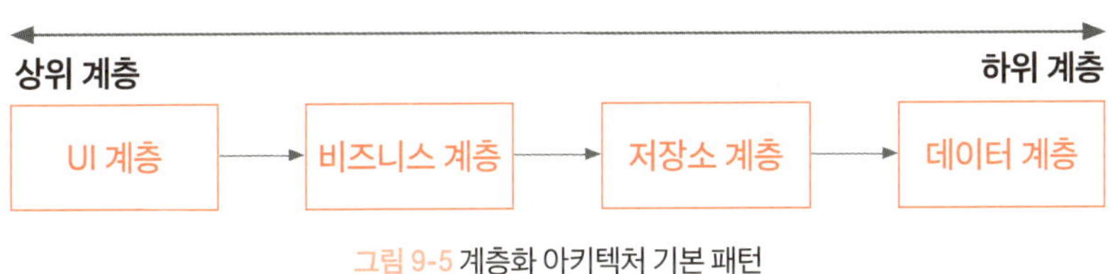

그림 9-5 계층화 아키텍처 기본 패턴

계층화 아키텍처에서는 다음 두 가지가 중요합니다.

1. 각 계층에 명확한 역할을 부여한다.
2. 계층은 상위에서 하위 순으로 나열하고 각 계층은 바로 하위 계층에만 접근할 수 있도록 한다.

이 두 가지를 지키면 애플리케이션 전체가 느슨하게 결합하여, 각 계층을 독립 상태에서 변경하기 쉽습니다. 예를 들어, UI 계층은 화면 표시 방법에만 집중하면 되므로 데이터베이스 종류나 구조는 신경 쓰지 않아도 됩니다. 즉, 데이터베이스 구조를 변경하더라도 UI 계층 코드를 변경할 필요는 없습니다. 반대로 데이터베이스를 변경하지 않고도 언제든 UI를 바꿀 수 있습니다.

각 계층이 인접한 계층에만 접근할 수 있다는 규칙은 때로 번거롭게 느껴질 수 있습니다. 비즈니스 계층을 만들기는 했지만 애플리케이션 고유 로직이 없는 곳, 예를 들어 단순히 데이터베이스 데이터를 표시하기만 하는 화면을 구현할 때는 비즈니스 계층 코드는 특별한 의미가 없으며 데이터를 전달하는 역할만 합니다. 이럴 때는 저장소 계층마저 건너뛰고 UI 계층에서 직접 데이터 계층에 접근하고 싶을지도 모릅니다. 그러나 비즈니스 계층과 저장소 계층을 규칙으로 정했다면 이를 지키는 편이 좋습니다. 이렇게 하면 각 계층 사이의 느슨한 결합을 유지할 수 있고 데이터 흐름에 일관성이 있어 전체 구조를 이해하기도 쉽습니다.

다만 의미 없는 코드가 대부분을 차지한다면 해당 계층 자체가 필요 없는 경우일 수도 있습니다. 애플리케이션 고유의 로직이 거의 없는 애플리케이션에서는 비즈니스 계층을 없애도 됩니다. 또한 애플리케이션 고유의 로직이 많은 곳과 적은 곳이 섞여 있을 때는 UI 계층에서 비즈니스 계층을 건너뛰고 저장소 계층에 바로 접근해도 좋다는 예외 규칙을 정할 수도 있습니다. 이처럼 아키텍처는 애플리케이션 상황에 맞게 유연하게 조정할 수 있습니다.

그러나 규칙이 너무 복잡해지거나 모든 계층이 다른 계층에 접근할 수 있는 무질서한 상태가 되지 않도록 주의하세요. 소프트웨어의 질서를 유지하려면 알기 쉽고 현실적인 규칙을 세워야 합니다.

클린 아키텍처

클린 아키텍처(clean architecture)는 로버트 C. 마틴이 제안한 아키텍처 개념으로, 계층화 아키텍처와 매우 비슷합니다. 단, 애플리케이션 안의 역할에 초점을 두고 계층을 나눈다는 점은 마찬가지지만 의존 방향에 대한 규칙이 다릅니다.

1. 각 계층에 명확한 역할을 지정한다.
2. 계층 사이의 의존은 안쪽으로만 향하도록 해야 한다.

여기서 말하는 안쪽이란 추상도가 더 높은 컴포넌트를 가리킵니다. 예를 들어, UI나 데이터베이스처럼 구체적인 대상을 직접 조작하는 코드는 바깥쪽에 해당합니다. 저장소 계층은 데이터 계층을 추상화하여 다루므로 그보다 안쪽에 있습니다. 비즈니스 계층이나 도메인 계층처럼 지식과 규칙에 초점을 둔 계층은 추상도가 더 높으므로 가장 안쪽에 놓입니다.

그림 9-6은 이러한 구조를 그림으로 나타낸 것입니다. 계층 구성은 어디까지나 하나의 예일 뿐이며, 소프트웨어마다 최적의 구성은 다를 수 있다는 데 주의하세요.

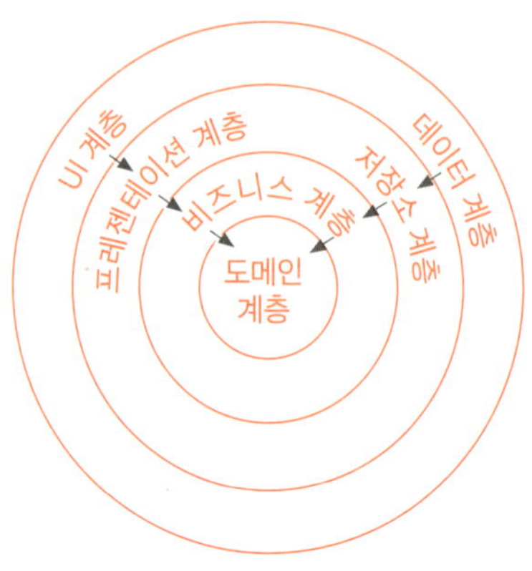

그림 9-6 클린 아키텍처 기본 패턴

이 규칙에 따르면 비즈니스 계층에서 저장소 계층으로, 저장소 계층에서 데이터 계층으로 직접 접근할 수 없습니다. 그러나 실제로는 데이터를 사용하여 애플리케이션 고유 로직을 작성할 때가 흔합니다. 이처럼 의존과 반대 방향의 데이터 흐름이 필요할 때는 의존성 역전 원칙을 이용합니다(그림 9-7).

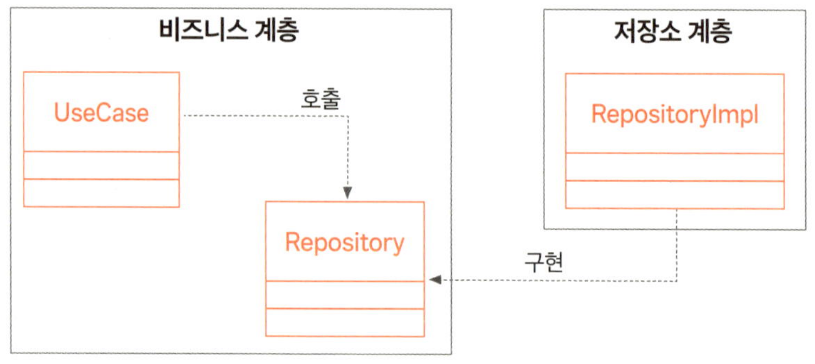

그림 9-7 저장소 계층이 비즈니스 계층에 의존

이 규칙은 '5.3 추상에 의존하도록 하기'에서 살펴본 것처럼, '구상'보다 '추상'인 쪽이 좀처럼 바뀌지 않아 안정적이므로 구상보다 추상에 의존하는 편이 바람직하다는 원칙을 바탕으로 합니다. 여러 개의 계층이 연쇄적으로 의존하는 계층화 아키텍처와 비교하면, 클린 아키텍처는 바깥쪽과의 통신을 명시적인 인터페이스로 구분하므로 변경에 더 강합니다. 또한 UI나 데이터 계층처럼 바깥쪽에 있는 코드를 다른 구현으로 바꾸어 테스트하기도 쉽다는 장점도 있습니다.

안쪽에만 의존한다는 것은 코드의 의존 관계뿐 아니라 코드가 표현하는 지식 측면에서도 안쪽 정보로만 바깥쪽을 구성해야 한다는 뜻입니다. 즉, 안쪽 코드가 바깥쪽 정보를 포함해서는 안 됩니다. 예를 들어, 도메인 계층은 UI나 서버, 데이터베이스 등 바깥쪽 상세 정보를 모릅니다. 그러므로 다음과 같은 코드는 규칙 위반입니다.

- 도메인 계층 코드의 클래스 이름과 함수 이름으로 대화 상자나 팝업 등의 UI 표시 방법을 나타낸다.
- 도메인 계층에서 서버로부터 받은 응답의 HTTP 상태 코드를 직접 확인한다.

이처럼 명시적인 코드 의존뿐 아니라 지식 차원에서의 암묵적인 의존 관계까지도 안쪽을 향하게 하면, 변경에 영향을 덜 받는 더 안전한 코드를 작성할 수 있습니다.

다만 클린 아키텍처를 적용하면 계층화 아키텍처에 비해 의존 방향을 제어하는 데 더 많은 인터페이스를 사용해야 할 수도 있습니다. 이것이 더 안정적인 소프트웨어 개발로 이어질지, 아니면 오히려 구조를 복잡하게 만들지는 애플리케이션의 특성과 규모에 따라 달라집니다.

한 걸음 더 UI를 다루는 아키텍처

웹, 데스크톱, 모바일 애플리케이션 등 사용자에게 UI를 표시하는 소프트웨어에서는 UI 상태를 관리하는 코드가 복잡해지기 쉽습니다. UI는 사용자 조작이나 외부 데이터 변경 등 다양한 이유로 수시로 변하며, 이 과정에서 상태의 일관성을 유지한 채 UI를 관리해야 합니다. 또한 필요한 시점에 이 상태를 UI에 정확히 반영해야 합니다. 이러한 요구 때문에 View 계층을 여러 구성 요소로 나누어 책임을 분리하는 패턴이 등장했습니다.

대표적인 예로 MVVM(Model-View-ViewModel) 패턴이 있습니다. 이 패턴은 View가 직접 상태를 관리하지 않고 상태를 ViewModel로 분리하는 방식입니다. View가 표시해야 할 내용은 ViewModel이 관리하며 ViewModel의 상태가 변경되면 그 결과가 View에 자동으로 반영됩니다(그림 9-8).

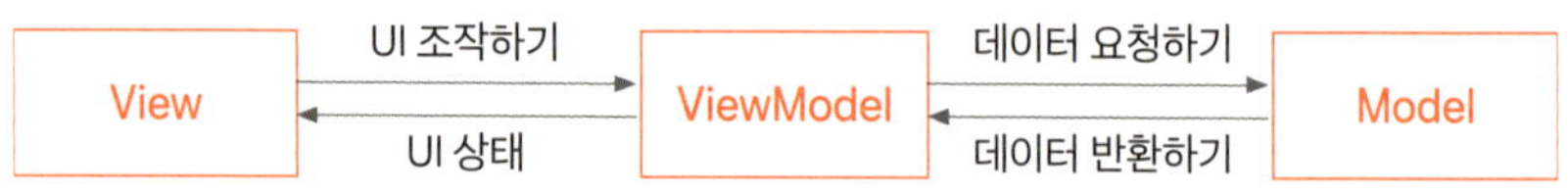

그림 9-8 MVVM 패턴의 데이터 흐름

이렇게 하면 상태 관리 책임을 ViewModel로 옮길 수 있으므로 View는 UI 표시에만 집중할 수 있습니다. 또한 ViewModel 단위 테스트를 작성하면 View를 실제로 렌더링하지 않고도 View 상태를 테스트할 수 있습니다. View 렌더링은 비용이 많이 들고 제어하기가 어려우므로 ViewModel 단위 테스트로 대부분의 상태를 테스트할 수 있다는 점은 큰 장점입니다.

그 밖에도 자바스크립트 애플리케이션의 상태 관리 라이브러리인 Redux에서는 UI를 View, Action, State의 세 가지 요소로 나누어 관리합니다. 클릭 이벤트와 같은 애플리케이션 내부 이벤트는 Dispatcher를 통해 Action으로 변환합니다. 이 Action을 이용하여 Reducer가 State를 갱신하고 갱신된 State는 View에 자동으로 반영됩니다(그림 9-9).

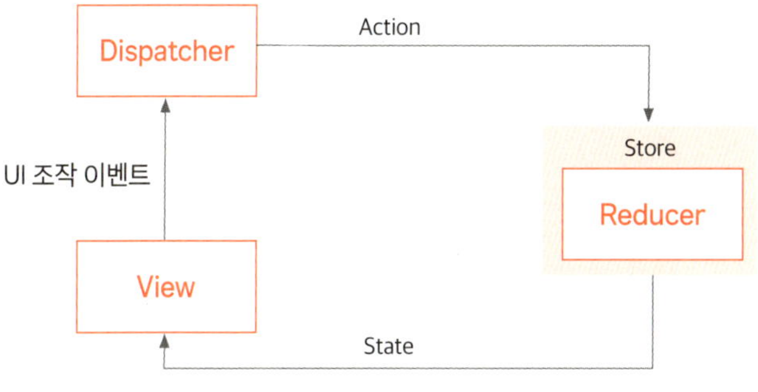

그림 9-9 Redux의 데이터 흐름

MVVM 패턴의 ViewModel은 상태 변화와 유지 양쪽을 모두 담당하지만 Redux에서는 Action 발행과 State 갱신 등 책임을 더욱 세분합니다. 또한 데이터 흐름을 한 방향으로 통일하므로 상태 일관성을 유지하기 쉽고 디버그도 수월해집니다.

이 밖에도 UI를 다루는 아키텍처는 MVC(Model-View-Controller), MVP(Model-View-Presenter), MVI(Model-View-Intent), Flux 등 다양하지만, 모두 복잡한 UI를 다루는 책임은 분리하여 수행합니다.

UI뿐만 아니라 구조가 복잡해지기 쉬운 계층은 지금까지 설명한 것처럼 더 세분한 요소로 분리할 수 있습니다. 이렇게 하면 코드를 읽기 쉬워지고 유지보수성을 개선할 수 있습니다.

9.3 기능을 바탕으로 나누기

지금까지는 UI 계층이나 도메인 계층처럼 애플리케이션 안의 기술적 역할을 기준으로 코드를 나누었습니다. 이와 달리 애플리케이션이 제공하는 기능을 기준으로 코드를 나눌 수도 있습니다. 이렇게 하면 여러 가지 기능을 병렬로 개발하기 쉽습니다.

음식점에서 제공하는 서비스를 예로 생각해 봅시다. 이 서비스에 등록한 사용자는 매장을 방문할 때마다 스탬프를 모을 수 있고 일정 개수를 모으면 할인 쿠폰으로 바꿀 수 있습니다. 더불어 가끔 추가 쿠폰을 배포하기도 합니다. 이 서비스는 쿠폰을 발행하는 서버 애플리케이션과 이를 사용자에게 표시하는 클라이언트 애플리케이션으로 구성되리라 예상할 수 있는데, 여기서는 클라이언트 애플리케이션에 한정하여 아키텍처를 설계해 보겠습니다.

이 서비스에는 스탬프를 모으는 기능과 쿠폰을 표시하고 이용하는 기능 두 가지가 있습니다.

서비스가 제공하는 기능

- 스탬프 관리
- 쿠폰 관리

이처럼 분명하게 역할이 다른 기능 여러 개를 제공할 때는 기능별로 분할하여 관리하면 서로 영향을 주지 않고 개발을 진행할 수 있습니다. 즉, 스탬프 관리 기능을 변경하더라도 쿠폰 관리 기능에 영향을 끼치지 않습니다. 이런 기능은 각각 병렬로 개발할 수 있습니다.

사용자 등록 기능이 있고 이때 사용자를 인증해야 한다면 다음과 같이 분류하는 편이 좋을 겁니다.

서비스가 제공하는 기능

- 스탬프 관리
- 쿠폰 관리
- 사용자 인증

이 외에도 알림 기능이나 지도 표시 기능 같은 추가 요소가 필요할 수도 있습니다. 애플리케이션이 제공해야 할 기능과 필요한 구성 요소는 미리 확인하도록 합시다.

기능 사이의 관계 생각하기

애플리케이션에 필요한 기능을 파악했다면 다음으로는 이들 기능 사이의 의존 관계와 데이터 흐름을 생각해 봅니다. 앞선 예에서는 스탬프나 쿠폰을 관리하려면 먼저 사용자를 인증해야 하므로 의존 관계는 그림 9-10처럼 됩니다.

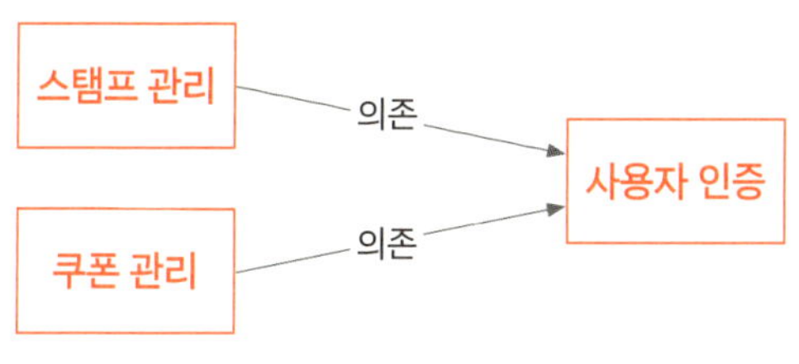

그림 9-10 음식점용 애플리케이션의 의존 관계

스탬프 관리와 쿠폰 관리처럼 서로 독립적인 기능 사이에는 의존 관계를 두지 않는 것이 바람직합니다. 이렇게 하면 한 기능의 변경이 다른 기능에 영향을 주지 않습니다.

이와 달리 스탬프 관리 기능으로 발행한 쿠폰을 스탬프 관리 화면에서도 확인하고 싶을 때처럼, 한 기능에서 다른 기능의 일부를 사용해야 하는 경우도 있습니다. 이럴 때는 다른 기능 전체에 의존하지 않고 필요한 부분만 API로 공개하여 별도의 모듈로 구현합니다. 이렇게 하면 기능 모듈 간의 직접적인 의존을 피할 수 있습니다(그림 9-11).

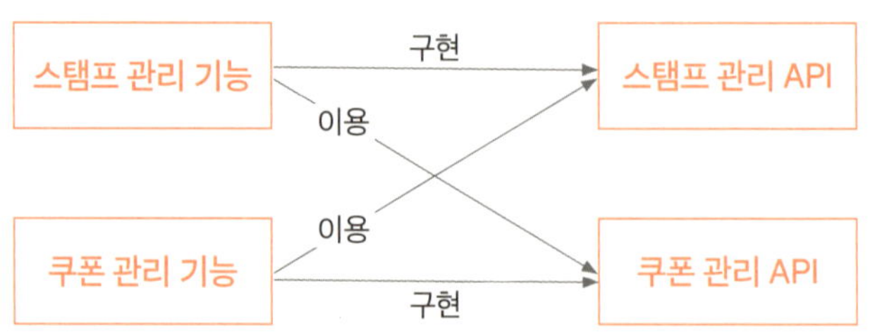

그림 9-11 다른 모듈에서 호출할 수 있도록 API 모듈로 만들기

스탬프 정보와 쿠폰 정보를 서버에서 가져오고 나서 클라이언트 내부 데이터베이스에 저장할 때를 생각해 봅시다. 이처럼 기능 안에 요소가 복잡하게 얽혔을 때는 앞서 살펴본 계층화 아키텍처를 참고하여 각 기능 모듈을 더 자세하게 나눌 수도 있습니다(그림 9-12).[3]

물론 필요하다면 도메인 계층을 추가하거나 클린 아키텍처를 적용해 의존 방향을 정리해도 좋습니다.

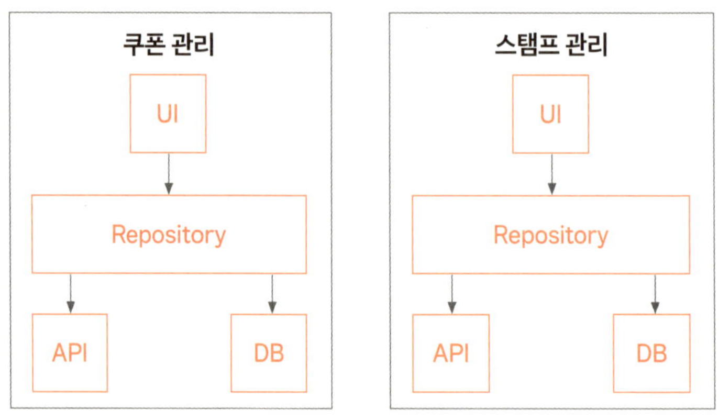

그림 9-12 기능 모듈 세분화하기

3 여기서부터 인증 기능은 생략한 채 살펴봅니다.

또는 그림 9-13처럼 먼저 애플리케이션을 기술적 역할 기준으로 나눈 상태에서 기능을 바탕으로 다시 나눌 수도 있습니다.

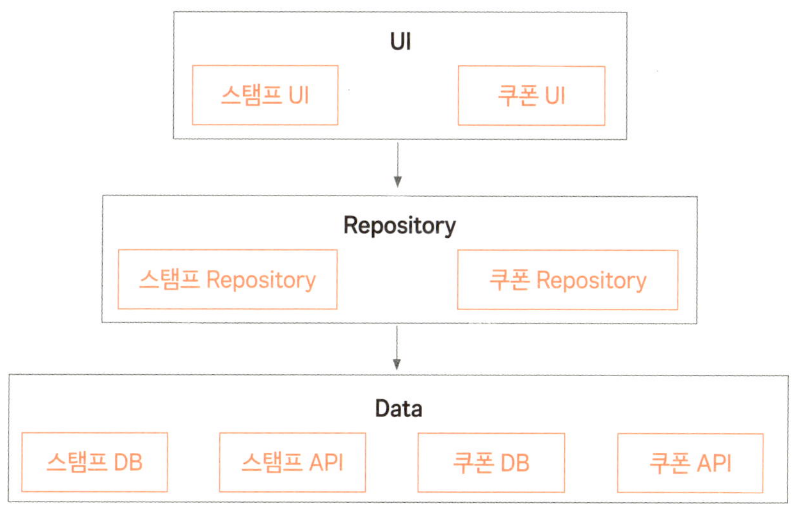

그림 9-13 각 계층 안에서 기능별로 나누기

이처럼 기술적 역할 기준을 우선한 접근법에서는 각 기능이 완전히 독립이지는 않습니다. 따라서 한쪽의 변경이 예상치 못한 영향을 줄 가능성도 있습니다. 이는 특히 기능이 많은 애플리케이션이나 많은 사람이 서로 다른 기능을 병렬로 개발할 때 문제를 일으킵니다. 그럼에도 이 방식은 기능 간 데이터에 관련이 있을 때, 같은 인증 정보를 사용할 때, UI를 공통화해야 할 때 코드를 공유하기 쉽다는 장점이 있습니다.

기능 기준 분할과 역할 기준 분할은 상황에 따라 유연하게 조합할 수 있습니다. 예를 들어, 일부 UI만 새롭게 '공통 UI' 모듈로 분리하거나, 다양한 기능 모듈에서 같은 데이터베이스나 API를 사용할 수도 있습니다(그림 9-14).

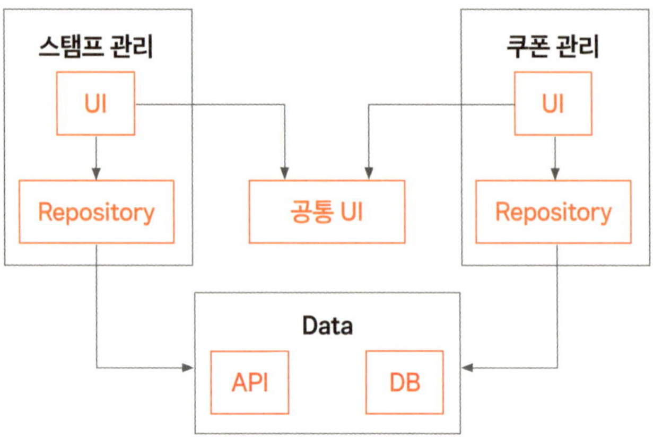

그림 9-14 더 복잡한 아키텍처의 예

이처럼 애플리케이션에 필요한 요소를 먼저 확인하고 나서 이들 사이의 의존 관계나 데이터 흐름을 정해야 합니다.

한 걸음 더 마이크로 서비스 아키텍처와 경계 강도

서버 사이드 개발에서는 기능을 기준으로 나눈 코드를 독립된 서비스로 제공하기도 합니다. 각 서비스는 기능이 명확히 분리되므로 독립적으로 배포할 수 있습니다. 이러한 방식으로 작은 서비스들을 조합하여 시스템을 구축하는 방법을 마이크로 서비스 아키텍처라 합니다.

마이크로 서비스 아키텍처를 적용하면 서비스 간 통신은 명확하게 정의된 API를 통해 이루어지며, 기능 사이의 경계가 더욱 분명해집니다. 그 결과 각 기능의 독립성이 높아지고 병렬로 작업하기가 더 쉬워집니다. 더불어 각 서비스를 개별로 확장할 수 있고 장애 발생 시 영향 범위가 제한되는 등 운용이 유연하다는 장점이 있습니다. 반면, 각 서비스 사이에 통신 오버헤드가 증가하거나 여러 서비스에 걸쳐 데이터 일관성을 유지하기 어려워지는 단점도 존재합니다.

이처럼 기능 사이의 경계를 만드는 방법에는 여러 가지가 있으며 방법에 따라 경계의 강도와 제약이 달라집니다. 각 기능에 어느 정도의 독립성이 필요한지를 고려하여 요구 사항에 맞는 경계 설정 방식을 검토하도록 합시다.

9.4 아키텍처를 생각한다는 것

지금까지 살펴본 것처럼, 소프트웨어 아키텍처를 생각한다는 것은 해당 소프트웨어에 필요한 요소를 찾아내고 이들 사이의 관련성을 정리하는 작업입니다. 소프트웨어의 목적과 특성, 조직의 인적·물적 구성, 그리고 다양한 외부 조건에 따라 적절한 아키텍처 형태는 달라집니다. 그러므로 단순히 일반적인 계층 나누기만 적용해서는 원하는 목적을 달성하지 못할 수도 있습니다. 제품의 시스템 구성과 제공하는 기능을 바탕으로, 어떤 구성이 적절한지 충분히 고민해야 합니다.

나중에 개발에 참여한 사람이라 하더라도 아키텍처 개념을 이해하고 소프트웨어 전체 모습을 파악할 수 있다면 좋은 아키텍처라 할 수 있습니다. 이 소프트웨어의 주요 기능이 무엇인지, 데이터는 어떤 흐름으로 저장되고 전달되는지 등 아키텍처를 통해 기본이 되는 정보를 읽어낼 수 있다면 개발에 참여하기가 훨씬 수월해집니다.

한편, 설계 당시에는 적절해 보였던 아키텍처라도 기능 추가나 개선과 같은 소프트웨어의 진화, 조직 구조의 변화, 시대 흐름 등의 영향으로 더 이상 어울리지 않게 될 때도 흔합니다. 그러므로 아키텍처를 한 번 정한 뒤 그대로 두기보다는, 지속적으로 검토하고 상황에 맞게 유연하게 대응하는 자세가 필요합니다.

10장

파괴를 막는 자동화 테스트

• • •

코드를 작성한 다음에는 동작을 확인합니다. 코드를 변경했다면 다시 동작을 확인합니다. 이처럼 코드가 복잡해질수록 동작 확인은 점점 더 중요해집니다. 그러므로 가능한 한 동작 확인을 자동화하여 테스트에 드는 부담을 줄이는 것이 바람직합니다.

10.1 수동 테스트의 한계와 자동화

새로운 기능을 추가한 뒤, 그 기능은 잘 동작하지만 이전까지 문제없이 동작하던 기능이 어느새 작동하지 않던 경험을 해본 적이 있을 겁니다. 게다가 언제, 왜 움직이지 않게 되었는지 바로 알 수 없던 적도 많았을 겁니다. 실제로 소프트웨어는 눈에 띄지 않게 조금씩 부서져 갑니다.

사람은 선입견이나 착각 또는 단순한 실수로 올바르게 동작하지 않는 코드를 작성하곤 합니다. 그러므로 소프트웨어가 망가졌다는 사실을 알려면 무언가 방법을 이용하여 동작을 확인해야 합니다.

그러나 코드를 변경할 때마다 수동으로 동작을 확인하기란 쉬운 일이 아닙니다. 그래서 가능한 한 테스트는 자동화하는 편이 좋습니다. 테스트 자동화라고 해서 지나치게 부담을 느낄 필요는 없습니다. 소프트웨어를 개발하는 기술이 있다면 당연히 동작 확인 역시 어느 정도는 자동화할 수 있기 때문이죠.

이 절에서는 자동화 테스트를 작성해야 하는 목적을 이해하기 위해, 수동 테스트만 이용할 때는 어떤 문제가 생기는지 알아봅니다.

문제 발견이 늦어짐

수동 테스트에서는 사람이 직접 소프트웨어를 조작해야 하므로 시간과 비용이 듭니다. 따라서 자주 실시하기는 어렵고 어느 정도 기능을 완성한 뒤에 한꺼번에 동작을 확인하곤 합니다. 그러나 이 단계에서 문제를 발견하면 어느 구현 시점에서 문제가 생겼는지, 무엇이 원인인지 특정하기가 쉽지 않습니다.

테스트 간격을 짧게 할 수 있다면 문제가 발생하더라도 그 원인을 비교적 쉽게 특정할 수 있습니다. 하지만 코드 몇 줄을 추가하거나 수정할 때마다 수동 테스트를 실행한다는 것은 현실적이지 않습니다. 이와 달리 테스트를 자동화한다면 지금까지의 기능이 정상으로 동작하는지를 언제든지 확인할 수 있으므로 버그를 빠르게 찾고 원인을 바로 밝힐 수 있습니다.

늘어나는 테스트 케이스를 따라가지 못함

소프트웨어가 복잡해질수록 테스트해야 할 케이스는 눈덩이처럼 불어납니다. 쇼핑몰 사이트의 할인 이벤트를 예로 들어 살펴봅시다. 유료 회원은 상품을 구매할 때 항상 3% 할인을 받는다고 합시다. 이럴 때는 유료 회원과 일반 회원 양쪽을 모두 테스트해야 합니다. 게다가 할인 쿠폰을 사용하는 경우까지 고려하면 다음 네 가지 케이스를 테스트해야 바람직합니다.

1. 유료 회원이고 할인 쿠폰이 없을 때
2. 유료 회원이며 할인 쿠폰도 있을 때
3. 일반 회원이며 할인 쿠폰도 없을 때
4. 일반 회원이고 할인 쿠폰이 있을 때

이처럼 어떤 조건을 어떻게 조합하는지에 따라 테스트해야 하는 케이스는 계속 늘어납니다. 이 모두를 수동으로 테스트하려면 상당한 시간이 걸릴 겁니다. 물론 자동화한다고 해도 복잡한 소프트웨어의 모든 패턴을 완벽하게 포괄하기란 쉽지 않습니다. 그러나 테스트를 자동화하면 수동 테스트보다 훨씬 짧은 시간에 더 많은 케이스를 확인할 수 있습니다.

사람은 실수하기 마련

수동 테스트는 사람이 직접 수행하므로 곧잘 실수가 생기곤 합니다. 조작 순서를 틀리거나 선입견 탓에 결과를 잘못 해석하기도 합니다. 또한 어떤 테스트 케이스를 실행해야 할지를 판단하는 과정 자체도 쉽지 않습니다. 이 정도면 괜찮겠다고 넘긴 테스트가 실제로는 중요한 경우도 많습니다.

실수를 줄이려면 조작 순서와 확인해야 할 항목을 자세하게 정리한 절차 매뉴얼이 있어야 합니다. 그러나 이 매뉴얼을 작성하고 관리하는 데도 비용이 듭니다. 자세한 절차 매뉴얼을 준비할 수 있다면 많은 부분을 자동화할 수도 있을 겁니다. 사람과는 달리 소프트웨어는 같은 절차를 정확하게 몇 번이든 실행할 수 있으며 피로나 작업 누락도 없습니다.

10.2 자동화 테스트의 종류

자동화 테스트에는 몇 가지 종류와 분류가 있는데, 여기서는 다음 세 가지를 소개합니다.

- 단위 테스트
- 통합 테스트
- 엔드투엔드(E2E) 테스트

다만, 이들 테스트 사이에 명확한 경계는 없으며 문맥이나 상황에 따라 서로 다른 의미로 사용되기도 하므로 주의가 필요합니다. 이 책에서는 다음과 같은 기준으로 각 테스트를 설명합니다.

단위 테스트 – 단일 클래스 또는 함수 테스트하기

단위 테스트는 하나의 클래스나 함수를 대상으로 하는 테스트를 가리키며 코드의 세부적인 동작을 테스트할 수 있습니다. 테스트 대상이 다른 모듈에 의존할 때는 의존하는 코드도 함께 테스트하거나 테스트용 가짜 코드(대역)로 바꾸어 테스트하기도 합니다. 이 책에서는 테스트 대상이 클래스나 함수 한 개라면 어느 쪽이든 단위 테스트라고 합니다.

통합 테스트 - 여러 개의 클래스나 함수 조합 테스트하기

통합 테스트는 여러 개의 클래스나 함수를 조합하여 수행하는 테스트입니다. 각 요소가 잘 통합하여 작동하는지를 확인하는 것이 목적입니다. 데이터베이스나 외부 서비스와 함께 테스트할 때도 있습니다.

엔드투엔드 테스트 - 애플리케이션 전체 테스트하기

엔드투엔드(이하 E2E) 테스트는 애플리케이션 전체를 대상으로 수행하는 테스트입니다. 사용자 시점에서 애플리케이션이 기대한 대로 움직이는지를 확인합니다. 가능한 한 실제 환경과 비슷한 형태로 테스트한다는 점이 특징입니다.

자동화 테스트 구분하여 사용하기

기왕 테스트를 자동화하는 거라면 E2E 테스트로 애플리케이션 전체를 테스트하는 편이 좋다고 생각할지 모릅니다. 물론 E2E 테스트가 강력한 수단이기는 하지만, 실제로는 단위 테스트나 통합 테스트와 함께 진행해야 할 때가 대부분입니다. 이유는 다음과 같습니다.

E2E 테스트를 만드는 데는 상당한 비용이 듭니다. 애플리케이션이 대규모라면 테스트하고 싶은 애플리케이션 상태를 재현하기도 쉽지 않습니다. 특히 UI가 있는 애플리케이션이라면 사용자의 마우스 움직임이나 탭, 드래그 같은 동작을 재현하고, 그 결과 화면에 표시된 내용이 올바른지 확인하는 일이 그

리 간단하지 않습니다. UI는 사람이 알기 쉽도록 표시하려고 만든 것이지, 프로그램이 조작하거나 읽기 쉽게 설계된 것은 아닙니다. 여기에 더해 외부 네트워크 영향이나 비동기 처리 시점 등에 따라 테스트가 안정적이지 않거나 실행 시간이 길어지는 문제도 있습니다. 요컨대, 세세한 조건 모두를 포함하여 E2E 테스트를 실행하기는 어렵습니다.

이때 효과적인 것이 단위 테스트로 개별 부품을 검증하는 방법입니다. 각 부품을 올바르게 구현했다면 전체 애플리케이션도 올바르게 움직이리라 기대할 수 있습니다. 단위 테스트는 클래스나 함수를 직접 대상으로 하므로 UI를 조작하는 것보다 동작을 재현하거나 결과를 검증하기가 쉽습니다. 또한 테스트 대상 범위가 명확하므로 검증해야 하는 상태를 만들기도 비교적 쉽습니다.

코드 변경의 영향을 받는 테스트 범위가 명확하다는 점도 단위 테스트의 장점입니다. 어딘가 코드를 변경했을 때 해당 코드와 직접 관련된 테스트만 다시 실행하면 됩니다. E2E 테스트에서는 한 곳을 변경하더라도 수많은 곳의 테스트 코드 수정으로 이어질 수 있어 유지보수 비용이 크게 늘어날 위험이 있습니다.

그러나 단위 테스트만으로 모두를 포괄할 수는 없습니다. 각 부품이 의도한 대로 움직이더라도 애초에 각 부품 간 설계가 잘못됐다면 전체로서는 올바르게 작동하지 않을 수 있습니다. 또한 부품을 조립하는 과정에서 잘못된 부품을 사용하거나 연결 방식이 틀렸더라도 단위 테스트만으로는 이를 발견하기 어렵습니다. 이러한 경우에는 통합 테스트를 통해 여러 요소가 함께 동작하는 방식을 검증하는 편이 좋습니다. 더불어 애플리케이션에서 특히 중요한 시나리오라면 E2E 테스트를 통해 사용자 관점에서 다시 한 번 확인함으로써 신뢰성을 높일 수 있습니다.

각 테스트의 장점과 단점을 이해하고 이를 구분해서 사용해야 합니다. E2E 테스트는 애플리케이션의 중요한 기능을 중심으로 수행하고, 세세한 테스트 케이스는 단위 테스트가 담당하는 것이 일반적입니다. 이와 함께 필요하다면 통합 테스트를 추가합니다. 이렇게 하면 테스트 유지보수에 드는 비용을 관리하면서도 애플리케이션 품질을 효과적으로 높일 수 있습니다(그림 10-1).

그림 10-1 자동화 테스트의 역할

수동 테스트의 필요성

모든 테스트를 자동화할 수 있다면 수동 테스트는 더 이상 필요 없을까요? 답은 '아니요'입니다. 현실에서는 자동화 테스트만으로 해결할 수 없는 케이스도 많으므로 상황에 따라 수동 테스트도 함께 사용해야 합니다.

일반적으로 자동화 테스트는 개발자가 미리 정한 시나리오에 따라 시행합니다. 따라서 생각지 못한 상황에서 발생하는 오류까지 검출하기에는 한계가 있습니다. 예를 들어, 사용자가 의도하지 않은 방식으로 조작하거나 예상 밖의 환경에서 애플리케이션을 사용하는 상황을 모두 사전에 정의하여 자동화하는 것은 쉽지 않습니다. 이와 달리 수동 테스트에는 사전에 정해진 테스트 케이스 없이 자유로이 소프트웨어를 조작하면서 테스트하는 '**탐색 테스트**

(exploratory testing)'라는 접근법이 있습니다. 이 방법은 자동화 테스트로 확인하지 못하는 부분을 보완합니다.

때에 따라서는 자동화 테스트보다 수동 테스트 쪽이 어울리는 테스트도 있습니다. 예를 들어, UI가 있는 애플리케이션이라면 레이아웃이 올바르게 표시되는지, 색상이 자연스러운지, 버튼 반응이 즉각적인지와 같은 감각적인 요소를 확인해야 합니다. 이러한 부분은 자동화하기 어려우므로 수동으로 수행하는 편이 효과적일 때도 있습니다.

따라서 가능한 한 많은 부분을 자동화 테스트로 검증하되, 자동화하기 어려운 부분을 수동 테스트로 보완하면 효과적이고 효율적으로 테스트할 수 있습니다.

10.3 단위 테스트 만들기

그러면 사용자 등록 화면을 예로 들어 가장 작은 테스트인 단위 테스트를 만들어 봅시다. 이번에 만들 애플리케이션에서는 사용자를 등록할 때 이메일 주소와 비밀번호를 입력해야 하는데, 비밀번호에는 다음과 같은 조건을 둡니다.

- 8자 이상
- 대문자 알파벳, 소문자 알파벳, 숫자, 기호 모두 1개 이상 포함

이를 만족하지 않으면 사용자에게 오류 메시지를 표시합니다. 오류가 발생하는 이유는 여러 가지이므로 오류 이유를 문자열 배열로 반환하는 함수를 만듭니다(코드 10-1).

코드 10-1 비밀번호를 검증하고 오류 메시지를 배열로 반환하는 함수

```
/**
 * 비밀번호를 검증하고 오류 메시지를 배열로 반환한다.
 * 오류가 없다면 빈 배열을 반환한다.
 */
fun getPasswordErrorMessages(password: String): List<String> {
    val errorMessages = mutableListOf<String>()

    if (password.length < 8) {
        errorMessages.add(
            "비밀번호는 8자 이상이어야 합니다."
        )
    }

    val hasUpperCase = password.any { it.isUpperCase() }
    if (!hasUpperCase) {
        errorMessages.add(
            "대문자 알파벳은 1자 이상이어야 합니다."
        )
    }

    val hasLowerCase = password.any { it.isLowerCase() }
    if (!hasLowerCase) {
        errorMessages.add(
            "소문자 알파벳은 1자 이상이어야 합니다."
        )
    }

    val hasDigit = password.any { it.isDigit() }
    if (!hasDigit) {
        errorMessages.add("숫자를 1자 이상 포함해 주세요. ")
    }

    val hasSymbol = password.any { it.isLetterOrDigit().not() }
    if (!hasSymbol) {
        errorMessages.add("기호를 1자 이상 포함해 주세요.")
```

```
    }

    return errorMessages
}
```

이 코드의 동작을 확인하려면 실제로 사용자 등록 화면을 열고 문자를 입력하는 번거로운 단계가 필요합니다. 더불어 일단 사용자 등록이 끝난 상태에서 사용자 등록 화면을 다시 표시하려면 로그아웃하거나 계정을 삭제해야 하므로 상당히 귀찮습니다. 이럴 때 단위 테스트를 이용하면 포괄적인 동작을 자동으로 빠르게 검증할 수 있습니다.

코드 10-2는 이러한 비밀번호 검증 코드를 대상으로 단위 테스트를 작성한 예입니다. 여기서는 @Test 어노테이션이 붙은 함수를 대상으로 테스트를 실행합니다. 테스트 작성 방법은 사용하는 테스트 프레임워크나 프로그래밍 언어에 따라 조금씩 다르지만 기본적인 접근 방식은 대체로 비슷합니다.

코드 10-2 비밀번호 검증 테스트 코드

```
class PasswordErrorTest {
    @Test
    fun `valid password`() {
        val password = "Yk^5b(nD"
        val errorMessages = getPasswordErrorMessages(password)
        assertEquals(emptyList<String>(), errorMessages)
    }

    @Test
    fun `password less than 8 characters`() {
        val password = "Short1!"
        val errorMessages = getPasswordErrorMessages(password)
        assertEquals(
            listOf("비밀번호는 8자 이상이어야 합니다."),
            errorMessages
```

```
    )
}

@Test
fun `password without uppercase letter`() {
    val password = "invalidpassword1!"
    val errorMessages = getPasswordErrorMessages(password)
    assertEquals(
        listOf("대문자 알파벳은 1자 이상이어야 합니다."),
        errorMessages
    )
}

@Test
fun `password without lowercase letter`() {
    val password = "INVALIDPASSWORD1!"
    val errorMessages = getPasswordErrorMessages(password)
    assertEquals(
        listOf("소문자 알파벳은 1자 이상이어야 합니다."),
        errorMessages
    )
}

@Test
fun `password without digit`() {
    val password = "InvalidPassword!"
    val errorMessages = getPasswordErrorMessages(password)
    assertEquals(
        listOf("숫자를 1자 이상 포함해 주세요."),
        errorMessages
    )
}

@Test
fun `password without special character`() {
    val password = "InvalidPassword1"
```

```
        val errorMessages = getPasswordErrorMessages(password)
        assertEquals(
            listOf("기호를 1자 이상 포함해 주세요."),
            errorMessages
        )
    }

    @Test
    fun `password with multiple errors`() {
        val password = "weak"
        val errorMessages = getPasswordErrorMessages(password)
        assertEquals(
            listOf(
                "비밀번호는 8자 이상이어야 합니다.",
                "대문자 알파벳은 1자 이상이어야 합니다.",
                "숫자를 1자 이상 포함해 주세요.",
                "기호를 1자 이상 포함해 주세요."
            ),
            errorMessages
        )
    }
}
```

이 비밀번호 검증 예제를 바탕으로 테스트를 작성할 때 주의할 점 몇 가지를 살펴보겠습니다.

코틀린 한 조각 16 테스트에 사용할 수 있는 함수 이름

코틀린에서는 함수 이름에 공백이나 기호를 사용하고 싶을 때 백쿼트(`)로 감싸면 됩니다. 일반적인 구현 코드에서는 이 방법을 추천하지 않지만, 테스트 코드에서는 의도를 명확히 드러내기 위해 자연스러운 문장을 함수 이름으로 사용할 때가 있습니다.[1] 또한 코드 10-3처럼 한글도 사용할 수 있습니다.

1 참고: Kotlin Documentation - Coding conventions, https://kotlinlang.org/docs/coding-conventions.html#naming-rules

코드 10-3 한글을 이용한 함수 이름

```
@Test
fun 비밀번호가8자이하일때 () {
    val password = "Short1!"
    val errorMessages = getPasswordErrorMessages(password)
    assertEquals(
        listOf("비밀번호는 8자 이상이어야 합니다."),
        errorMessages
    )
}
```

AAA : Arrange-Act-Assert

테스트를 작성할 때는 Arrange(준비), Act(실행), Assert(검증)라는 세 가지 단계를 기본 패턴으로 염두에 두면 좋습니다. 이 3단계 머리글자를 따서 AAA 패턴이라 부릅니다.[2]

코드 10-4를 예로 각 단계를 알아봅시다.

코드 10-4 AAA 패턴을 따른 테스트 코드

```
@Test
fun `valid password`() {
    // Arrange
    val password = "Yk^5b(nD"
    // Act
    val errorMessages = getPasswordErrorMessages(password)
    // Assert
    assertEquals(emptyList<String>(), errorMessages)
}
```

2 Arrange-Act-Assert와 비슷한 패턴으로 Given When Then이 있습니다. Given은 전제 조건 설정, When은 실제 동작, Then으로 예상 결과를 검증합니다.

Arrange(준비)

테스트에 필요한 전처리를 수행하는 단계입니다. 여기서는 검증에 사용할 샘플 비밀번호를 함수의 1행째에 준비했습니다.

이 단계에서는 각 테스트 대상과 관련한 클래스나 객체를 만들거나 테스트하고 싶은 상태 직전까지 동작을 진행합니다.

Act(실행)

테스트 대상을 실행하는 단계입니다. 예제 코드에서는 2행째에서 테스트 대상인 getPasswordErrorMessages( ) 함수를 호출합니다.

Assert(검증)

실행한 결과를 검증하는 단계입니다. 테스트 대상을 실행하기만 해서는 기대한 대로 동작했는지, 아니면 잘못된 결과를 반환했는지 알 수 없습니다. 따라서 반환값이나 상태를 조사하여 기대한 결과와 일치하는지를 검증해야 합니다.

예제 코드의 3행째에서 사용한 assertEquals( )는 첫 번째 인수와 두 번째 인수를 비교하고 다르다면 오류를 throw합니다. 여기서는 오류 메시지가 없을 것, 즉 사용할 수 있는 비밀번호라고 기대합니다. 만약 반환값이 비어 있지 않다면 테스트에 실패했다는 뜻이며 어딘가 문제가 있음을 바로 알 수 있습니다.

실행 결과가 기대한 대로인지를 확인하는 방법은 반환값 검증뿐만 아니라 내부 상태가 기대한 대로 변경되었는지 또는 예상했던 인수로 다른 함수를 호출하는지를 확인하는 방식도 있습니다.

테스트 코드를 작성할 때 이 3단계를 따르면 테스트 흐름을 쉽게 알 수 있습니다. 각 단계는 복잡하게 섞이지 않도록 주의하세요.

예를 들어, 코드 10-5처럼 하나의 테스트 코드 안에 Arrange, Act, Assert 단계가 여러 번 등장하면 무엇을 테스트하는지를 알 수 없습니다. 더불어 테스트가 실패했을 때도 어디서 문제가 생겼는지 판단하기 어렵습니다. 각 단계가

한 번씩 등장하도록 개별 테스트 케이스로 분할하여 검토하면 좋습니다.

코드 10-5 AAA 패턴을 따르지 않는 테스트 코드

```
@Test
fun `validate password`() {
    val password1 = "Yk^5b(nD"
    val errorMessages1 = getPasswordErrorMessages(password1)
    assertEquals(emptyList<String>(), errorMessages1)

    val password2 = "Short1!"
    val errorMessages2 = getPasswordErrorMessages(password2)
    assertEquals(
        listOf("비밀번호는 8자 이상이어야 합니다."),
        errorMessages2
    )
}
```

필요 충분한 테스트 케이스 만들기

테스트 케이스에서 중요한 케이스를 빠트리면 심각한 버그를 놓칠지도 모릅니다. 반대로 무턱대고 테스트 케이스를 늘린다면 이후 유지보수가 어려워질 수 있습니다. 코드를 조금 변경했을 뿐인데도 많은 양의 테스트 코드를 수정해야 한다면 큰 부담입니다. 테스트 케이스는 너무 적지도, 너무 많지도 않도록 항상 주의합시다.

이번 예제 코드에서는 적어도 정상과 예외 두 가지 케이스가 있어야 합니다.

- 유효한 비밀번호를 입력한 케이스
- 유효하지 않은 비밀번호를 입력한 케이스

더불어 오류가 발생하는 조건이 여러 가지이므로 각 조건도 확인해 둡시다.

- 비밀번호가 8자 미만인 케이스
- 대문자가 없는 케이스
- 소문자가 없는 케이스
- 숫자를 포함하지 않는 케이스
- 기호를 포함하지 않는 케이스

여러 조건을 동시에 만족하지 못할 때는 오류 메시지를 배열로 반환합니다. 따라서 앞의 케이스에 더해 여러 가지 오류를 동시에 반환하는 케이스도 추가하는 편이 좋습니다. 그 결과 최종 테스트 케이스는 다음 일곱 가지입니다.

- 유효한 비밀번호를 입력한 케이스
- 비밀번호가 8자 미만인 케이스
- 대문자가 없는 케이스
- 소문자가 없는 케이스
- 숫자를 포함하지 않는 케이스
- 기호를 포함하지 않는 케이스
- 2개 이상의 조건을 만족하지 않는 케이스

2개 이상의 조건을 만족하지 않는 조합은 여러 가지가 있지만 그중 하나만 테스트해도 충분합니다. 각 조건의 조합을 모두 테스트하면 테스트 케이스 수만 늘어나고, 얻는 효과에 비해 유지보수 비용이 지나치게 커질 수 있습니다.

한 걸음 더 경곗값 테스트하기

테스트할 케이스를 설계할 때는 조건의 경곗값을 잘 살펴야 합니다. 경곗값을 기준으로 테스트하면 구현이 정확한지를 효율적으로 검증할 수 있습니다.

예를 들어, 앞의 예처럼 '비밀번호는 8자 이상'이라는 요구 사항이 있을 때는 다음 두 가지 케이스를 테스트하면 좋습니다.

- 비밀번호가 7문자인 케이스
- 비밀번호가 8문자인 케이스

이렇게 하면 8자를 경계로 비밀번호 길이를 올바르게 판정하는지를 명확하게 확인할 수 있습니다.

테스트는 간단한 코드로

테스트를 작성할 때는 평소보다 더 단순하고 알기 쉬운 코드를 쓰도록 합시다. 테스트 코드에 복잡한 로직을 넣으면 그 테스트 코드가 올바른지를 빠르게 판단할 수 없습니다. 그리고 테스트 코드에 잘못이 있으면 당연히 얻은 테스트 결과 역시 신뢰할 수 없게 됩니다.

특히 '기대하는 값'을 동적으로 계산하는 일은 피합시다. 코드 10-6은 세금 포함 가격을 계산하는 함수를 테스트하는데, Assert 단계에서 사용할 값을 테스트 코드에서 직접 계산합니다.

코드 10-6 기대하는 값을 코드에서 동적으로 계산

```
@Test
fun `tax-included price`() {
    val priceWithoutTax = 101
    val actual = calculatePrice(priceWithoutTax)
    val expected = (priceWithoutTax.toFloat() * 1.1).toInt()
    assertEquals(expected, actual)
}
```

이 테스트는 계산이 올바른지를 검증하고 싶어 보이지만, 테스트 코드 안에서도 같은 계산을 하고 있기 때문에 테스트 목적을 제대로 달성하지 못합니다. 특히 이처럼 소수를 포함한 계산에서는 버림이나 반올림 같은 처리 방식의 정확성이 중요합니다. 그러나 이 코드에서는 이를 검증하기 어렵습니다.

기대하는 값으로는 고정된 값을 사용하는 것이 좋습니다. 이렇게 하면 테스트 코드가 틀릴 가능성도 줄어들고, 테스트의 의도 역시 훨씬 분명해집니다(코드 10-7).

코드 10-7 **기대하는 값은 상수로**[3]

```
@Test
fun `tax-included price`() {
    val priceWithoutTax = 101
    val actual = calculatePrice(priceWithoutTax)
    val expected = 111
    assertEquals(expected, actual)
}
```

테스트 이름은 명확하게

테스트 코드에서도 이름을 아무렇게나 지어서는 안 됩니다. 특히 각 테스트 케이스의 이름은 무엇을 테스트하는지를 즉시 알 수 있도록 지어야 합니다. 이름을 짓는 규칙은 언어나 프레임워크에 따라 정해져 있는 때도 있지만 주로 다음 요소들을 조합하여 생각하면 좋습니다.

테스트 대상의 이름(클래스 이름, 함수 이름)

예: testGetPasswordErrorMessages

---

3 어림하기(올림, 버림, 반올림)가 올바른지를 검증하려면 108처럼 계산했을 때 소수 부분이 0.5 이상이 되는 값으로도 테스트해야 합니다.

테스트 조건

예: `password without digit`

기대하는 결과(성공 또는 실패 등)

예: `return empty where there are no errors`

테스트 이름만 보고도 이 테스트가 다른 테스트와 무엇이 다른지, 어떤 목적을 가지고 작성되었는지를 알 수 있어야 합니다. 앞에서 살펴본 비밀번호 검증 예(코드 10-2)에서는 각 테스트가 어떤 조건을 검증하는지에 초점을 맞춰 이름을 지었습니다. 테스트 대상은 하나이고 클래스 이름으로 이미 드러나 있으므로 함수 이름에서는 테스트 대상 정보를 생략했습니다.

한 걸음 더 프라이빗 함수는 테스트하지 않기

클래스를 대상으로 단위 테스트를 작성할 때는 프라이빗 함수나 프라이빗 속성과 같이 클래스 내부에 숨겨진 요소를 직접 테스트하는 것은 피하는 편이 좋습니다. 클래스의 단위 테스트는 기본적으로 그 클래스를 외부에서 보았을 때의 동작에 주목해야 합니다. 클래스 내부의 구현 세부 사항이나 내부 상태에 강하게 의존하는 테스트를 작성하면 테스트의 목적이 흐려지고 나중에 리팩터링하기도 어려워집니다.

만약 클래스가 너무 복잡해서 프라이빗 멤버에 접근하지 않으면 테스트할 수 없거나, 클래스 내부에 테스트를 작성해야 할 정도로 중요한 처리가 있다면 클래스 설계 자체를 다시 검토해 보세요. 단일 책임 원칙[4]에 따라 클래스의 책임은 하나로 한정해야 합니다. 책임마다 분리하여 각 책임을 대상으로 테스트를 작성하면 제품 코드와 테스트 코드 모두 유지보수하기 쉬워집니다.

4 단일 책임 원칙은 '3.1 함수와 클래스 나누기' 절의 '코드를 변경하는 이유는 단 한 가지' 항을 참고하세요.

한 걸음 더 1+1은 정말로 2일까?

코드 10-8은 1+1이 2임을 검증하는 테스트입니다.

코드 10-8 1+1이 2임을 검증하기

```
@Test
fun `1 + 1 = 2`() {
    assertEquals(1 + 1, 2)
}
```

테스트 코드를 설명할 때 종종 코드 10-8과 같은 예제를 사용하지만, 실제로는 이런 단순한 계산을 테스트할 필요는 없습니다. 대부분의 프로그래밍 언어와 실행 환경에서는 기본적인 수식 연산이 올바르게 동작한다는 사실을 이미 충분히 검증해 두었기 때문입니다.

수식뿐만 아니라 프로그래밍 언어, 라이브러리, 프레임워크에서 제공하는 기본 기능도 마찬가지입니다. 이러한 부분은 해당 언어나 라이브러리를 유지보수하는 쪽에서 테스트해야 할 대상이며, 사용자는 이를 전제로 활용하면 됩니다. 많은 사람이 사용하는 코드일수록 이미 많은 검증을 거쳤을 가능성이 높으므로 버그 확률도 비교적 낮으리라 기대할 수 있습니다. 따라서 사용하는 라이브러리나 프레임워크의 내부 동작 자체를 테스트하는 것은 효과가 별로 없을 뿐 아니라 쓸데없이 유지보수 비용만 낭비할 수 있습니다.

테스트를 직접 작성할 때는 직접 작성한 코드와 애플리케이션의 고유 기능에 초점을 맞추도록 합시다. 예를 들어, 프로그래밍 언어나 라이브러리를 조합하여 구현한 것이라면 이용 방법이나 조합 방법이 틀리지는 않는지를 테스트하면 됩니다.

{ 10.4 의존 코드를 테스트 대역으로 바꾸기 }

테스트하고 싶은 대상이 다른 클래스나 함수에 의존하고 있다면, 그 상태로는 의존하는 클래스까지 함께 테스트하게 됩니다. 그러나 때로는 의존하는 클래스에 따라 테스트가 복잡해질 염려가 있습니다. 특히 테스트 대상이 외부 서비스에 의존할 때는 테스트할 상황을 재연하기가 어렵거나 테스트 실행에 시간이 오래 걸리거나 안정적이지 못할 때가 있습니다.

이러한 문제를 피하고 테스트를 단순하게 하고자 의존하는 객체를 테스트 대역(test double)으로 바꿀 때가 흔합니다. 테스트 대역에는 다양한 역할이 있으며 역할에 따라 Mock, Fake, Stub 등으로 부릅니다. 구체적인 예를 이용하여 몇 가지를 살펴보겠습니다.

의존하는 클래스 바꾸기

앞선 쇼핑몰 사이트를 떠올려 보세요. 이 사이트에서 유료 회원은 할인 금액으로 구매할 수 있습니다. 이때 유료 회원이라면 올바르게 할인을 적용하는지를 테스트한다고 합시다.

복잡한 결제 과정을 거치며 테스트를 수행할 때마다 유료 회원에 가입하는 것은 시간과 수고가 너무 많이 듭니다. 더구나 유료 회원 상태는 데이터베이스나 외부 서버에 저장한다고 정했으므로 테스트용 데이터베이스나 서버를 준비하고 테스트마다 상태를 초기화하기도 번거롭습니다. 설령 준비했다고 하더라도 네트워크를 거치면서 오류가 생길 수 있으며 시간도 걸립니다.

유료 회원 할인 테스트에서 중요한 것은 유료 회원인지 아닌지에 따라 금액 계산이 올바른가이지, 회원 가입 과정이나 회원 상태를 어디에 저장하는지는 중요하지 않습니다. 테스트용으로 회원 상태를 마음대로 조작할 수 있다면 훨씬 편할 겁니다. 이에 '5.3 추상에 의존하도록 하기'에서 살펴본 인터페이스를 활용합니다.

인터페이스 정의하기

먼저 사용자 회원 정보를 저장할 인터페이스를 정의합니다. 여기서는 UserRepository라는 인터페이스를 준비합니다. 인터페이스를 이용하면 테스트에 사용할 다른 구현 클래스를 자유롭게 만들 수 있습니다(코드 10-9).

코드 10-9 사용자 회원 정보를 저장할 인터페이스와 그 구현

```
interface UserRepository {
    fun isPaidUser(): Boolean
}

class UserRepositoryImpl: UserRepository {
    override fun isPaidUser(): Boolean {
        /* 데이터베이스나 서버에서 값을 가져온다. */
    }
}
```

테스트 대상 코드 작성하기

다음으로, 구매 금액을 계산하는 코드를 작성합니다. PurchasePriceGetUseCase라는 클래스에 getPurchasePrice( )라는 함수를 만듭니다. 이때 앞서 UserRepository 인터페이스를 생성자로 전달받습니다(코드 10-10).

코드 10-10 구매 금액 계산하기

```
class PurchasePriceGetUseCase(
    private val userRepository: UserRepository
) {
    fun getPurchasePrice(product: Product): Int {
```

```
        return if (userRepository.isPaidUser()) {
            (product.price * (1 - DISCOUNT_RATE)).toInt()
        } else {
            product.price
        }
    }

    companion object {
        private const val DISCOUNT_RATE = 0.05
    }
}

class Product(val name: String, val price: Int)
```

테스트용 구현 작성하기

이제 테스트용 UserRepository 인터페이스를 구현합니다. 이번에는 유료 회원일 때와 그렇지 않을 때 모두를 테스트하고 싶으므로 isPaidUser의 값을 외부에서 설정할 수 있도록 구현합니다(코드 10-11).

코드 10-11 테스트용 UserRepository 인터페이스 구현

```
class FakeUserRepository : UserRepository {
    private var isPaidUser: Boolean = false

    override fun isPaidUser(): Boolean {
        return isPaidUser
    }

    fun setPaidUser(isPaidUser: Boolean) {
        this.isPaidUser = isPaidUser
    }
}
```

이처럼 일부를 단순화하면서도 실제 객체와 어느 정도 비슷하게 동작하도

록 만든 객체를 Fake라 부릅니다.

테스트 코드 작성하기

그럼 테스트용 구현을 이용하여 테스트를 작성해 볼까요? 테스트할 때는 UserRepositoryImpl 클래스 대신 FakeUserRepository 클래스를 사용합니다(코드 10-12).

코드 10-12 FakeUserRepository를 사용한 테스트

```
class PurchasePriceGetUseCaseTest {
    private val fakeUserRepository = FakeUserRepository()
    private val target =
        PurchasePriceGetUseCase(fakeUserRepository)

    @Test
    fun `paid user`() {
        val product = Product("product name", 100)
        fakeUserRepository.setPaidUser(true)
        val result = target.getPurchasePrice(product)
        assertEquals(95, result)
    }

    @Test
    fun `not paid user`() {
        val product = Product("product name", 100)
        fakeUserRepository.setPaidUser(false)
        val result = target.getPurchasePrice(product)
        assertEquals(100, result)
    }
}
```

이렇게 하면 어떻게 유료 회원에 가입하는지, 회원 상태를 어디에 저장하는지와 상관없이 금액 계산 로직에만 집중하여 테스트를 작성할 수 있습니다. 그 결과 테스트가 간단해질 뿐 아니라 테스트 유지보수성도 좋아집니다. 예를 들어, 회원 가입 절차나 저장 방법이 달라지더라도 이 로직과 무관하다면 테스트를 수정할 필요가 없습니다. 또한 네트워크를 거치지 않으므로 의도하지 않은 오류를 피할 수 있어 안정적인 테스트를 만들 수 있습니다.

한 걸음 더 모크업 라이브러리 사용하기

테스트 대역으로 바꾸고자 인터페이스를 준비하고 테스트용 코드를 구현하려니 번거롭다는 생각이 들지도 모릅니다. 언어나 프레임워크에 따라서는 이러한 작업을 간단히 해 주는 모크업 라이브러리를 제공합니다. 여기서는 자바나 코틀린에서 이용하는 Mockito를 소개합니다.

Mockito에서는 mock() 함수를 이용하여 클래스나 인터페이스의 테스트용 인스턴스를 만들 수 있습니다. 그런 다음, stub 블록 안에서 테스트 케이스마다 반환값을 정의합니다(코드 10-13).

코드 10-13 모크업 라이브러리를 이용한 테스트

```
class PurchasePriceGetUseCaseTest {
    private val mockUserRepository = mock()
    private val target = PurchasePriceGetUseCase(
        mockUserRepository
    )

    @Test
    fun `paid user`() {
        val product = Product("product name", 100)
        mockUserRepository.stub {
            on { isPaidUser() } doReturn true
        }
        val result = target.getPurchasePrice(product)
        assertEquals(95, result)
    }

    @Test
    fun `not paid user`() {
```

```
        val product = Product("product name", 100)
        mockUserRepository.stub {
            on { isPaidUser() } doReturn false
        }
        val result = target.getPurchasePrice(product)
        assertEquals(100, result)
    }
}
```

많은 모크업 라이브러리는 테스트 대역의 동작을 설정할 수 있을 뿐 아니라 호출한 함수의 인수나 호출 횟수를 검증하는 기능도 있습니다. 예를 들어, 쓸데없이 isPaidUser( ) 함수를 더 호출하지 않는지를 확인할 수도 있습니다.

이는 isPaidUser( ) 함수 처리가 무거워 여러 번 호출하지 않도록 하고 싶을 때 유용합니다(코드 10-14).

코드 10-14 모크업 라이브러리로 만든 객체의 호출 횟수 검증하기

```
class PurchasePriceGetUseCaseTest {
    private val mockUserRepository = mock()

    private val target =
        PurchasePriceGetUseCase(mockUserRepository)

    @Test
    fun `paid user`() {
        val product = Product("product name", 100)
        mockUserRepository.stub {
            on { isPaidUser() } doReturn true
        }
        val result = target.getPurchasePrice(product)
        assertEquals(95, result)
                    isPaidUser()를 한 번만 호출했는지를 검증하기
        verify(mockUserRepository, times(1)).isPaidUser()
    }
}
```

모크업 라이브러리를 사용하는 것보다 별도의 테스트 대역을 직접 구현하는 편이 더 간단할 때도 있습니다. 예를 들어, 대역 객체의 동작이 복잡하거나 여러 테스트에서 동일한 대역 구현을 반복해서 사용하고 싶을 때가 그렇습니다. 어떤 방식이 더 간단한지, 어떤 쪽이 더 읽기 쉬운지를 기준으로 모크업 라이브러리 사용 여부를 결정하세요.

환경에 따라 변하는 값 바꾸기

테스트를 작성할 때는 여러 가지를 조심해야 하지만 그중에서도 '누가 언제 실행해도 항상 같은 결과를 반환해야 한다'는 점이 특히 중요합니다. 문제가 없음에도 간혹 실패하는 테스트는 신뢰를 잃게 되고, 결국 테스트 코드 자체가 외면받게 됩니다. 그 결과 제품의 품질에도 부정적인 영향을 끼칩니다.

날짜나 시각을 다루는 코드를 테스트할 때는 특히 주의해야 합니다. 예를 들어, 다음과 같은 문제가 발생할 수 있습니다.

- 다른 시각, 예를 들어 다음 날에 테스트하면 실패한다.
- 다른 시간대time zone에서 테스트하면 실패한다.
- 시스템에 부하가 걸린 상태에서 테스트하면 실패한다.

이러한 문제의 원인으로는 테스트 대상 코드가 현재 시각이나 현재 시간대를 참조하므로 실행 환경에 의존한다는 점을 생각할 수 있습니다. 이럴 때는 테스트를 실행하는 시각이나 시간대를 고정하면 효과적입니다. 테스트 실행 환경 자체의 시각이나 시간대를 변경할 수도 있지만, 테스트 대역으로 바꾸는 편이 더 유연하고 확실합니다. 또한 테스트 케이스마다 서로 다른 시각을 사용하기도 쉽습니다.

구체적인 예로, 지정한 시각과 현재 시각의 차이를 계산하여 '○분 전' 형식으로 반환하는 코드를 만들어 봅시다. 테스트할 때 변경할 수 있도록 현재 시각을 저장한 Clock을 생성자로 전달합니다(코드 10-15).

코드 10-15 지정한 시각과 현재 시각의 차이 계산하기

```
class TimeDifferenceCalculator(
    private val clock: Clock = Clock.systemDefaultZone()
) {
    /**
     * 지정한 시각과 현재 시각의 차이를 계산해 '○분 전' 형식으로 반환한다.
     */
    fun calculate(targetTime: LocalDateTime): String {
        val currentTime = LocalDateTime.now(clock)
        val duration = Duration.between(targetTime, currentTime)
        return "${duration.toMinutes()}분 전"
    }
}
```

이 클래스의 테스트 코드를 작성해 볼까요? Clock.fixed( )를 사용하면 고정된 시각을 만들 수 있습니다(코드 10-16).

코드 10-16 시간을 고정한 테스트 작성하기

```
class TimeDifferenceCalculatorTest {
    private val fixedTimeZone = ZoneId.of("UTC")
    private val fixedTime = LocalDateTime.of(2025, 5, 29, 12, 0)
    private val fixedClock = Clock.fixed(
        fixedTime.atZone(fixedTimeZone).toInstant(),
        fixedTimeZone
    )
    private val calculator = TimeDifferenceCalculator(fixedClock)

    @Test
    fun `10 minutes ago`() {
        val tenMinutesAgo = fixedTime.minusMinutes(10)
        assertEquals("10분 전", calculator.calculate(tenMinutesAgo))
    }
```

```
    @Test
    fun `current time`() {
        assertEquals("0분 전", calculator.calculate(fixedTime))
    }
}
```

현재 시각을 2025년 5월 29일 오전 12시로 고정하면 실제 시각과 상관없이 10분 전 등을 원하는 대로 테스트할 수 있습니다.

이처럼 테스트는 언제 어떻게 실행하더라도 같은 결과가 나오도록 환경에 의존하는 요소나 변하는 요소는 테스트 대역으로 바꿉니다. 날짜나 시각뿐만 아니라 무작위 값을 사용할 때도 고정된 값을 사용하면 좋습니다. 또한 네트워크나 오디오 접속 상태처럼 시스템 환경에 영향을 받는 요소 역시 대역으로 만들면 테스트를 안정적으로 수행할 수 있습니다.

테스트 시간 줄이기

테스트 실행에 너무 긴 시간이 걸리면 개발자의 생산성에 큰 영향을 끼칩니다. 단위 테스트라면 케이스 한 개당 수 밀리초부터 길게는 수백 밀리초 안에 끝내는 것이 바람직합니다. 짧은 시간에 끝낼 수 있다면 테스트를 여러 번 할 수 있고 재빠르게 문제를 찾을 수도 있습니다.

테스트에 대기 시간이 포함된다면 이 대기 시간을 줄이거나 건너뛸 수 없는지 검토해 보세요. 예를 들어, 특정 처리 30분 후에 다른 처리를 수행하는 코드를 테스트하고 싶을 때 정말로 30분 동안 기다리는 것은 시간 낭비입니다. 경과 시간을 조작하는 등 바로 테스트를 끝낼 수 있도록 방법을 찾으세요. 많은 비동기 처리 라이브러리에서 테스트용으로 대기 시간을 줄이는 기능도 제공합니다.

더불어 대규모 계산이나 외부 시스템과의 통신처럼 실행에 시간이 걸릴 때는 테스트 대역으로 바꿀 수 있는지를 검토하세요. 특히 단위 테스트에서는 외부 서버를 테스트 대역으로 바꾸어 테스트에 걸리는 실행 속도를 줄이곤 합니다.

테스트 대역은 적당히

지금까지 의존하는 코드를 테스트 대역으로 바꾸면 테스트가 쉬워지고 안정성이 높아진다는 점을 설명했습니다. 그러나 테스트 대역을 너무 과도하게 사용하면 오히려 문제를 일으킬 수 있습니다.

데이터베이스에 사용자 정보를 저장하기 전에 이메일 주소를 검증하는 코드를 예로 들어 볼까요? 이때 이메일 주소 검증은 다른 곳에서도 사용하기 위해 EmailValidator라는 별도의 클래스로 분리했습니다(코드 10-17).

코드 10-17 사용자 정보를 등록하는 클래스

```
class UserRegisterService(
    private val userDb: UserDb,
    private val emailValidator: EmailValidator = EmailValidator()
) {
    fun register(name: String, email: String): Boolean {
        if (!emailValidator.validate(email)) {
            return false
        }

        userDb.insert(name, email)
        return true
    }
}
```

이 클래스를 테스트하는 코드를 코드 10-18처럼 작성할 수도 있습니다. 여기서는 EmailValidator와 UserDb를 테스트 대역으로 바꾸었습니다.

코드 10-18 UserRegisterService 클래스 테스트 코드

```
class UserRegisterServiceTest {
    private val userDb: UserDb = mock()
    private val emailValidator: EmailValidator = mock()
    private val userRegisterService: UserRegisterService =
        UserRegisterService(userDb, emailValidator)

    @Test
    fun `valid email`() {
        emailValidator.stub {
            on { validate(any()) } return true
        }

        val result = userRegisterService.register(
            "Gildong",
            "gildong@example.com"
        )
        assertTrue(result)

        verify(emailValidator).validate("gildong@example.com")
        verify(userDb).insert("Gildong", "gildong@example.com")
    }

    @Test
    fun `invalid email`() {
        emailValidator.stub {
            on { validate(any()) } return false
        }

        val result = userRegisterService.register(
            "Gildong",
            "invalid"
```

```
        )
        assertFalse(result)

        verify(emailValidator).validate("invalid")
        verify(userDb, never()).insert(any(), any())
    }
}
```

그러나 이 테스트에는 문제가 있습니다. 테스트 대역인 validate() 함수는 입력값과 상관없이 미리 정의된 값만 반환하므로 이 테스트로는 실제 이메일 검증 로직이 올바르게 작동하는지 검증할 수 없습니다. 결과적으로 실제 동작과 테스트의 괴리가 커져 테스트의 신뢰도가 떨어집니다.

테스트 유지보수성이나 안정성에 문제가 생기지 않는다면 가능한 한 대역보다는 실제 코드를 사용하는 편이 더 현실적인 동작에 가까운 충실한 테스트를 수행할 수 있습니다.[5] 이번 케이스라면 EmailValidator는 테스트 대역이 아닌 진짜 코드 그대로를 사용하는 것이 바람직합니다. 이렇게 하면 코드의 신뢰성을 높일 뿐 아니라 리팩터링에도 영향을 잘 받지 않습니다. 예를 들어, 이메일 검증 처리를 별도의 클래스로 분리하지 않고 UserRegisterService 클래스의 프라이빗 함수로 옮기더라도 테스트를 수정할 필요가 없습니다. 이와 동시에 이 테스트를 바탕으로 안심하고 리팩터링을 진행할 수도 있습니다. 물론 EmailValidator 자체에 대해서는 별도의 테스트를 작성할 수 있습니다. 이때에는 테스트 책임을 다음과 같이 분리하는 것이 좋습니다.

- **EmailValidator 테스트**: 이메일 주소 조건을 자세히 테스트한다.

5 이 책에서 설명한 단위 테스트에서 가능한 한 테스트 대역이 아닌 실제 구현을 사용하려는 방식을 'Detroit School'이라 합니다. 이와 달리 단위 테스트에서 가능한 한 의존 대상을 대역으로 대체하려는 'London School'이라는 사고방식도 있습니다.

- **UserRegisterService 테스트**: 이메일 주소가 정상인 경우와 비정상인 경우를 각각 한 케이스씩 테스트하여 올바르게 EmailValidator를 호출하는지를 확인한다.

데이터베이스와 관련해서도 테스트 성능이나 안정성, 테스트 코드 복잡도에 큰 영향을 주지 않는다면 실제 데이터베이스를 사용해도 괜찮습니다. 테스트 대역을 이용할 때는 왜 바꿔야 하는지, 이렇게 하면 어떤 이점이 있는지를 올바르게 이해하고 사용하도록 합시다.

10.5 테스트 커버리지 측정하기

테스트 코드가 철저하게 작성되었는지를 확인하는 방법으로 테스트 커버리지를 측정할 수 있습니다. **코드 커버리지**(code coverage)란 테스트 대상 코드 중 실제로 테스트를 실행한 코드의 비율을 의미하며, 일반적으로 다음과 같은 지표로 수치화합니다.

- **라인 커버리지**line coverage: 실행할 수 있는 전체 소스 코드 행 중 테스트를 실행한 행의 비율
- **분기 커버리지**branch coverage: if나 when 등 조건 분기로 나뉜 경로 중 테스트를 실행한 경로의 비율

이들 수치를 기준으로 70%와 같은 구체적인 목표를 설정하면 테스트 코드 작성 기준으로 삼을 수 있습니다. 이와 함께 테스트 커버리지를 측정하는 도구를 이용하면, 어떤 코드가 테스트되었고 어떤 코드가 아직 테스트되지 않았는지를 한눈에 파악할 수 있습니다.

다만 테스트 커버리지가 높다고 해서 반드시 소프트웨어 품질이 좋다는 것은 아니라는 점에 주의하세요. 예를 들어, 테스트 코드를 작성하더라도 실행 결과를 올바르게 검증하지 못하면 오류를 발견할 수 없습니다. 또한 0으로 나

누거나 리스트 범위를 벗어난 접근처럼 실행 중 예외가 발생하는 상황 역시 테스트 커버리지를 높이는 것만으로는 확인할 수 없습니다. 따라서 테스트 커버리지가 100%라고 해도 여전히 오류는 있을 수 있습니다.

아울러 테스트 커버리지에만 매달리다 보면 필요 없는 테스트가 늘어나거나 테스트가 지나치게 복잡해지는 등 다양한 문제가 생길 수 있습니다. 어디까지나 하나의 기준으로 참고하고 테스트의 질과 비용 대비 효과에도 관심을 기울이도록 합시다.

10.6 통합 테스트/E2E 테스트

여러 개의 모듈을 조합하여 검증하는 통합 테스트나 애플리케이션 전체를 대상으로 하는 E2E 테스트를 작성할 때도 기본 사고방식은 단위 테스트와 마찬가지입니다. 간단하고 알기 쉬운 테스트 코드를 목표로 하고 모든 개발자가 언제든 안정적으로 테스트할 수 있어야 합니다.

다만 테스트 범위가 넓어질수록 테스트 목적은 더 명확해야 합니다. 예를 들어, 여러 개의 모듈을 조합하는 통합 테스트에서 개별 모듈의 자세한 테스트는 단위 테스트에서 수행하고, 통합 테스트에서는 이를 올바르게 통합했는지와 시스템 전체의 동작에 주목하는 등 테스트 목적과 역할을 명확하게 나눕니다. E2E 테스트에서는 세세한 내부 상태나 처리가 아니라 사용자 관점에서 애플리케이션의 동작을 검증해야 합니다. 이처럼 단위 테스트에서는 확인하지 못했던 범위를 통합 테스트와 E2E 테스트로 보완하면 시스템 전체에 대한 신뢰성과 품질을 한층 더 높일 수 있습니다.

11장

팀이 만드는 좋은 코드

• • •

혼자서도 다양한 소프트웨어를 만들 수 있지만 팀 단위로 코드를 작성해 보면 새로운 세상을 경험할 수 있습니다. 더 큰 규모의 소프트웨어를 만들 수 있고 혼자서는 떠올리기 어려운 새로운 아이디어를 얻을 수도 있습니다. 이 장에서는 실무 현장에서의 경험을 토대로 팀 단위 개발을 원활하게 진행하는 방법을 소개합니다.

11.1 Git으로 버전 관리하기

팀 단위로 개발할 때는 여러 사람이 동시에 코드를 편집할 수 있는 편이 좋습니다. 혼자만 코드를 편집할 수 있다면 팀 개발의 의미가 옅어집니다. 그러나 동시에 작업하는 것은 의외로 어려운 문제입니다. 자신이 수정한 내용이 다른 사람의 변경 사항과 충돌할 수 있고, 누군가 실수로 파일을 삭제하거나 이전 상태로 덮어쓸 위험도 있습니다.

이러한 문제를 방지하려면 Git과 같은 버전 관리 시스템을 이용하여 누가, 언제, 어디를 변경했는지를 기록해야 합니다. 이렇게 하면 문제가 생겨도 이전 버전으로 되돌릴 수 있고 변경 이력을 보며 왜 문제가 생겼는지 원인을 추척할 수도 있습니다. 더불어 충돌이 발생했을 때 이를 해결하는 데 도움을 주는 기능도 제공합니다.

Git을 이용한 작업의 기본 흐름

여러 사람이 함께 개발할 때 기본적인 작업 흐름은 그림 11-1과 같은 경우가 많습니다.

1. 공유 브랜치에서 개인 브랜치를 만든다.
2. 개인 브랜치에 직접 변경한 내용을 저장한다(커밋).
3. 변경 내용을 공유 브랜치로 합친다(머지).

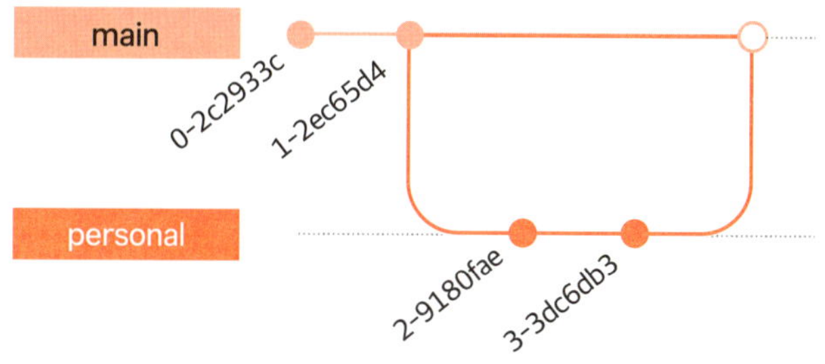

그림 11-1 Git을 이용한 팀 개발 흐름

Git에는 브랜치라는 기능이 있어 브랜치마다 서로 다른 이력을 저장할 수 있습니다. 공유 브랜치에서 여러 사람이 작업하면 금방 충돌이 일어나거나 문제가 생겼을 때 모든 사람에게 영향을 끼칩니다. 따라서 팀원은 각각의 개인 브랜치에서 작업을 진행하는 것이 일반적입니다.

Git에 변경 사항을 저장하는 것을 커밋(commit)이라 합니다. 변경한 내용을 개인 브랜치에 커밋하는 것이죠. 개인 브랜치에서 일정한 작업을 끝내고 이 작업 내용에 문제가 없다고 판단한다면 공유 브랜치에 해당 변경 내용을 합칩니다. 이 작업을 머지(merge)라고 합니다.

머지하려고 할 때 다른 사람이 같은 부분을 수정하고 있다면 충돌이 발생할 수 있습니다. 이럴 때는 자신의 코드와 상대 코드 중 어느 쪽을 채택할 것인지, 또는 양쪽을 어떻게 조합할 것인지를 판단해야 합니다. 이렇게 충돌을 해결했다면 머지할 수 있습니다.

이와 같은 흐름에 따라 작업을 진행하면 공유 브랜치를 안정적인 상태로 유지하며 여러 사람이 동시에 개발을 진행할 수 있습니다. GitHub/GitLab과 같은 Git 호스팅 서비스를 사용하면 이 작업이 더욱 수월해집니다. 예를 들어, 공유 코드를 클라우드에서 관리하거나 머지하기 전에 여러 사람이 변경 내용에 문제가 없는지 리뷰할 수도 있습니다.

알기 쉬운 커밋 만들기

이전 커밋은 코드가 어떻게 변화해 왔는지를 확인하는 데 매우 중요한 역할을 합니다. 무언가 버그가 생겼을 때 그 원인이 언제, 어떻게 발생했는지를 추적하는 단서가 되기 때문입니다. 그 밖에도 리팩터링을 하거나 기능을 추가하는 등 코드를 변경할 때도 과거의 변경 의도를 알면 많은 도움이 됩니다. 따라서 각 커밋은 시간이 흐른 후 다시 보더라도 이해하기 쉬워야 합니다.

커밋 메시지에 정보 포함하기

커밋 메시지란 커밋할 때 함께 기록하는 메모로, 나중에 해당 변경을 이해하는 데 중요한 단서가 됩니다. 따라서 커밋 메시지에는 간결하면서도 충분한 정보를 담아야 합니다.

다음과 같이 작성한 커밋 메시지는 변경 내용에 대한 정보도 없고 아무런 의미도 없습니다.

- 코드를 변경함
- 버그를 수정함
- 리뷰 지적 사항을 반영함

커밋 메시지에는 더 구체적인 변경 내용을 기록하도록 합시다. 예를 들어, 다음처럼 커밋 메시지를 작성하면 좋습니다.

- 확인 대화 상자를 구현함
- 오류임에도 오류 메시지를 표시하지 않는 버그를 수정함
- 사용하지 않는 (구체적인 클래스 이름이나 함수 이름)을 삭제함

특히 해당 변경이 기능 추가 때문인지 버그 수정 때문인지 아니면 단순한 리팩터링 작업 때문인지를 알 수 있으면 좋습니다. 이렇게 하면 나중에 해당

변경의 목적을 빠르게 이해할 수 있습니다.

커밋 내용과 횟수

알기 쉬운 커밋을 만들려면 각 커밋에서 어느 정도 변경이 이루어졌는지도 중요합니다. 너무 많은 변경을 하나의 커밋에 담으면 해당 커밋을 이해하기 어렵습니다.

예를 들어, 사용자 프로필 화면의 UI를 변경하는 커밋에 오류 처리와 관련한 수정이나 리팩터링 내용까지 모두 포함하면 어느 변경을 무슨 이유로 했는지 파악하기 어렵습니다.

- 사용자 프로필 화면 업데이트(UI 변경, 오류 수정, 리팩터링 포함)

이럴 때는 목적에 따라 커밋을 나누어야 합니다.

1. 사용자 프로필 화면 UI 업데이트
2. 오류가 발생했음에도 오류 메시지를 표시하지 않는 버그 수정
3. 필요 없는 코드 삭제

반대로 하나의 변경을 지나치게 여러 개의 커밋으로 나누는 것도 전체 작업 흐름을 이해하기 어렵게 만듭니다. 그 밖에도 목적이 명확하지 않은 커밋, 예를 들어 '작업 중'이나 '오늘 작업'처럼 커밋을 만들면 나중에 봤을 때 왜 변경했는지를 알 수 없습니다. 하나의 커밋에는 하나의 명확한 목적만 포함하도록 합시다.

커밋 관리하기

일정 수준까지 작업을 끝냈다면 머지하거나 다른 사람에게 리뷰를 요청하기 전에 커밋 상태를 점검하는 것이 좋습니다. 앞서 살펴본 기준에 따라 부족한 정보가 있다면 추가하고, 커밋이 너무 잦다면 횟수를 줄이거나 필요하다면

분할합니다.

예를 들어, 프로필 편집 기능을 구현하면서 다음과 같은 커밋을 했다고 합시다.

1. 프로필 편집 화면용으로 새로운 파일을 만듦
2. 프로필 편집 화면의 UI를 만듦
3. 이름을 수정할 수 있도록 함
4. 프로필 편집 화면을 열었을 때 현재 프로필을 표시하도록 함
5. 프로필 이미지를 변경할 수 있도록 함
6. 이름이 너무 짧으면 오류를 표시하도록 함
7. 프로필 이미지 변경 시 필요 없는 처리 삭제

이대로라도 어떻게 변경했는지 알 수 있지만 개선할 곳이 몇 군데 보입니다. 먼저 새로운 파일을 만들었다는 이유만으로 커밋을 하는 것은 의미가 없을 수 있습니다. 또한 필요 없는 처리를 삭제한 리팩터링도 관련 기능을 추가한 커밋과 하나로 합칠 수 있다면 불필요한 커밋을 줄일 수 있습니다. 더불어 차례대로 읽었을 때 쉽게 이해할 수 있도록, 예를 들어 이름과 관련한 커밋은 연속으로 배치하는 등 커밋을 다시 정렬하면 좋습니다. 이렇게 정리하면 다음과 같은 보기 좋은 커밋 목록이 됩니다.

1. 프로필 편집 화면의 UI를 만듦
2. 프로필 편집 화면을 열었을 때 현재 프로필을 표시하도록 함
3. 이름을 수정할 수 있도록 함
4. 이름이 너무 짧으면 오류를 표시하도록 함
5. 프로필 이미지를 변경할 수 있도록 함

커밋을 정리하는 방법으로는 새로운 브랜치를 만들어 다시 작업하는 방법

과 rebase의 interactive 모드를 사용하여 기존 커밋을 다시 정렬하거나 여러 개의 커밋을 하나로 합치는 방법 등이 있습니다.

이렇게 정리한 커밋은 시간이 지나서 다시 보더라도 읽고 이해하기 쉽습니다. 더불어 다른 사람이 볼 때도 차례대로 변경 흐름을 쫓을 수 있어 매끄럽게 리뷰할 수 있습니다.

한 걸음 더 1인 개발에서도 Git 활용하기

혼자서 개발할 때 역시 Git은 매우 유용한 도구입니다. 오류와 같은 문제가 생겼을 때 분석하기 쉬우며 과거에 왜 그런 변경을 했는지를 다시 떠올리는 데도 도움이 됩니다. 또한 무언가를 작업할 때도 브랜치를 나누어 작업하면 진행 중인 작업을 중단하거나 다시 시작하기도 쉽습니다. 소프트웨어를 개발할 때는 항상 Git과 같은 버전 관리 시스템을 활용하세요.

11.2 코드 리뷰하기

개인 브랜치에서 코드를 작성했다면 이를 공유 브랜치에 머지하기 전에 다른 개발자에게 확인을 요청합시다. 이 확인 과정을 코드 리뷰라 합니다. GitHub에서는 풀 리퀘스트(pull request, PR), GitLab에서는 머지 리퀘스트(merge request, MR)를 활용하면 효율적으로 리뷰를 진행할 수 있습니다. 코드 리뷰의 주요 목적은 다음과 같습니다.

- 제품 품질 향상
- 개발자 사이의 지식 공유와 학습 기회 제공
- 제품 전체에 대한 개발자의 책임감 향상

첫째, 제품의 품질을 높입니다. 코드 리뷰를 통해 바람직하지 않은 작성 방식을 바로잡고 코드 전체에 통일감을 부여하면 가독성과 유지보수성이 향상됩니다. 더불어 여러 사람이 코드를 확인하므로 작성자 혼자서는 놓치기 쉬운 오류나 결함을 찾을 수도 있습니다.

둘째, 코드 리뷰는 개발자 사이의 지식 공유와 학습 기회이기도 합니다. 리뷰를 받는 쪽은 미처 알지 못했던 작성 방식이나 기술을 배울 수 있고 리뷰를 하는 쪽 역시 새로운 접근법이나 아이디어를 발견할 수 있습니다.

셋째, 각각의 개발자가 제품 전체에 대해 책임감을 갖게 됩니다. 팀 개발에서 각 개발자가 자신이 작성한 코드에만 관심을 둔다면 원활한 협업이 어렵습니다. 어딘가 오류가 발생했을 때 자신은 상관없다며 협력하지 않는 태도는 좋지 않습니다. 서로 코드를 리뷰하면 무언가 문제가 생겼을 때 리뷰한 사람도 책임감을 느낄 수 있으며 이미 코드를 읽어 본 경험이 있으므로 함께 해결하려는 자세를 갖게 됩니다. 설령 많은 사람이 참여하는 프로젝트라 하더라도 각 팀원이 제품 전체를 의식하고 같은 눈높이에서 개발한다면 소프트웨어 품질에도, 개발자 효율에도 긍정적인 효과가 있습니다. 따라서 코드 리뷰는 팀 협업의 시작이라 할 수 있습니다.

이 절에서는 코드 리뷰를 효과적으로 진행하는 데 참고할 만한 중요한 사항을 몇 가지 살펴봅니다.

코드 리뷰 목표 정하기

코드를 리뷰할 때는 다양한 관점에서 코드를 확인하게 됩니다. 그러나 모든 요소를 빠트리지 않고 점검하려 하면 너무 오랜 시간이 걸립니다. 또한 개발자마다 중요하게 여기는 기준이 다르면 코드 품질에 편차가 생기거나 특정 팀원에게만 부담이 집중되는 문제도 생깁니다. 따라서 코드를 리뷰할 때 어느 부분을 중요하게 볼 것인지 팀 차원에서 미리 조정해 두어야 합니다.

코드 리뷰에서는 기본적으로 코드의 가독성을 확인하는 것이 바람직합니다. 코드를 작성하는 사람은 이미 많은 정보나 사전 지식을 지닌 상태에서 프로그래밍합니다. 이와 달리 나중에 이 코드를 읽을 사람은 이런 정보가 없을 수도 있습니다. 그 결과 코드의 의도를 정확히 이해하지 못하거나 오해할 가능성도 있습니다. 코드를 리뷰하는 사람은 작성한 사람보다 선입견이 적어 미래의 개발자와 비슷한 눈높이로 확인할 수 있습니다. 이처럼 모르는 사람이 이 코드를 읽고 바로 이해할 수 있는지, 그리고 이해한 상태에서 유지보수가 가능한지를 기준으로 확인하면 좋습니다.

작성한 코드에 문제가 없는지를 확인하는 것도 코드 리뷰의 중요한 목적입니다. 단, 리뷰하는 사람이 세세한 동작까지 검증하려 하면 너무 많은 시간이 걸립니다. 중요한 곳이나 의심스러운 부분은 서로 확인하는 편이 좋지만 동작 검증에 지나치게 많은 시간을 들이면 개발 속도가 떨어집니다. 코드가 올바르게 작동하는지는 기본적으로 작성자가 확인하고, 자동화 테스트나 배포 전 동작 확인 과정에서 검증하는 것이 적절합니다. 설령 문제가 있더라도 코드의 가독성이 높다면 원인을 빠르게 파악하고 수정할 수 있습니다. 그러므로 코드 리뷰에서는 동작 자체보다는 가독성에 더 초점을 두는 편이 효율적입니다.

이처럼 동작을 확인하기보다는 코드 가독성을 중시한다는 자세로, 팀 내에서 코드를 리뷰할 때 중요하게 살펴볼 항목을 미리 정합니다. 예를 들어, 다음처럼 목록을 작성할 수 있습니다.

- 코드가 프로젝트의 코딩 스타일이나 명명 규칙을 따르는가?
- 오류나 예외를 적절하게 처리하는가?

- 중요한 보안 문제나 성능 문제는 없는가?
- 필요 충분한 테스트 코드를 작성했는가?
- 코드 안 주석이나 문서를 이해하기 쉽게 작성했는가?

코드 리뷰 의뢰 방법

코드 리뷰는 의뢰하는 쪽이든 의뢰받는 쪽이든 모두 신경 써야 하는 점이 있습니다. 특히 리뷰를 의뢰하는 쪽은 리뷰하기 쉽도록 미리 준비해야 합니다.

리뷰 단위는 작게

리뷰를 의뢰할 때는 작업을 작게 나누고 작업마다 리뷰를 요청하도록 합시다. 한 번에 너무 많은 코드를 리뷰하려면 부담도 커지고 작은 문제를 놓치는 원인이 됩니다.

'8.3 조금씩 수정하기'에서 살펴봤듯이 태스크를 분할하여 조금씩 개발하면 피드백 순환이 빨라져 결과적으로 개발 전체의 속도가 빨라집니다. 반대로 한꺼번에 많은 코드를 작성했는데 리뷰할 때 근본적인 문제가 발견되어 처음부터 다시 작성해야 한다면 이는 엄청난 낭비입니다. 작은 단위로 나누어 서로 리뷰한다면 이런 헛수고를 막을 수 있습니다. 이와 함께 적당한 크기로 분할한 변경은 이해하기도 쉬우므로 바로 리뷰하고 수정할 수 있습니다. 한꺼번에 많은 곳을 수정하고 리뷰를 요청하기보다는 조금씩 수정하면서 여러 번 의뢰하는 편이 오히려 개발 속도를 높이는 방법이기도 합니다.

단, 보기만 해서는 변경 내용을 이해할 수 없을 정도로 지나치게 작게 나눠서는 안 됩니다. 요컨대, 변경 목적이 분명히 드러나며 리뷰할 수 있는 의미 있는 단위로 정리해야 합니다.

일반적으로는 2~3시간 안에 작업을 끝낼 수 있는 범위로 리뷰를 의뢰하는 것이 적절합니다. 문제 조사나 새로운 기술 적용과 같이 특성상 시간이 더 걸리는 작업도 있지만, 단순한 코드 변경뿐이라면 몇 시간 안에 끝낼 수 있는 범위가 바람직합니다. 2~3시간 분량이라면 설령 작업을 다시 하더라도 큰 영향 없이 대처할 수 있습니다. 작업 시간 외에도 수정한 코드 행 수나 파일 개수도 기준이 될 수 있습니다. 미리 팀 차원에서 일정한 기준을 정해도 좋습니다.

설명서에 많은 정보 담기

대부분 코드를 작성하는 쪽이 리뷰하는 사람보다 해당 코드를 훨씬 잘 압니다. 코드를 작성하는 사람은 수정 목적을 정확히 이해하고 있으며, 주변 코드까지 포함해 더 넓은 범위를 살펴본 상태에서 작업합니다. 더불어 이후 변경 예정 사항이나 배경 맥락처럼 작성자만 알고 있는 정보도 많습니다. 따라서 리뷰를 의뢰할 때는 수정 내용을 충분히 설명하는 것이 중요합니다. 기본적으로는 리뷰를 의뢰할 때 작성하는 설명서에 이러한 정보를 포함하도록 합시다.

리뷰 설명서에는 코드를 보기만 해서는 알 수 없는 정보, 코드로 이해하기에는 시간이 걸리는 정보를 중심으로 작성합니다. 특히 수정 목적은 반드시 포함해야 합니다. 새로운 기능 개발이라면 어떤 기능인지, 버그 수정이라면 어떤 버그이며 그 근본 원인은 무엇인지를 설명합니다. 참고한 문서나 자료가 있다면 해당 링크도 함께 적어 두면 좋습니다. 이렇게 하면 리뷰하는 사람이 코드를 작성한 사람과 최대한 비슷한 사전 지식을 갖춘 상태에서 리뷰를 진행할 수 있습니다.

이 밖에도 중점적으로 확인해야 할 내용이나 불안한 부분이 있다면 이 역시도 함께 적습니다. 그리고 여러 개의 태스크로 나누어 작업하고 있다면 이번이 아닌 다음번에 수정할 내용도 함께 기록합니다. 이렇게 하면 리뷰하는 사람과 정보 격차를 줄여 쓸데없는 지적을 줄일 수 있습니다.

팀 안에서 리뷰용 템플릿을 만들어 두면 중요한 정보를 빠짐없이 통일된 형식으로 전달할 수 있습니다. 예를 들어, 다음과 같이 템플릿을 만들 수 있습니다.

```
Issue 번호:
문서:
# 수정 목적
# 이번 수정에 포함하지 않은 내용
# 확인했으면 하는 점, 불안한 점
```

직접 리뷰하기

수정 작업이 일단락되었다면 다른 사람에게 리뷰를 요청하기 전에 한번 직접 리뷰해 봅시다. 스스로 다시 읽어보고 이해하기 어려운 부분은 없는지, 고칠 곳은 없는지를 확인합니다. 이 과정을 거치면 쓸데없이 다른 사람의 시간을 뺏지 않고 개발 흐름이 더욱 매끄러워집니다.

직접 리뷰할 때는 주로 다음 다섯 가지를 확인하면 좋습니다.

1. 리뷰 단위는 적당히 작은가, 이해할 수 있도록 정리했는가?

앞서 설명한 것처럼 한꺼번에 많은 코드를 리뷰하기는 어렵고 중요한 문제를 놓칠 염려도 있습니다. 리뷰 대상이 되는 코드를 확인하고 수정한 양이 너무 많을 때는 리뷰 단위를 나누도록 합시다. 또한 하나의 리뷰 단위가 다른 사람이 봤을 때 이해하기 쉬운지, 의미 있게 정리되었는지를 확인합니다.

2. 코드는 이해하기 쉬운가, 고칠 부분은 없는가?

코드를 작성할 때는 좁은 범위에 집중하다 보니 코드 전체 모습을 못 보곤 합니다. 따라서 다시 전체 모습을 바라보고 다른 사람이 읽어도 쉽게 이해할 수 있는 코드인지, 고칠 부분은 없는지를 확인합시다. 이렇게 다시 확인하는 과정에서 처음 코드를 작성할 때는 미처 생각하지 못했던 아이디어가 떠오를 때도 있습니다.

3. 코딩 컨벤션이나 명명 규칙을 따르는가?

들여쓰기, 공백, 줄 바꿈 같은 코딩 컨벤션이나 변수와 함수에 붙인 이름이 언어, 프레임워크, 팀 내에서 정한 코딩 규약을 따르는지를 확인합니다. 잠시 후 살펴보겠지만, 코딩 컨벤션은 가능한 한 자동으로 확인하는 것이 좋습니다. 단, 전부를 자동화할 수는 없으므로 리뷰 전에 한 번 더 점검하는 것이 바람직합니다.

4. 쓸데없는 수정은 없는가?

의도하지 않은 변경이 리뷰 대상에 포함되는 경우가 종종 있습니다. 코드 추가나 삭제 과정에서 필요 없는 수정이 함께 들어가기도 합니다. 이처럼 의도하지 않은 코드 수정은 리뷰하는 사람이 수정 의도를 오해하게 만들거나 혼란을 줄 수 있습니다. 리뷰를 요청하기 전에 쓸데없는 수정은 없는지 한 번 더 확인합시다.

5. 리뷰 설명서, 커밋 메시지, 그 밖의 문서에 충분한 정보를 담았는가?

직접 리뷰할 때는 코드 내용뿐 아니라 리뷰 설명서, 커밋 메시지 등 부가 정보도 확인합시다. 설명서에 문서 등의 링크가 있을 때는 링크한 곳의 정보가 올바른지, 알기 쉽게 쓰였는지를 확인합니다. 이처럼 충분한 정보를 준비한 상태에서 리뷰를 요청하면 리뷰 품질과 효율이 모두 높아집니다.

리뷰할 때의 마음가짐

리뷰할 때는 앞서 '코드 리뷰 목표 정하기'에서 정한 항목을 참고로 진행하면 좋습니다. 여기서는 무엇을 리뷰할지보다는 어떤 마음가짐으로 리뷰에 임해야 하는지를 살펴봅니다.

코드 배경 이해하기

코드를 리뷰하기 전에는 반드시 리뷰 설명서를 읽도록 합시다. 이를 통해 리뷰 대상인 코드의 배경, 목적, 문맥 등을 올바르게 이해해야 합니다. 배경을 잘 알지 못하고 코드를 리뷰하면 더 나은 방법이 있음에도 이를 놓치거나 의사소통에 오해가 생기기도 합니다. 리뷰할 때는 사전에 필요한 지식을 충분히 익히고 이번 수정 내용이 타당한지, 더 좋은 해결 방법은 없는지 등을 고민합시다.

주변 코드 살피기

GitHub나 GitLab 같은 코드 리뷰를 지원하는 서비스에서는 주로 수정한 줄만 강조해서 표시합니다. 그러나 코드를 리뷰할 때는 전후 관계도 자세히 살펴야 합니다. 세부적으로는 좋아 보여도 코드 전체로 보면 일관성이 부족할 수 있습니다. 더불어 똑같은 코드가 다른 곳에 이미 구현되어 있지는 않은지도 확인해야 합니다. 코드를 작성하는 쪽과 리뷰하는 쪽 모두, 코드 전체의 가독성과 유지보수성을 높이도록 노력합시다.

의견 제시는 친절하게

리뷰 의견은 지적이나 수정 요청을 수반한다는 점에서 의사소통 과정에서 서로 얼굴을 붉히거나 심각한 문제로 이어지기도 합니다. 코드 리뷰의 목적은 어디까지나 팀 전체의 코드 품질을 높이는 데 있습니다. 리뷰하는 사람은 친절한 태도로 의견을 전달해야 하며, 리뷰를 받는 사람 역시 코드 리뷰의 목적을 잊지 말고 냉정하게 리뷰 의견을 판단해야 합니다.

리뷰에서 무언가 수정을 요청할 때는 거친 표현을 쓰지 않도록 합시다. '이건 다음처럼 수정하세요.', '이 코드는 못 써요. 이렇게 하세요.'처럼 퉁명스러운 말투로 전달하면 설령 타당한 의견이라 하더라도 의견을 받는 쪽에서는 거부감을 느낄 수 있습니다. 상대의 상황이나 의견을 존중하며 협력적인 자세로 의견을 전합시다.

또한 수정을 요청할 때는 그 이유도 함께 설명해야 합니다. 이유 없이 수정을 요청하면 의견을 받는 쪽에서는 불합리하다고 생각할 수 있습니다. 더 나아가, 이유를 이해하지 못한 채 수정만 반영하면 비슷한 상황이 다시 발생했을 때 올바르게 대응하기 어렵습니다. 예를 들어, 다음과 같은 방식으로 의견을 제시하면 좋습니다.

- 다음처럼 수정해 주세요. ○○이라는 장점이 있어요.
- 이 코드에는 △△와 같은 문제가 있습니다. □□처럼 수정하면 문제를 해결할 수 있을 것 같습니다.

의견을 보충하기 위해 이를 설명한 문서나 자료 등의 링크를 추가하면 더 좋습니다. 단, '이렇게 수정해 주세요. 참고: 자료 A' 또는 'B 문서를 참고로 수정해 주세요.'처럼 링크만 덧붙이는 방식은 불친절합니다. 리뷰를 받는 사람이 문서를 모두 읽고 요점을 파악해야 하므로 시간도 걸리고 오해의 여지도 생깁니다. 수정해야 하는 이유나 어떻게 수정하면 좋을지 등 핵심적인 설명은 리뷰 의견 자체에 포함하도록 합시다.

당연한 말이지만, **코드 리뷰 의견은 코드를 대상으로 해야지 사람을 대상으로 해서는 안 됩니다**. '왜 이렇게 엉망인 코드를 작성했나요?', '전에도 똑같은 의견을 드렸을 텐데.'처럼 공격적인 표현은 절대 금물입니다. 코드를 대상으로 건설적이고 긍정적인 의견을 남기도록 합시다.

모르는 부분 건너뛰지 않기

코드를 리뷰할 때 이해하지 못하는 점이나 잘 모르는 부분이 보인다면 그냥 넘어가지 말고 반드시 의견을 남기세요. 그 시점에 이해하기 어려운 코드라면 이후 다시 보더라도 이해하기 어렵습니다. 더불어 자신이 이해할 수 없다면 대부분 다른 사람도 같은 어려움을 겪을 가능성이 큽니다. 그렇다면 모두가 더 쉽게 이해하도록 작성자가 코드 구조를 변경하거나 주석을 추가해야 합니다.

코드를 이해하지 못하거나 어딘가 수상하다고 느낄 때는 '이 처리는 왜 필요한가요?', '이 코드는 이렇게 이해하면 되나요?'처럼 코드를 작성한 사람에게 물어도 좋습니다. 이러한 질문을 통해 코드의 의도를 이해하고 더 나은 개선 방향을 찾아보세요. 더불어 리뷰를 받는 쪽도 이러한 질문을 받았다면 더 알기 쉽게 개선할 곳은 없는지 다시 검토해야 합니다. 코드를 처음 읽는 사람이라도 별다른 설명 없이 이해할 수 있다면 아주 바람직합니다.

문제 중요도 파악하기

코드를 리뷰하면서 발견한 문제점이나 신경 쓰이는 부분에는 각각 서로 다른 중요도를 매깁니다. 심각한 문제로 즉시 고쳐야 하는 것부터 개인의 선호에 따라 대응 여부를 결정해도 되는 사소한 개선까지 그 범위는 다양합니다. 모든 지적에 완벽하게 대처하는 것이 이상적일 수 있으나 시간과 자원은 무한하지 않습니다. 각 문제의 중요도를 파악하고 가능한 한 중요도가 높은 것부터 해결합시다.

의견을 남길 때는 그 중요도가 어느 정도인지를 상대에게 명확히 전달하려는 노력이 필요합니다. 예를 들어, 무시해도 되는 수준의 지적이라면 '선택' 또는 'optional'과 같이 표기하여 의도를 전합니다. 리뷰를 받는 쪽 역시 모든 의견을 표기 그대로 기계적으로 처리하기보다는 어떤 효과가 있는지, 지금 대처해야 할 문제인지를 검토하고 적용해야 합니다. 가끔은 의견에 따라 수정한 코드보다 원래 코드가 좋을 때도 있습니다. 이럴 때는 일단 그대로 두고 필요하다면 나중에 따로 수정하는 편이 좋을지도 모릅니다.

의견이 서로 일치하지 않아 논의가 길어질 때도 있습니다. 이럴 때는 제삼자의 의견을 구하는 것도 좋은 방법입니다. 다만 논의 중인 문제가 사소한 수준이라면, 코드를 작성한 사람의 판단을 존중해 그 의견을 따르는 방식으로 정리하는 것도 하나의 선택지입니다.

한 걸음 더 자전거 주차장의 지붕은 어떤 색이어야 할까?

어떤 위원회가 원자력 발전소 건설 계획을 논의하고 있습니다. 단, 이 계획은 매우 복잡하다 보니 대부분의 위원은 적극적으로 발언하지 않았고, 회의는 별다른 이견 없이 진행되었습니다. 그러다 화제가 발전소의 자전거 주차장으로 옮겨 가자, 상황이 달라졌습니다. 자전거 주차장의 소재는 철재가 좋겠다, 지붕은 어떤 색으로 해야 하나 등 여러 사람이 다양한 의견을 내며 열띤 토론을 벌였습니다.

이를 **파킨슨 법칙**(Parkinson's law)이라 하는데 '조직은 어울리지 않을 정도로 사소한 사항을 중시한다.'라는 주장입니다. 원래는 훨씬 더 중요한 의제를 깊이 있게 논의해야 하지만 모두가 잘 안다는 이유로 지붕 색깔이라는, 본질과는 거리가 먼 주제가 필요 이상으로 열기를 띠곤 합니다.

코드 리뷰에서도 이처럼 본질에서 벗어난 논의가 길어지곤 합니다. 예를 들어, 코드 들여쓰기로는 탭보다 공백이 좋다, 여기서는 줄 바꿈을 추가하는 편이 보기 편하다 등입니다. 이와 함께 논의가 길어질수록 그 시점에서 더 좋다고 판단할 수 있는 해결책은 없고 어느 쪽이든 상관없을 때가 흔합니다. 쓸데없이 긴 논의는 피하고 그보다는 반드시 해결해야 할 중요한 문제에 집중하도록 합시다.

11.3 코딩 규약 정하기

같은 코드라도 작성하는 방식은 다양합니다. 예를 들어 코틀린의 if 문은 다음과 같이 여러 가지 방식으로 작성할 수 있습니다(코드 11-1, 11-2, 11-3).

코드 11-1 표준 작성 방식

```
val value = if (n % 2 == 0) {
    "짝수"
} else {
    "홀수"
}
```

코드 11-2 괄호 생략 방식

```
val value = if (n % 2 == 0) "짝수"
else "홀수"
```

코드 11-3 한 줄로 작성

```
val value = if (n % 2 == 0) "짝수" else "홀수"
```

사람마다 코딩 스타일이 다르면 코드를 한눈에 알아보기 어렵거나 혼란스러울 수 있습니다. 다양한 작성 방식을 사용할 수 있을 때는 어떤 방식을 채용할지를 팀 규칙으로 정하면 좋습니다. 이러한 코드 작성 방식에 관한 규칙을 **코딩 규약**이라 합니다.

예를 들어, 안드로이드 코틀린 스타일 가이드에서는 if 문이 한 줄로 끝나지 않는다면 반드시 중괄호 { }를 사용하라고 합니다.[1] 즉, 코드 11-2와 같은 작성 방식은 허용하지 않으며 코드 11-1 또는 코드 11-3처럼 작성해야 합니다.

언어 차원에서는 이 모든 작성 방식을 지원하며 사람에 따라서는 차이를 크게 느끼지 못하기도 합니다. if 문을 어떤 방식으로 작성해도 좋다고 팀 단위로 정할 수도 있습니다. 어떤 방식이든 좋다는 결정 역시 코딩 규약의 한 가지니까요.

중요한 것은 팀에서 정한 합의를 기록해야 한다는 점입니다. 이러한 코딩 스타일은 개인의 선호에 따라 달라지기도 하므로 어떤 스타일을 사용할지를 두고 오랫동안 논의하는 것은 생산적이지 않습니다. 여러 사람이 논의해 합의한 내용이 있다면 이를 코딩 규약으로 정하고 따르도록 합시다. 팀원이 이 규약을 따른다는 것은 단순히 스타일을 통일하는 것에 그치지 않고, 반복적인 논의를 줄이며 더 중요한 문제에 집중할 수 있게 한다는 장점도 있습니다.

11.4 자동으로 확인하기

리뷰를 할 때마다 코딩 규약을 제대로 따르고 있는지를 사람이 직접 확인하는 일은 번거롭고, 주의를 기울이더라도 놓치는 부분이 생기기 쉽습니다. 그러므로 가능한 한 이러한 확인 작업은 자동화하도록 합시다. 많은 언어에는 코드 스타일을 점검하는 'lint(린트)'라 부르는 도구가 있으며, 규칙을 따르는지를 자동으로 확인할 수 있습니다. 공유 브랜치에 머지하기 전에 lint와 같은 도구를 사용하면 공유 브랜치의 코드 스타일을 통일할 수 있습니다. 이와 비

1 참고: Android Developers - Kotlin 스타일 가이드, https://developer.android.com/kotlin/style-guide

슷한 도구로는 코드 스타일을 자동으로 맞춰주는 'formatter(포매터)'도 있습니다.

같은 맥락에서 공유 브랜치에 머지하기 전에 빌드가 정상인지, 테스트 코드를 실행하여 테스트가 실패하지 않는지도 자동으로 확인할 수 있습니다. 공유 브랜치를 항상 정상 동작하는 상태로 유지할 수 있다면 각 개발자는 문제 해결을 기다리지 않아도 되므로 팀 개발이 한결 원활해집니다.

이 밖에도 머지하기 전에 코드 복잡도와 관련된 문제를 자동으로 감지하는 도구도 있습니다. 예를 들어, 하나의 클래스에 너무 많은 함수가 있거나 하나의 함수가 너무 크다면 경고를 표시하도록 할 수 있습니다. '**3.3 코드 복잡도 계산하기**'에서 살펴본 순환 복잡도나 인지 복잡도를 측정하는 도구도 있습니다. 이와 함께 테스트 코드의 커버리지를 자동으로 측정하기도 합니다.

이처럼 기계적으로 판단할 수 있는 사항은 가능한 한 자동화해 두면 개발자는 이 외의 더 생산적인 논의에 집중할 수 있습니다. 사람이 직접 지적하는 것보다 도구가 지적하는 쪽이 받아들일 때 저항감도 없습니다. 가능한 한 많은 부분을 자동화하여 확인할 것을 추천합니다.

11.5 설계서 만들기

팀 단위 개발에서 설계서는 개발자 사이의 정보 공유를 원활하게 하고 프로젝트 전체의 효율성과 품질을 높이는 데 도움을 주는 강력한 도구입니다. 그러므로 프로젝트 규모나 상황에 맞는 적절한 설계서를 준비해야 합니다.

설계서는 목적이나 다루는 대상에 따라 종류가 다양합니다. 예를 들어, 클래스 이름이나 함수 이름까지 구체적으로 정리한 상세 설계서, 시스템이나 서비스 사이의 연결에 사용하는 인터페이스 사양을 기록한 API 문서, 코딩 규약이나 채택한 소프트웨어 아키텍처를 정리한 가이드라인 등을 들 수 있습니다.

이 책에서는 개발자 사이의 의사소통에 이용하는 '**디자인 문서**(Design Doc)'를 소개합니다. 디자인 문서란 개발자가 주체가 되어 작성하며 팀 내에서 프로젝트의 전체 모습이나 방침을 논의할 때 활용하는 문서입니다.

설계서 따위는 필요 없고 코드가 설계서를 대신한다고 생각하는 사람도 있을 수 있습니다. 그러나 문서를 남기면 여러 가지 이점이 있습니다. 설계서를 만들지 않은 채 오랜 시간을 들여 코드를 작성하고 나서야 비로소 근본적인 방침이 좋지 않았다는 것을 깨닫는다면 그동안의 작업을 다시 해야 할 수도 있습니다. 특히 리뷰 단위를 작게 나누면 각 리뷰 단계에서는 문제가 없어 보이더라도 전체 작업이 끝난 뒤에 중대한 문제가 드러날 가능성도 있습니다. 주요 방침을 미리 문서로 정리해 두면 개발 기간을 줄일 수 있고 제품 개발 전반에도 도움이 됩니다. 더불어 이른 단계에서 잠재적인 문제를 발견할 수 있어 품질 개선으로도 이어집니다. 설계서를 통해 전체 구조를 파악할 수 있다면, 나중에 수정이 필요할 때 코드를 일일이 읽지 않아도 빠르게 상황을 이해할 수 있습니다.

다만 설계서를 작성하는 데 지나치게 많은 시간을 들이는 것은 바람직하지 않습니다. 설계서의 목적은 큰 폭의 재작업을 줄이고 전체 개발 효율을 올리는 데 있습니다. 따라서 중요하지 않은 세부 사항은 디자인 문서에서 생략해도 괜찮습니다.

디자인 문서에 포함할 내용

디자인 문서에 포함해야 하는 내용은 프로젝트마다 다릅니다. 단, 템플릿에 따라 내용만 채우지 말고 해당 프로젝트에 필요하면서도 충분한 정보를 포함하세요. 다음은 하나의 기준으로, 디자인 문서에 포함하면 좋은 항목을 정리한 것입니다.

달성할 목표

기능을 추가하거나 변경할 때 그 추가나 변경이 왜 필요한지를 기록합니다. 리팩터링으로 코드 구조를 바꿀 때는 무엇이 문제이며 어떻게 바꾸어야 했는지를 남깁니다. 변경 후의 코드만으로는 왜 이러한 변경이 필요했는지를 알기 어려울 때도 있습니다. 문서로 남기면 현재뿐 아니라 미래의 개발자와도 의도를 공유할 수 있습니다. 더불어 설계를 논의하면서 주제에서 벗어났을 때 다시 원래 목적을 되짚는 기준점이 되기도 합니다.

변경 대상의 전체 모습

세부 내용을 설명하기 전에 변경 대상의 전체 모습을 알 수 있도록 합시다. 가능하면 그림을 이용하여 한눈에 알 수 있도록 하세요. 주요 클래스와 컴포넌트를 골라 이들의 의존 관계와 데이터 흐름을 나타내거나 시퀀스 다이어그램과 플로차트로 시스템 처리 흐름을 나타내기도 합니다. 아울러 각 컴포넌트의 역할이나 키워드를 설명해도 좋습니다. 애플리케이션 전체 모습의 예는 그림 11-2를 참고하세요.

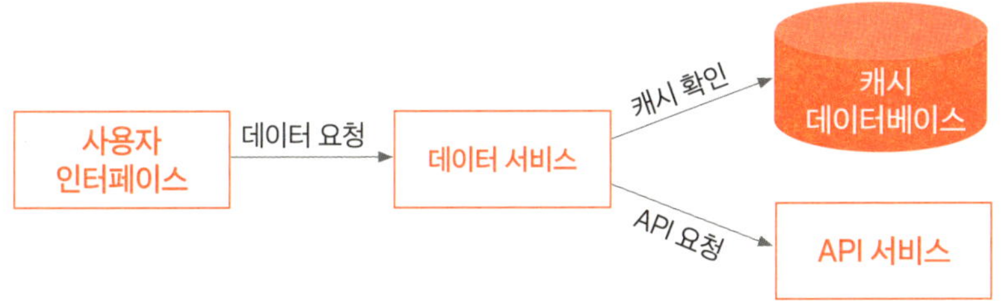

그림 11-2 애플리케이션 전체 모습의 예

상세 설계

전체 모습과는 별도로, 필요하다면 개별 요소도 더 자세하게 설명합니다. 내부 동작 방식이나 오류 사례, 발생 빈도는 낮지만 고려해야 할 극단적인 사례를 추가해도 좋습니다.

이 밖에도 잠재적으로 문제가 될 수 있는 부분이나 우려 사항이 있다면 미리 적어 두는 것이 좋습니다. 이렇게 하면 논의할 때 더 좋은 해결 방법을 발견할 수도 있고 구현 도중에 다시 확인할 수도 있습니다. 데이터베이스에 저장할 정보나 시스템 사이의 인터페이스도 이후 잘 변경하지 않는 부분이므로 설계서에서 논의해도 좋습니다. 구현 후 동작 확인이 쉽지 않다면 어떻게 테스트할 것인지 방침이나 계획 등을 기록해 두는 것도 도움이 됩니다. 보안이나 성능에 관해 검토한 사항이 있다면 이 역시 문서에 남겨둡시다.

다만 앞서 언급했듯이 문서를 작성하는 데 너무 오랜 시간을 들여서는 안 됩니다. 더불어 다른 사람이 읽기에 부담이 될 정도로 긴 설계서는 피해야 합니다. 핵심 내용을 중심으로 간결하게 정리하고, 설명이 길어질 경우에는 해당 내용을 별도의 문서로 분리하는 방안도 검토해 보세요.

그 외 검토한 방침

설계할 때는 몇 가지 방침을 검토하고 장점과 단점을 비교하여 최종 방침을 정할 때가 많습니다. 최종적으로 선택한 방침은 코드로도 어느 정도 유추할 수 있지만 그렇지 않은 방침은 알 수 없습니다. 이럴 때는 검토는 했지만 채용하지는 않은 방침을 그 이유와 함께 문서에 남겨둡시다. 이렇게 하면 같은 논의를 반복하는 일을 막고 훗날 왜 특정 방침을 채용하지 않았는지 이해하는 데도 도움이 됩니다.

디자인 문서 활용하기

힘들게 디자인 문서를 작성했다면 제대로 활용해야 진짜 가치가 있습니다. 여기서는 디자인 문서를 더 효과적으로 활용하는 몇 가지 요령을 소개합니다.

팀과 함께 논의하며 설계서 완성하기

구현을 시작하기 전에 작성한 설계서를 팀 내에 공유하고 함께 논의하세요. 더 좋은 아이디어가 나올지도 모르고 예상하지 못한 문제를 발견할지도 모릅니다. 논의를 바탕으로 설계서를 정교하게 다듬습니다. 따라서 처음부터 설계서가 완벽할 필요는 없습니다. 오히려 최초 버전에 너무 긴 시간을 들이지 말고 다 함께 논의하면서 설계서를 완성하는 것이 바람직합니다.

개발 도중이라도 유연하게 방침 변경하기

설계서를 바탕으로 개발하다 보면 설계할 때는 눈치채지 못했던 문제점이 드러나거나 계획대로 진행하지 못할 수도 있습니다. 이럴 때 억지로 계획서를 따르려 하면 코드가 비논리적이 되거나 쓸데없이 시간만 낭비하게 됩니다. 개발 도중이라도 무언가 문제가 있다면 즉시 방침을 다시 검토합시다. 설계서가 발목을 잡아서는 안 됩니다.

추가로 개발할 때는 새로운 디자인 문서 작성하기

어느 정도 개발이 끝난 다음에도 기능을 개선하거나 새로운 기능을 추가하고자 개발을 계속할 때가 흔합니다. 이럴 때 지금까지 작성한 문서에 내용을 추가하고 싶을지도 모릅니다. 그러나 디자인 문서는 개발 단계마다 작성하는 것이 바람직합니다.

모든 문서를 항상 최신 상태로 유지하기란 쉽지 않습니다. 예를 들어, 사소한 변경이라면 굳이 문서를 수정하지 않고 코드에 직접 변경 내용을 기록하는 편이 빠를 때도 있습니다. 따라서 문서 일부는 최신이지만 일부는 오래된 상황일 때가 흔합니다. 이처럼 새 내용과 이전 내용이 섞인 상태라면 어느 것이 최신 정보인지 혼란스러울 겁니다. 게다가 문서 하나를 거듭 변경하면 문장이 길어지거나 이해하기 어려워지는 문제도 생깁니다.

디자인 문서는 어디까지나 작성 시점의 기록으로 남겨두는 것이 관리에 유리합니다. 이렇게 하면 시간이 지나도 당시의 기획 의도를 쉽게 파악할 수 있습니다. 새로운 디자인 문서를 작성할 때는 이전 문서에서 필요한 부분을 발췌하거나 관련 문서를 링크로 연결해 활용할 수 있습니다.

{ 마치며 }

기술을 익히고 제품과 함께 나아가다

이 책에서는 코드의 유지보수성을 높이는 여러 가지 원칙과 방법을 소개했습니다. 그러나 '들어가며'에서도 말했듯이 안타깝게도 쾌적하게 개발을 이어갈 수 있는 단 하나의 정답은 없습니다. 이 책 내용을 그대로 실천한다고 해서 모든 문제를 해결하지는 못하며 제품마다 직면하는 문제도 다양합니다. 말 그대로로 '은 탄환'은 없습니다.[1]

이 책에서 설명한 내용은 어디까지나 일반론에 해당합니다. 소개한 원칙과 방법을 여러분의 제품에 어떻게 적용할지는 여러분 하기 나름입니다. 이 책에서 배운 내용을 바탕으로 더 나은 자세로 제품과 마주하기를 바랍니다.

단순히 클래스 여러 개를 만드는 것조차도, 제품을 제대로 이해하지 못한 채 기계적으로 분리한다면 다른 부분과의 일관성을 해치거나 장래의 확장성이 떨어질 위험이 있습니다. 이 책에서 살펴본 '단일 책임 원칙[2]'에서는 '하나의 함수 또는 클래스를 변경하는 이유는 단 한 가지뿐이어야 한다.'라고 주장했지만, 실제로 어떤 의도로 어떤 시점에 변경되는지는 제품마다 모두 다릅니다.

제품 개요나 지식, 즉 도메인 지식[3]을 어떻게 표현하는지도 중요합니다. 제품에 대한 이해가 부족하면 쓸데없이 복잡하게 모델링하거나 반대로 중요한 항목을 놓치기도 합니다.

아키텍처를 고민할 때 역시 마찬가지입니다. 기능이 다양한 제품이라면 UI 계층, 도메인 계층, 데이터 계층 등으로 나누기만 해서는 충분하지 않을 수도 있습니다. 여러 기능을 병렬로 안정적으로 개발하려면 기능 사이를 가능한 한 느슨하게 연결해야 합니다. 그러려면 제품에 어떤 기능이 있는지, 이들 기능 사이의 관계는 어떠해야 하는지를 끊임없이 고민해야 합니다.[4]

언어나 프레임워크의 사용법을 익히고 좋은 코드를 작성하는 원칙을 배우는 것도 좋지만, 이를 자유자재로 활용할 수 있을 때 비로소 훌륭한 개발자라 할 수 있습니다. 더 나아가, 튼튼한 제품을 만들려면 제품 자체와 그 주변에 대한 지식 역시 반드시 필요합니다. 기본적인 소프트웨어 지식을 바탕으로 자신의 제품과 성실하게, 그리고 꾸준히 마주한다면 그 제품은 오랫동안 성장을 이어갈 것이라 믿습니다. 이 책에서 다룬 지식과 사고방식이 그 여정에 작은 도움이 된다면 더 바랄 것이 없겠습니다.

2025년 5월

모리 아츠시森 篤史

---

1 자세한 내용은 '6.6 은 탄환은 없다' 절을 참고하세요.

2 자세한 내용은 '3.1 함수와 클래스 나누기' 절의 '코드를 변경하는 이유는 단 한 가지' 항을 참고하세요.

3 자세한 내용은 '2.4 코드로 도메인 지식 표현하기' 절을 참고하세요.

4 자세한 내용은 '9.3 기능을 바탕으로 나누기' 절을 참고하세요.

참고 문헌

- 나루세 마사노부 (2020). *도메인 주도 설계 철저 입문* (심효섭 역). 위키북스. (원본 출판 2020년)
- 더스틴 보즈웰 &, 트레버 파우커 (2012). *읽기 좋은 코드가 좋은 코드다* (임백준 역). 한빛미디어. (원본 출판 2011년)
- 로버트 마틴 (2019). *클린 아키텍처: 소프트웨어 구조와 설계의 원칙* (송준이 역). 인사이트. (원본 출판 2017년)
- 반 버논 (2016). *도메인 주도 설계 구현* (윤창석, 황예진 역). 에이콘출판. (원본 출판 2013년)
- 블라디미르 코리코프 (2021). *단위 테스트: 생산성과 품질을 위한 단위 테스트 원칙과 패턴* (임준혁 역). 에이콘출판. (원본 출판 2020년)
- 에릭 에반스 (2011). *도메인 주도 설계* (이대엽 역). 위키북스. (원본 출판 2003년)
- 우에다 이사오 (2017). *프로그래밍의 정석* (류두진 역). 프리렉. (원본 출판: 2016년)
- 프레더릭 브룩스 (2015). *맨먼스 미신* (강중빈 역). 인사이트. (원본 출판 1975년)
- Asana, *技術的負債とは？ そして負債を完済する方法とは？(実例付)*, https://asana.com/ja/resources/technical-debt (참고 2025년 4월 19일)
- Martin, R. C. (2002). *Agile Software Development.* Pearson.
- Martin, R. C. (2014, May 8). *The Single Responsibility Principle.* The Clean Code Blog. https://blog.cleancoder.com/uncle-bob/2014/05/08/SingleReponsibilityPrinciple.html (참고 2025년 4월 19일)
- Myers, G. J. (1975). *Reliable Software Through Composite Design.* Petrocelli/Charter.
- Ubl, M. (2020, July 6). *Design Docs at Google.* Industrial Empathy. https://www.industrialempathy.com/posts/design-docs-at-google/ (참고 2025년 4월 19일)
- Yourdon, E. and Constantine, L. L. (1979). *Structured Design: Fundamentals of a Discipline of Computer Program and Systems Design.* Prentice Hall.
- 石川 宗寿, *Design Doc の書き方/How to Write a Design Doc (Ja ver.)*, Speaker Deck, https://speakerdeck.com/munetoshi/how-to-write-a-design-doc-ja-ver-dot (참고 2025년 4월 19일)
- 石川 宗寿, *読みやすいコードのガイドライン ― 持続可能なソフトウェア開発のために*, 技術評論社, 2022.
- 和田 卓人, *技術的負債という概念の生みの親 Ward Cunningham 自身による説明*, t-wada 블로그, https://t-wada.hatenablog.jp/entry/ward-explains-debt-metaphor (참고 2025년 4월 19일)
- 和田 卓人, *質とスピード(2022 春版、質疑応答用資料付き)*, Speaker Deck, https://speakerdeck.com/twada/quality-and-speed-2022-spring-edition (참고 2025년 4월 19일)

찾아보기

기호

A

B

C

D

E

F

G

I

K

L

M